PHILOSOPHY OF EDUCATION

教育哲學

PHILOSOPHY OF EDUCATION

PHILOSOPHY OF EDUCATION

原　著：Nel Noddings
校閱者：湯　堯
譯　者：曾漢塘・林季薇

弘智文化事業有限公司

Nel Noddings

Philosophy of Education

ISBN 957-0453-13-3

Printed in Taiwan, Republic of China

目錄

原書序

教育哲學是以哲學的角度研究教育及教育的問題。教育哲學不同於其他哲學流派，在一般的哲學系裡，很少會教到這門課，通常只有教育系或師範院校會教授。教育哲學主要議題是教育，所使用的方法是哲學的方法。

傳統上，哲學的方法包括對概念、論證、理論和語言的分析及釐清。一般的哲學家通常並不會創造一套教育理論（或是其他類似學習、教導的理論），取而代之的，是他們分析理論和論證——有時候對過去的論證加以修正，有時候則提出更有力的反駁，導致我們重新修正或捨棄之前的理論或論證的過程。然而，在許多情況裡，哲學並不一定只是分析及澄清觀念。舉例來說，古典希臘哲學家對哲學的解釋要寬廣許多，並且探索了很多，被後來的哲學家（他們更往分析的牛角尖裡鑽）摒除在哲學領域之外的問題。的確，對希臘人來說，「哲學」是「愛智」的意思，今天我們把許多他們的討論認為是「終極對話（immortal conversation）」的一部份，許多人都相信，近代的哲學家太過於反對有關終極問題的討論，有跡象顯示，哲學家們也許會再度邀請他們的學生，來一同參加「終極對話」。

儘管二十世紀的哲學是以分析哲學為主流，還是有哲學家不時的在發明理論，而今日更是有不少人致力於創建的工作。他們介紹新式的語言，有些甚至大量使用文獻和經驗數據，證明過去以傳統形式的論證無法證成的論點，這樣的工作是否能稱作哲學，也是當代爭論的話題之一。

教育哲學家從哲學的觀點來研究教育。爲了要從事這樣的工作，首先他們必須了解一些哲學的流派，例如知識論、語言哲學、倫理學、社會或政治哲學、科學哲學，或者再加上心靈哲學及美學；這是一項龐大的任務，並且因爲這些材料過於抽象和深奧，教育哲學家通常無法使教育學者及老師們完全了解他們想要介紹的東西，所以現在有些的處理方式是把哲學裡面的那些知識完全丟棄，而專注於思路的釐清上（這是哲學方法的一項特徵）。

不論怎樣，這裡我將試著介紹讀者與教育問題有關的哲學知識，我也會選擇一些當代有興趣的議題，目的是希望能夠讓讀者熟悉：哲學論證的嚴謹以及教育議題的複雜性。

開頭前四章將介紹讀者一些自蘇格拉底時代以來，一直很重要的教育問題，以及之後的哲學家如何處理這些問題。在簡略地介紹過這些二十世紀之前的問題和它們的處理方法後，我把焦點移到約翰. 杜威

（John Dewey），這一章仍延續著歷史的進展，但同時也為即將到來的當代的爭論作好準備，此外並介紹自然實證主義。在第三章和第四章，我討論到當代教育哲學家所運用的其他方法：分析哲學、存在主義、現象學、批判理論、詮釋學及後現代主義。我們不期望能夠對以上所提到的方法做到完整的處理，但是我的希望是能夠使學生在閱讀材料時，足夠理解並掌握作者所使用的方法。

在這些介紹的章節之後，我們會看一些分類在知識論、倫理學、科學哲學及其他的哲學範疇內的教育問題。這樣的分類即使對我自己一本書的作者一來說都不甚滿意，因為我非常期望有哪一天，這樣的區分能夠完全地破除，隨著本書內容的進展，我會指出這樣子的區分，對問題的完整討論上，會造成多大的阻礙——譬如說某個在當代被認為屬於知識論範圍的議題，其實迫切需要倫理學的分析。也許在書結尾的時候，讀者會自己明瞭到，為何如此嚴格的區別需要被打破。然而在同時，了解在這些區分底下，哲學家們已經作出了哪些成就，及為什麼還有這麼多需要去完成的，也可能是具有啓發意義的。

最後一章：「女性主義，哲學，及教育」是從女性主義的角度，為前頭的文章做一個總結。二十世紀早期的哲學著作，通常是以呈現作者自己的哲學主張的一章作爲總結，這本書的最後一章就是承繼這個精神而寫的，其目的在讓讀者重新回憶起稍早我們所討論過的各種論證，並刺激讀者產生更進一步探索的慾望。

第一章
二十世紀前的教育哲學

教育哲學家旨在分析及澄清核心教育概念與問
4 題。早在專業教育哲學家出現以前，哲學家與教育家們就已爭辯著類如今日教育哲學家所討論的問題：教育的目的應該是什麼？哪些人應該接受教育？教育的內容應該根據天生的興趣及能力而有不同嗎？政府又該在教育中扮演什麼樣的角色呢？

這些問題一直到今天還在爭論不休，使得許多研究教育的學生感到沮喪——為什麼我們要鑽研這些永遠解決不了的問題呢？如果有些問題是我們無法回答的，那為什麼我們還要繼續問呢？對於這些問題，我的想法是：為了全人類的利益和未來，每一個社會都必須要試著回答這些問題——不但是永遠都要嘗試去回答，而且要儘可能追求最好、最符合我們良知的答案。在每一個時代裡，這些問題都引發了許多的回應，有好有壞，人們必須對這些過去舊的想法持續地進行批判，進而根據條件的改變、與情境的不同而產生新的想法，並且基於使教育要更好的理念，我們對現有新的觀念也必須有所回應。

教育哲學問題是教育中首要且需最先面對的問題，大多數教育哲學家目前也都任職於教育院校或學系中。他們研究的問題之所以帶有哲學意味，是因為他們需要採用哲學方法來探討。舉例來說，要探討教育的目標「應該」是什麼，我們無法完全依賴實驗和觀察，即所謂「實證的」方法，甚而，我們必須經由假設某些基本的前提，或者假想可能會導致的後果來進行我們的論證。雖然，如果我們選擇了後面那一種 5
方法，我們可能需要使用一些實證的方法，來證明我們猜想的結果果眞如我們所預測的，但是我們還是需要利用哲學的論證方法來說服別人相信我們所假設的這個因果關係是具有價値的。

有個由來已久的教育哲學問題是：誰應該接受教育，又該如何被教育？後面我們會看到，柏拉圖對這個問題非常有興趣，他從分析社會的需求，和人類才能的多樣性來展開他的討論，從一組關於烏托邦社會本質及人類天性的前提，他推論出這個問題的結論——教育。相反地，約翰．杜威（我們將在第二章讀到他）則是從問這個問題：「如果我們做了某些選擇，可能會產生哪些後果」來提供處方。

如果要我們當前的社會回答這個問題：誰應該接受教育？則幾乎一致都會回答：每個人。我們的爭論點在於：應該如何教育每一個個別的小孩，這到現在還是個很熱門的話題。許多教育學者堅持至少在中小學十二年之前，孩子應接受同樣內容的教育。其他人（許多承繼了杜威的傳統），則認爲教育應該盡可能地適應孩童個別的興趣及需要。

有時候一些時事會引發哲學關注的問題。雖然根據定義，這些問題不能算是永恆的問題，但它們卻通常根植於超越時代的議題中，而精確的哲學分析，也能對當前政策的辯論有所幫助。

學例來說，想想當前熱門的有關教育選擇權的議題：公共大衆應該建立一套選擇的機制嗎？家長們可不可以使用教育券（假設面值兩千元）來選擇孩子就讀的學校，並抵作部分學費？它的確根源於這些長久以來的問題裡：孩童是否應接受相同內容的教育？家長是不是應對孩子的學校有一些控制權（該控制多少）？或者是否祇有那些，能夠付的起他們所要求教育品質的人，才能握有對學校的控制權？

6 你會看到哲學的分析，將如何應用在基本議題的確立和澄清上。我們可以經由觀察，來了解那些擁有教育券的家長，他們的滿意度是否比沒有的家長要來的高？我們也可以看看，經過選擇機制下的學校，是否比以前做的更好？但是我們要怎麼得知，教育券所帶來的壞處，是否剛好消融了它的好處呢——即原本學校裡的學生，遭受到擁有教育券，並來自高社經地位家庭的學生的排擠；若是教育券引起了某種形式的文化分裂——產生校園內的黨派和各種次文化，這會是我們希望的結果嗎？請注意我所使用的陳述方法，很明顯地表示出我並不贊成這個制度。教育哲學的一項工作，就是去分析在論證中使用的語言，並試著提供其他語言，以引起對問題其他方面的注意。如果你喜歡教育券的制度，你可以試著想出其他問題，來推翻我一面倒的想法。

這些就是會讓教育哲學家著迷的問題。有些問題從蘇格拉底的時代就開始了；其他則是我們當前時代和文化的產物。然而，所有這些的問題都需要仔細而深入的思考、想像力、反省能力，以及從不同面向去思考問題及解答的耐心。接下來，當我們在看著歷史上的例子時，你應該問問自己：這些長久以來的問題，是如何依據時代的脈絡而改變；那些已經消逝了的古老問題，如何留下其他的問題等待後人解答；以及新的問題是如何根據舊有問題的答案而產生。

蘇格拉底和柏拉圖

今天我們所了解的蘇格拉底（Socrates,469-399 B.C.），全部是從他的大弟子：柏拉圖的著作中得知的，但是蘇格拉底教導學生的方式，是與學生對話，而非寫作。大部分唸教育的學生一提到他的名字，就會馬上和「蘇格拉底法」（Socratic method）聯想在一塊。這套特別是在法律學校裡很普遍的教學方法，是由老師先問學生一個看似簡單，但其實大有文章的問題，像是：「什麼是眞理？」或是「正義的意義是什麼？」等學生回答完，老師又會再接著問另一個問題，讓他們更進一步地去思考，說出新的答案。這個過程——也被稱作破壞性的交互驗證（elenchus）——會一直持續到老師或學生覺得這樣的分析已經足夠爲止。

在接下來從《理想國》第一書中摘錄出來的一段對話裡，蘇格拉底說服了波里馬克斯（Polemarchus），他先前對正義所持的立場——我們應該對正義的人好，而去傷害那些不正義的人——其實是錯誤的。蘇格拉底是這樣開始他的辯論：

蘇：但是取代我們一開始說的：正義就是幫助朋
7 友跟傷害敵人，是不是應該更進一步說成：
正義就是當朋友是善良的時候我們去幫助他，敵人邪惡的時候去傷害他呢？

波：是的，那在我看來似乎是眞理。

蘇：但正義應該去傷害任何人嗎？

波：喔，毫無疑問地，他應該去傷害那些既邪惡，同時又是他敵人的人。

蘇：當馬受傷的時候，牠們是變好了，還是變壞了？

波：變壞了。

蘇：那就是說，是馬變壞，而不是狗變壞？

波：對，是馬。

蘇：而如果說狗變壞的話，是狗變壞了，而不是馬變壞了？

波：當然。

蘇：那被傷害的人會因爲人類的美德而變壞嗎？

波：當然。

蘇：那正義是人類的美德嗎？

波：確實是。

蘇：那麼人會因爲被傷害而變得不正義嗎？

波：這是其結果。

蘇：但是音樂家能藉由他的藝術使人變得沒有音樂修養嗎？

波：當然不行。

蘇：或是馬術師能藉由其技術使人變成不好的馬術師嗎？

波：不可能。

蘇：那正義之士能藉由其正義使人變得不正義，或概括地說，善能藉由其美德使人變壞嗎？

波：當然是不行。

蘇：有任何熱能產生冷嗎？

波：不能。

蘇：或是乾旱能帶來溼氣？

波：明顯不行。

蘇：善也不會去傷害任何人？

波：不可能。

蘇：正義就是善？

波：的確是。

蘇：那麼傷害一個朋友或任何人，不是一個正義之人的行爲。但相反地來說，誰是不正義的？

波：蘇格拉底，我想你說得很對。

這是一段很典型的蘇格拉底式對話：他主導整段對話並引導對方。有時候，譬如在這段對話的後半段，他會讓對方說話，以加強自己的論證。絕大多數時候，他都能完全成功地說服對方。在柏拉圖的對話錄中，蘇格拉底是一個蠻難對付的老師——引導、發問、給予更多資訊（通常就隱藏在問題裡面），有點兒又不會太嚴厲地使人發現自己想法中的錯誤。

8 在一部叫「紙雕」的電視影集中，暴躁卻才華洋溢的金斯菲德（Kings field）教授就對他的法律系學生使用蘇格拉底法。金斯菲德和蘇格拉底有很多共同點：聰明，有洞察力，機智，喜歡諷刺，在尋求重要問題的答案時從不失敗。但不同的是，金斯菲德可以決定學生的成績，而且如果學生不能回答教授提出的問題，可能會無法從法律學校畢業，那麼就得考慮換職業了。相反地，蘇格拉底在各種公衆場合和私人住宅裡，和他的學生進行非正式的對話，想參與討論的人可以要來就來，要走就走，回不回答蘇格拉底所提出的艱深問題都沒關係。蘇格拉底堅持他沒有教過任何人任何事情，而且他的確也不是個專業的老師，因爲他從沒向他的「學生」收過一分錢。

作爲一個專業的老師，或是即將要成爲老師的你，應該問問自己：蘇格拉底教學法可以應用在現代的教學上嗎？你也可以考慮看看，蘇格拉底使用的方法你認爲合適嗎？他尊重他學生嗎？他是不是有時候會強迫他們接受他的意見？在同學面前，無情地交叉詰問學生，這樣正確嗎？（這裡「正確」的定義是什麼？）你能想出其他方法來使用這個法則，以符合你的道德標準嗎？最後，如果你想做一個像蘇格拉底這樣的老師，你自己必須要先準備什麼？①

就像蘇格拉底他自己一樣，我們不會認爲把他的方法是一種教導的方式，而認爲他的方法是給人學習或解答問題的方法。蘇格拉底是一位偉大的思想家，所以我們還會在第五章裡，了解到他這種探索問題的方式，其實也是一種訓練精確思考的方法。對蘇格拉底來說，從一個問題開始，在討論了一會兒之後，又轉到另一個問題身上，是很稀鬆平常的事。他這樣做是因爲找出第二個問題的答案，對於分析第一個問題是必須的；或者是因爲第一個問題問得不是很好，不能回答他想要解決的問題。

蘇格拉底並不是用他的方法去解決一些瑣碎的問題，他有興趣的是人生的大問題：我們要如何找到眞理？說你「知道」某些事，那知道的意思是什麼？人應該要怎樣過生活？什麼是惡？我們應該爲政府作些什麼事？政府又應該爲我們作什麼？怎樣才叫作正義？這裡我們應該回去看蘇格拉底和波里馬克斯的對話：注意蘇格拉底聲稱一個正義的人，不能經由正義的行爲使他人變得不正義；所以如果我們認爲傷害會造成「人的惡化」而使他變得不正義，那麼一個正義的人就不能去傷害別人，即便他們是有罪的。這段對話引起了延續幾世紀之久的爭論：有仇必報的正義算是正義嗎？要如何對傷害下定義？（處罰一個做錯事的小孩就叫做傷害嗎？）還有，蘇格拉底主張的：人不能因爲正義的行爲而變得不正義對嗎？

9 在他探索這些令他著迷的問題的同時，蘇格拉底自然而然開始批判那些表現出無知、或明顯邪惡動機的人。他傳達給學生和從政者的信息常類似這樣：我們的分析顯示，這就是你正在做或努力爭取的事情。

好好考慮清楚。因爲，如果你照著我們的分析，而且完全了解其意義，你會改變你的作法。明瞭正義的人，就會做正義的事。

雖然蘇格拉底對政府及重要公民的批評持續了很長一段時日，但最後在一陣子政治動盪中，他還是被控以褻瀆神明和腐化雅典青年。就像你們知道的，雖然他爲自己的辯護非常精采（還有些自傲），但還是獲叛有罪並處以死刑。②

在哲學教育中，我們可以花上幾星期的時間探討蘇格拉底的故事，以及它對現代教育的意義。如果你追隨蘇格拉底的典範，你必定需要跟你的學生探討一些非常敏感的話題，試想社會能夠容許你這樣做嗎？政府或在學校裡應該禁止你討論某些話題嗎？或是想想蘇格拉底褻瀆神明的的罪名，我們今天有聽過任何公眾人物被控以類似的罪名嗎？還好幸運地，我們不會因爲政治候選人或其他公眾人物的宗教信仰，而將他們處以死刑；也不會處死討論宇宙、演化論、性及共產主義的教授們。但是在過去一場又一場蘇格拉底曾經抗爭的戰爭中，人們仍爲此失去官職和工作，甚至名聲。

在以後講知識論和倫理學的幾章裡，我們會再討論蘇格拉底對這些題目的主張。這裡我們將簡短地檢視蘇格拉底和柏拉圖的教育基本主張。以下大部分是柏拉圖藉蘇格拉底之口講的，一直到今天學者也不能完全確定在柏拉圖的著作裡，那些想法是蘇格拉底的，而那些是柏拉圖的。但是我認爲以下的部分應該是柏拉圖自己的想法。

柏拉圖不但對關於人民與國家之間的關係，以及國家的功能這些個既敏感又複雜的問題進行探討，他並藉此創造了一個烏托邦，也就是理想國，來闡釋他個人的信念和原則。《理想國》的內容大部分著眼於教育問題 ③，柏拉圖認爲學生應該根據他們的能力來接受教育，而不應全部接受一樣的教育。本世紀的美國大哲學家杜威就頗爲贊同柏拉圖對適才教育的主張，但是他反對柏拉圖只將人區分成三種類型，杜威希望教育能符合每一個個別的孩童，並且，他反對柏拉圖階級式的教育計畫，視某種類型的人要比另一種類型的人來得優秀。

柏拉圖的計畫是提供特殊的教育給工人及工匠、衛士（軍人），和統治者（在軍人中較高層的階級）。柏拉圖藉由蘇格拉底之口說道，第一群人應該被好好訓練去做他們的工作，這樣的話我們才會有耐穿的鞋子及有人照料農作物。第二群人，特徵是具有強壯的身體及意志，則應接受專門的體力及道德精神上的訓練，並認爲不論是貴族或是衛士階級，都需接受哲學、精神、敏捷度及氣力方面的種種訓練：最後，具有成爲統治者潛力的人必須接受比一般人所受更嚴格、時間更長的哲學、數學、文學、及歷史教育。

柏拉圖的教育模型是「功能主義式的」—旨在培養符合國家需求的幹才。柏拉圖經由描述理想國的狀態，逐步透露出他的教育理念，而其實他本來可以主張（就像杜威後來主張的）個人與國家之間並無衝突存在，也就是說，教育者可以培養出既充分發展自己潛能，同時也對國家有用的人民。然而，柏拉圖對於什麼是美好的生活，以及今天我們所謂的「自我實現」，有他一定的想法。他認爲只有那些擁有閒暇去深入思考、並能夠活到老學到老的人們，才能享受到一個眞正美好的生活。經過深刻反省的生活，與美好的生活幾乎是等同的。柏拉圖認爲因爲只有極少數的人有能力作眞正的思考，而且社會上的工作也必須要有人去作，所以每個人依照自己不同的能力去接受教育，以爲未來的職業作準備，才是對的。

柏拉圖不像杜威一樣，認爲各種不同職業領域中的人都可以代表眞正的人。能夠成爲眞正的人只有少數，而這少數的人，必須懂得發揮自身的優點，才能達到優越的地位。所有的小孩都有機會展示自己的能力，而眞正有能力的人就會逐漸地嶄露頭角。對柏拉圖而言，這樣的方式是符合正義的，而這樣的想法到現在仍影響著教育政策的制定。某一類型的生活方式——譬如說高薪和擁有聲望——被認爲是最棒的，所有的小孩都有機會經由學習來追求最好的生活方式，所以如果他們雖有機會但卻失敗了，那麼這樣的結果並不違反正義。

11 對於柏拉圖所主張的教育正義，至少有三點來反駁：第一就是重新定義所謂的美好生活——美好的生活並非柏拉圖所主張，只有單一種模式。第二就是提出：並不是有平等的機會就能算是正義，正義必須在某種程度上達到平等的結果。第三，現在普遍認爲兒童之間，在接受教育這方面來說，不存在有極大的差異。也就是說，不論學校爲學童們準備了什麼教材，「所有的小孩都能學習」（All children can learn.）。我們會在稍後的章節中討論這些可能性。

珍、馬汀（Jane Roland Martin）則對柏拉圖提出了另一個頗具說服力的反對意見：她認爲他忽略了社會的再生產性功能。④根據馬汀的想法，這個「再生產性」（reproductive）的過程，傳統上是由女人所參與的：養育小孩、作家事、照顧年老或生病的人等等。柏拉圖對兒童的教育說得很多，但卻對誰來照顧他們的日常生活說得極少。他曾說過領導階層的人應該免除所有類似這種繁瑣的勞役——他們除了公有的婚姻之外，的確不應該有家庭，而且由婚姻產生出來的後代也應該交由他人撫養，這樣一來，沒有了家庭和個人財產的牽絆，軍人或衛士們就更能將全副精力及智慧貢獻給國家。

馬汀對柏拉圖的批評在於：雖然他同意女性作為軍人（這在當時可是個不得了的主張），但是在這套規則下被篩選出來的女人，卻必須成爲「無性的」，也就是說她們必須接受完全男性式的教育。這種教育不是從居家和家庭生活的考量出發，而完全都是從公衆的生活——傳統的男性模式出發的。馬汀認爲，如果男女同樣都接受教育，那麼教育的內容應該要同時包括兩種傳統（女性的傳統與男性的傳統）裡最好及最重要的特點。要建立這種教育的模式，我們需要對這兩種傳統進行分析和評估，並且轉化成爲教育的內容。柏拉圖在選拔軍人時不分性別的作法上值得讚賞，但是他的教育模式卻預設了男性的生活才是優越和值得追求的。

柏拉圖所提出的基本教育理念在兩千多年來一直居於通才教育的核心地位。文學、歷史、數學及哲學（在柏拉圖時代哲學也包括自然科學）至今仍是學校課程的主要科目。但以傳統學科做爲中學主要課程的作法是否明智，則受到部分近代教育哲學家質疑，關於這點我們將在稍後幾章裡討論。⑤現在，我們只需看看教育哲學家們是如何批判柏拉圖的教育主張：首先，柏拉圖對現代學校教育的主張適當嗎？第二，他對教育提出的建言是否合理呢？柏拉圖的許多主張都是基於他對戰爭及勇士的推崇，若是雅典人不熱愛戰爭，或者他們不抱持偏狹的地域觀念，而接納雅典之外的外邦人，他們的國家會滅亡的這麼快嗎？柏拉圖的教育主張裡又有多少是爲了要培養優秀的戰士，和
12 符合軍事活動的目標呢？那麼我們的教育課程裡有多少部分是爲了同樣的目的而設計的呢？這個目標是隱含的，還是明顯的？

以上簡短介紹蘇格拉底和柏拉圖自有其道理，我們現在看過了幾個教育哲學的問題，這些問題從蘇格拉底的時代開始，就不斷引發哲學家和教育學者們的興趣。在從前，一位不停提出敏感問題的好老師可能會被控以腐化青年的罪名，現在蘇格拉底和柏拉圖已經帶領我們討論過許多的問題：國家、政府在教育中應扮演的角色、教育的目的、傳統教育裡的性別問題、傳統課程對現代學生的幫助、以及採用蘇格拉底教學法的可能性。所有的這些問題將如影隨形地跟著我們，如同蘇格拉底一樣，我們不敢說我們*知道*，但

我們應該要有能力辨別什麼是錯誤的，並且提出合理的主張。

亞里斯多德

如同我先前介紹蘇格拉底和柏拉圖的方式一樣，我們將省略詳細的歷史敘述，以及對思想的整體評論，只針對亞里斯多德思想中一些重要的學說來做討論，而這些學說直到今日仍引發許多爭議。

相對於柏拉圖，亞里斯多德不曾試圖要去創造一個理想的狀態。他的思考方式是從事物實際的情況推到抽象的分析，因此，在他寫到關於人的倫理和道德生活時，亞里斯多德就嘗試由實際生活中尋找，並且描述當時最能體現雅典社會美好的人們以及行為。⑥當然，他是必須要有一些抽象的標準，來分別眞正的美善和徒具表面的虛僞，但即使是這些標準，亞里斯多德仍然是從眞實的生活中尋找。

亞里斯多德，跟柏拉圖一樣，都相信人們應該依照其所處的地位來接受教育或訓練。當人們在執行任務，和發揮他們獨特的功用時，他們對這些工作會發展出（或無法發展出）熟練的技巧，最好的領導者、藝術家、妻子、和奴隸都擁有某種熟練的技巧，但是其技巧各不相同，做領導者的技巧不同於做奴隸的，做先生的也不同於妻子的。

近代的社群論者常引用亞里斯多德的學說⑦，他
們也相信，社群或社會（community）能夠，也應該
要對其成員有所要求；而且個人的權利似乎擴張得太
過了，這種情形過分到社會實際上都失去了自己的傳
統，甚至認為任何利他主義的道德行為，都需要依賴
在個人的英雄主義和哲學的解釋上。相反的，亞里斯
13 多德和今天的社群論者都堅持，道德的生活是經由我
們在社會中的作為，以及實踐社會對我們的要求而逐
漸發展出來的。從這個觀點來看，社會的需要和福祉
可以，而且應該，凌越於個人的權利之上。一個好的
公民應該期許自己對社會有所貢獻，而不只是要求社
會來保障個人的權利。

等一下我們會看到，許多哲學家認為對於亞里斯多德的道德生活模型，只出現過兩個嚴重的挑戰：尼采的虛無主義和康德的合理個人主義。無論我們是否同意這項評價，亞里斯多德從事倫理反省的方法，毫無疑問地到今日都具有極大的影響力。

教育學者應該也會對亞里斯多德的道德思想感到興趣，因為他的思想建立了一個道德教育的模式，這

個模式直到今天仍廣爲流行。亞里斯多德建議孩童應該在適當的指導模式下接受訓練，他的道德教育模式很符合聖經上的這一段描述：「以其當行之道教養孺子，則終身不違。」(Train up a child in the wayhe should go,and when he is old,he will not departfromit)亞里斯多德相信社會應該灌輸兒童價值觀，並促使他們多多參與以發展品德爲目標的活動。⑧他並不著重於教育兒童去理解什麼是道德事務，相反的，他認爲人要到大約二十歲以後才能理解道德事務的內容，他主張，到那個時候，他們就會成爲良善的人，並且有能力去分析倫理道德的相關議題。在這之前，他們應該學習培養良善的品德，來對外界做出道德的回應，另一方面，這良善的品格並將確立人們未來理解道德事務的方向和基礎。

許多宗教教育的模式直到今天仍承襲了亞里斯多德的品德教育模式。同樣地，他們也主張孩童應該先學習正確的行爲，然後再來才允許他們發問、分析問題與提出批判。也許有很多人都是這樣被教大的，可能也會疑問說：還有其他的辦法嗎？事實上是有的，我們將在倫理學和道德教育那一章裡討論這些辦法。在過去四五十年間，早已有其他的道德教育模式，超越了亞里斯多德的品德教育模式，而且在過去的二十年間，更發展出郭耳堡(Lawrence Kohlberg)的「認知－發展模式」，也深具影響。⑨

然而，在十九世紀以及二十世紀的初期，品德教育的模式則廣泛地被大眾所接受。一所名為品德發展聯盟（Character Development League）的機構出版了〈品德教育課程〉（Character Lessons）提供給學校和家庭使用⑩，課程的編排是按照「品德的特質」：服從、誠實、無私、負責、勤勉、勇氣、正義、愛國和其他許多德目，以線性的方式層層排列：每個項目都是下一個項目的基礎。以服從為首，總共
14 三十一個德目，根據〈品德教育課程〉的說法：「引導人們正確的生活，以及建立品德。」當然，對亞里斯多德而言，僅僅從書上了解別人的品德與行為是不夠的，一個人必須先去實踐誠實的行為，才能成為誠實的人；或他必須先服從他人，然後才能學會服從。上述這所機構也了解這點實踐的重要性，因此在〈品德教育課程〉這份課程中除了閱讀和討論的部分之外，也提供了家長或師長們讓兒童練習的活動。

許多教育哲學家擔心品德教育似乎不可避免會造成灌輸兒童教條的結果，（這是下一章的另一個主題，我們將會繼續談到）但是還是有許多近代的教育哲學家主張品德教育，甚至今天有些學者建議將認知的方法和品德教育結合在一起。⑪由於青少年出現不

適應或危害社會行爲的傾向有逐漸增長的趨勢，教育學者正試著以全新的眼光去看待亞里斯多德的主張。

亞里斯多德思想中有另一個面向是與今日教育息息相關的：他不相信人可以保證自己的道德行爲一致。環境會影響我們。也許擁有高貴品德的人可以相對地禁得住誘惑，而且我們相信在許多極端的情況下，他也仍然能夠做出正確的事情，但是即使是英雄，在情況超出他所能控制的範圍時，也可能被沖昏了頭，而無法下正確的判斷。亞里斯多德的這種想法比較接近荷馬時代的希臘人，而非後期的道德哲學家。他見到這種兩難的處境，常使好人陷入悲慘的結果，這種道德的兩難是近代哲學中常見的主題⑫，而且在許多人都認爲道德哲學已經變得太理性化，並和日常生活失去聯繫時，這個問題經常被大家提出討論。這點對教育學者特別值得注意，因爲這鼓勵我們在實施道德教育時，應盡量完整地使用個人的傳記和文字資料，相信亞里斯多德本人也會支持這種發展。

盧梭

當我們在研究教育史時，把早期的基督教時代和整個中古時期省略過去是很奇怪的，但是我們主要在尋找有關哲學方面的教育問題，盧梭（Jean-Jacques Rousseau，1712-1778）的某些教育觀念就符合我們這樣的需求。

盧梭常被稱為自由主義的哲學家，原因在於他對人類自然（或原始）狀態的歌頌，遠過於文明開化的狀態，他認為在自然狀態中的人類——如同動物一般——沒有來自國家政府的壓迫和腐敗。的確，盧梭的自然觀在他的哲學中扮演了核心的角色。他相信人是天生自由與善良的，並且人可能在某些理想的自然狀態裡保持著那樣的自由良善，但是由於我們必須與他人生活在一起，並盡力滿足別人對自己的要求，人就開始墮落的歷程，而墮落作為一種社會特徵，正是在盧梭所處的時代裡達到最高峰。盧梭以其著作「社會契約論」奠定他在社會哲學上的地位，但盧梭與所有的契約論者，也因為主張「前社會人」（presocial individual）的觀念而遭受批評，批評者（例如當代的社群論學者亞里斯多德和杜威的追隨者等）認為，假設有所謂「自然人(genuine person)——指具備理性能力，能訂定契約的個人」存在於社會和文化之前，是非常荒謬的。關於這點，我們將在第九章再稍加深入討論。

然而，盧梭承認，要找到一個所謂理想的自然狀態，只能是一種思想的實驗。他也知道人類不像野生的動物一樣，能發揮出牠們最大的潛力。因此他希望能夠找出一種包含了自給自足、熱情、公民義務、關懷自然、以及與神關係密切的文明狀態，盧梭企圖想平衡人類共同生活的需要，與個人自我實現的需求。

從這樣子的構思出發，盧梭考慮到教育方面的問題，到底人們應該接受怎樣的教育，才能既保持他們本性的良善，同時又具有作爲公民的責任感？當我們在思考盧梭的教育計劃時，我們必須停止使用像「人類」（human being）和「人們」（people）等中性語言，因爲盧梭爲男生和女生設計了兩套截然不同的教育制度。現在普遍認爲盧梭對革新教育制度的貢獻，大部份都集中在他對男性教育的主張上。說自由主義的哲學家都是認爲自由是給男性的，而不是給女性的，並不爲過。⑬ 但是平心而論，我們必須注意到盧梭相信這兩種態度——對男性的自由和爲了保護女性所設的限制——都是合理的，因爲這些都是「自然的」。盧梭認爲這兩種態度並不違反人性，也正是多虧了他的這種想法，才使得他的教育哲學免於不一致的窘境。

盧梭在他的書《愛彌兒》（*Emile*）裡⑭，解釋了什麼是自由人的教育。由於他相信兒童天生下來就是善良的，所以盧梭讓愛彌兒在儘可能減少限制的情況下受撫養和教育；愛彌兒不須接受僵硬的道德教育，因爲他原本就是善良的，而老師的任務，就是設法保
16 有愛彌兒這種良善的本質，另一方面教導他爲進入成年生活所需的各種必要技能的。盧梭認爲鄉間的的環境比城市要好，因爲來自於其他人的腐敗墮落可以減到最低的程度。愛彌兒不需被迫作抽象的思考，或硬要唸不適合他的書，而僅需依照自己的興趣，和通過手動的練習來學習。換言之眞實的感覺和感受才是主要的，而思想和抽象化過程只能是輔助性的。在老師這方面，他必須具備相當的敏銳度以教育愛彌兒，他不能將自己對學習的主觀想法強加在愛彌兒身上，他所能作的只是儘可能滿足愛彌兒的疑問。這代表老師必須事先推測愛彌兒的興趣可能會發展到哪裡，提早準備，並指引他到正確的方向上面去。在第二章裡我們將看到杜威對這種觀點的回音。

如果你是主修教育的學生，那這些觀念對你來說可能並不陌生。在美國的六〇和七〇年代，曾盛行名爲「開放教育」的教育運動⑮，同樣地主張教育應以

孩童的興趣為主，並給予他們更多實際動手作的經驗，重視實際操作、感覺、和觀察，而不強調正規的課程。開放教育吸引了許多教育學者的興趣，特別是教育哲學家和歷史學者。歷史學家主要研究教育運動的興衰演變和各種「改革」，譬如說為什麼某些觀點，像是盧梭的主張，總是一再地出現？難道教育改革是以循環的方式一再重演的嗎？是否循環是必定的，或是有辦法停止這樣的循環過程？哲學家們不斷地檢證這些觀點的基本想法，並比較這些觀點的新舊論證之間，有哪些異同之處。跟這些哲學家們一樣，我們有興趣的是教育學者以及哲學家是如何證明自己的論點，並希望找出在他們論證中的邏輯謬誤。

盧梭的某些觀念在二十世紀心理和教育學者——尼爾（A.S.Neil）的著作中獲得迴響⑯，同樣地尼爾也認為兒童是天生善良的，而揠苗助長只會傷害他們，他反對正規課程（除非是兒童主動要求）、宗教以及道德課程。在他的夏山學校（Summer hill school）裡，兒童可以一直玩，直到他們自己想進教室唸書，除此之外他們還可以對學校的運作方式發表意見。而且除非是關係到學校安全的事情，否則連校長尼爾也只有一張票——就跟他的學生一樣。就算你跟我一樣在許多方面不同意尼爾的作法，你也必須佩服他對他的老師們的衷心建議是：要記得你跟孩子是同一國的！

在杜威的著作裡你會發現他有許多教育理念與盧梭的非常相似，但相對的也會發現有許多主要的不同點。舉例來說，杜威不認爲小孩天性是善良的，然而他也不相信，正如許多宗教教育家一般，認爲兒童們帶有原罪，因而也就需要救贖。他認爲小孩同時擁有善和惡的潛能，而良好或錯誤的教育環境，是導引他們往善或惡途上的關鍵。另一方面，說到盧梭和杜威最主要的相似之處，是他們對小孩本身動機和自主行
17 爲的重視。每隔一段期間，當教育學家重新爲盧梭與杜威的主張提出新的論證時，教室裏就會又盛行一股親手操作的風潮。

在我們討論盧梭對女性教育的主張之前，還有一點不能不提：盧梭認爲教育的時機非常重要。兒童到了某個時間，就開始準備好要學習某些事情，這時老師必須密切觀察學生的情形，以等待適當的時機施以教育。這種觀念到今天仍然相當重要，如果你唸過發展心理學，你就會了解到這種觀念對發展心理學家有多重要⑰，許多對促進開放教育有功的人士就是所謂的發展心理學家，跟隨著皮亞傑（Jean Piaget）的腳步，他們認爲學習應該是來輔助人們發展的。因此，老師必須要了解他的學生準備好要學些什麼，並

提供適當的活動以刺激發展。皮亞傑尤其相信認知能力的發展是有階段性的，每一個階段的特徵在於不同的認知結構，基本的結構提供不同的機制以吸收知識和組織次結構。也就是說，當兒童遇到了無法解決的困難時（在適當的年齡），他的認知結構就開始順應這個變化，而產生改變。在稍後的章節中我們將再度討論有關皮亞傑的作品。

追隨維高斯基（L.S.Vygotsky）思想的近代學者們則較強調社會互動，而非皮亞傑所重視的主—客體間的互動關係，但是學習時機和準備的觀念仍是十分重要。維高斯基主張兒童在發展文化時的作用，將首先展現在社會的這一層面，也就是說，兒童在開始時可以在社會環境中依靠著他人的幫助，而完成某些事情，然後這些作用才表現在心理的層面，並可被兒童靈活運用。數學教育學者們，尤其是採取社會建構論觀點的學者，都特別對維高斯基的主張感到興趣。

另一位對盧梭的教育時機概念更感興趣的是蒙特梭利（Maria Montessori）。蒙特梭利認爲兒童的成長必須經過某段「關鍵時期」，而這段時期將決定他的某些能力能否發展⑱。由於她個人是一位內科醫師並精通生理學，因此，她對關鍵時期的想法很可能是來自於她對動物生理學的了解。以貓爲例，如果小貓在發展視力的關鍵時期，沒有接受到光線的照射，那麼牠的視力將無法完整地發展。以這個生理學的例子作爲基礎，蒙特梭利認爲若是父母親和老師在小孩初次出現需要管教的徵兆時，沒有養成孩子遵守秩序的習慣，那麼孩子將可能喪失服從紀律的能力。基於這點，她認爲老師們應注意其設定的目標是否適合學
18 生。在今天，大多數的教育學者對蒙特梭利的主張，若不是持保留的態度，就是適度地加以修改，但許多人還是相當支持盧梭、皮亞傑、蒙特梭利和維高斯基等人所提出的主張：適當的時機對於學生的學習是非常重要的。

綜而言之，盧梭主張兒童天生善良，如果他（這裡我們必須使用男性人稱）接受了適當的教育，他定會成爲一個自由、有愛心、和負責任的成人。並且很重要的一點是，他可以自己決定受教育的方式，而他的老師必須爲他設定適當的目標，提供實際經驗，了解他的需要，參與他的成長，並避免過分的壓力戕害了兒童的身心。在許多方面來說，盧梭對於教育的觀點實在是相當溫暖親切的。

那麼，相對於愛彌兒的女性——蘇菲，又應該接受什麼樣的教育呢？在這裡我不須把整個故事寫出來，在本書的最後關於女性主義和教育的那一章我們

將有完整的討論，但除非你對這點不感興趣，否則你一定會注意到他對蘇菲的教育方式，與對愛彌兒眞是大相逕庭。一方面愛彌兒被教導他必須要懂得爲自己設想，在另一方面蘇菲接受的教育是要保護自己的貞節並遵循傳統；當愛彌兒在爲公民義務、公共生活作準備時，蘇菲則必須待在家裡。在《愛彌兒》的第五部裡，盧梭談到蘇菲的教育問題：

> 女性的教育與男性密切相關，為了娛樂男性，對他們有用，被他們所憐愛並為之讚頌，照顧年幼的他們，陪伴他們長大，提供他們諮詢和慰藉，使他們的生活充滿歡樂和美好，這些是任何時代的女性都應該做的事情，而應該從童年時期就教導她們。若是拒絕重返這項原則，我們將迷失方向，再多的道德誡命也不能給予我們或她們幸福。⑲

有些人認爲盧梭對女性的不公平對待是可以理解的，畢竟他跟所有人一樣，都是特定時代和地域的產物。但是我們也可以說，盧梭對柏拉圖，及當時主張男女平等的著作也都相當地熟悉。甚至更有證明顯示，盧梭年輕的時候對於女性的想法比起他撰寫《愛彌兒》時，要來得寬大的多。唸教育的你，可能會無法置信，許多舊有的教育哲學書籍，在討論盧梭時根本不提《愛彌兒》第五部的部分，盧梭對於蘇菲的教育方式，實際上受到了長久的忽略，直到最近才得到重視。

裴斯塔洛奇、赫爾巴特、福祿貝爾

盧梭對教育哲學的影響非常深遠，受他觀點影響的有：裴斯塔洛奇（Johann Heinrich Pestalozzi, 1746-1827）、赫爾巴特（Johann Friedrich Herbart,1776-1841）、福祿貝爾（Friedrich Froebel,1782-1852）。今天許多教育哲學者根本不討論這三個人的主張。但是我們根據以下幾點原因，
19 必須對這三位的主張作一些簡短的討論：第一，教育家甚至是教育理論家也都經常忽略了教育的歷史，他們不能瞭解，許多被認為是嶄新的觀點，其實很早以前就曾經被人提出來過；許多觀點都有引人注目的源頭，需要一番努力來追溯其發展軌跡。第二，既然前面我們已經討論過盧梭的主張，那麼現在來了解他如何對後來的研究產生影響，就顯得有其必要性。最後一點，他們三人的主張是從盧梭到杜威中間的過渡，因此須稍加討論。

裴斯塔洛奇承繼了盧梭的主張，認為兒童的教育應經由他們的感官經驗（senses）。他改造了盧梭的

觀念，並接續洛克，創造了一種課程方法名為：「實物教育」（object lesson）。⑳ 課程進行的方式是老師先展示一件物體給學生看，接著要求學生試著去描述它，辨別這個物體的作用等等。舉例來說，今天我們給一班六年級學生看的是一盞桌燈（包含了電線、燈罩、和燈泡），並與他們共同討論許多的問題，例如：請問這條電線安全嗎？如果不安全，那我們要怎麼樣讓它變得安全？電燈泡如何發光？這個燈泡的亮度適合閱讀嗎？你會把這個燈泡放在家中的哪裡？這盞燈好看嗎？製作燈罩的材料是什麼？如何組裝一盞桌燈？並試著先將這盞桌燈分解，然後組合起來。

裴斯塔洛奇的實物課程通常以道德來結尾。裴斯塔洛奇相當關心道德教育，並認為所有的課程都應該包含道德和認知觀點。有趣地，今日我們大部份只把課程的道德部份與實物課程聯想在一起；例如，通常我們要批評某人因搞不清楚或不想做某事而致失敗，就會說「我想這是他的實物課程」。許多人都沒注意到此一課程科學認知的面向。

除了對盧梭觀點的改造與補足外，裴斯塔洛奇的另外一個貢獻就是研究貧窮兒童的學習能力。在他的學校裡，他證明了貧窮的兒童，只要受到良好的照顧和有技巧地教導，也可以跟有錢人家的小孩一樣地學習。這一點在裴斯塔洛奇提出兩百年後仍受到社會上許多人的質疑。在今天，支持裴斯塔洛奇主張的教育改革者們不斷呼籲大衆正視貧窮地區學校裡的不平等現象，㉑但是跟裴斯塔洛奇一樣，他們常被認爲太過於空想、不切實際，其提出的意見常因爲「更重要的目標」而擱置。這點也是我們在以後會討論到的一個主題。

關於裴斯塔洛奇的教學方法，我在這裡特別要提出一個眞實的事例：據說愛因斯坦年輕的時候，在一般正規的學校裡適應不良，直到後來進入一所教法類似裴斯塔洛奇的瑞士學校，才開始嶄露出他不凡的一面。愛因斯坦在這裡接受的教學，就是採取視覺學習的方式——有地圖、工具、精巧的器材和各式各樣的實物。㉒看到這裡，我們不禁要感嘆：不知道有多少愛因斯坦的種子，在現代的教育方式底下遭到一次又一次的挫敗。

同樣地，赫爾巴特也繼承了盧梭對於感覺及感官經驗在教育上之功能的主張。他以呈現和某種被稱爲「統覺群集」（apperceptive mass）的東西來描述心靈的功能。赫爾巴特認爲統覺群集就是用以了解新的概念之舊經驗的總和。赫爾巴特所描述的統覺群集就是皮亞傑「認知結構」的先驅。這兩者最主要的不同之處就在於，皮亞傑的認知結構是一種操作機制，而赫爾巴特的統覺群集包含了實際的經驗內容，但這兩者的功能都是用來吸收新的材料。

赫爾巴特對早期將科學方法運用到教育上的貢獻之一，就是他主張教育的方法應該依照心靈運作的方式來設計。讓學生準備好接收新知的方法，就是老師提醒學生曾有過的相關經驗（已經儲存在他的統覺群集裡），然後與學生一起對材料適當地加以改造，以便於吸收儲存，準備日後之用。他的方法著重認知，並強調老師這方面的活動。

赫爾巴特跟裴斯塔洛奇一樣，都嘗試讓自己的教學法看來更加明確，並符合本身的哲學思想。延續他對心靈以及心靈運作方式的看法，赫爾巴特創造出一種四階段的教育課程，後來被人改為五個階段：準備、表現、比較和抽象化、概括化、以及應用。

杜威讚賞赫爾巴特是「將教師的工作從例行公事和不可逆料的意外事件中解放出來」。㉓此外赫爾巴特所提出的許多問題，在哲學和教育科學中都是相當重要的問題。但是杜威認為他在某些方面犯了錯誤，在他理論中最嚴重的錯誤，杜威認為，是赫爾巴特忽略了人作為生物有機體所擁有的多樣性，以及人的目的性。杜威堅持教育對於各式各樣的學生和所有的科目來說，是沒有所謂固定程序的。老師必須以學生的需求爲起點，帶領他們體驗豐富的經歷，並注意他們成長的訊息。杜威曾經嚴厲地批判赫爾巴特：

> 他的哲學對於老師教導學生的責任說得如此之
> 21 多，卻對學生學習的權利幾乎隻字未提。強調知性
> 環境對於心靈的影響，卻忽略這樣的環境同時牽涉
> 到人分享共通經驗的事實。過分誇張了由主觀意識
> 所創造和使用的方法，卻低估了生命中無意識的傾
> 向……總括來說，考慮了所有有關教育的事項，卻
> 忘了教育的本質———一種追求有效達成目標的生命
> 能量。㉔

從目前的角度看來，或許我們可以借用杜威的看法來分析與批判近代企圖使教育統一和科學化的潮流，例如：五階段的教育方式適合於今日嗎？學習（或最佳的學習）只能經由直接教導的方式嗎？杜威對於赫爾巴特的批評難道就更符合今日的教育嗎？

第三位受到盧梭影響的思想家，是最爲人所熟知的幼稚園之父福祿貝爾。福祿貝爾把幼稚園比喻爲花園，而兒童們就是在花園中盛開的花朵。盧梭主張兒童天性善良的觀念，充分反映在福祿貝爾對幼兒教育和成長的重視上面。從這個觀念出發，沒有小孩是怪

異而需要不斷糾正其行為的，個個都是美好而完整的個體，幼稚園應該是要來保護和滋養兒童們的這份純潔與美麗。

福祿貝爾同樣要兒童們學習掌握物體的形狀，以作為他們的數學教育之一。除此之外，他也希望學生們能記住這些形狀的名稱和屬性，因此他將每一種形狀——三角形、圓形等等，都賦予一種特殊的符號意義，使這些形狀在精神和道德的層面上佔有重要的地位。杜威十分讚賞福祿貝爾對於小朋友的關心，以及由他所創造出來的許多教育方法，但是他認為福祿貝爾接受盧梭的想法，認為兒童天性善良是不正確的觀念，並且他也質疑數學的符號是否必須具有宗教或道德上的意義：「用個簡單的例子來說明（福祿貝爾的方法），譬如許多人知道在幼稚園裡，兒童的集合都是成一個圓形，但是作成圓圈不一定是集合兒童最方便的方式，（對福祿貝爾而言）用圓圈來集合小孩子，是因為圓圈代表的是把人類的生命集合在一起的意思。」㉕

從杜威對以上幾人的評論，我們可看到教育哲學家對於其他哲學家的批判。杜威除了對盧梭、赫爾巴特、裴斯塔洛奇和福祿貝爾的部分主張給予相當的推崇以外，也在他們的觀點中找到了許多不盡完美的地方：理論基礎薄弱、前後矛盾、以及與杜威本身觀點不一的看法，如：兒童的本性、教育的意義、老師的角色、和課程的性質等。

問題討論

22 由於唸教育哲學的一個主要的目的就是要提出更深入的問題，並對問題進行深刻的反省，因此我將以問題的形式將所讀過的課文大綱列舉出來：

1. 蘇格拉底教學法適用於今天嗎？
2. 教育的目的應該是要訓練學生擁有社會所需的特殊技能，還是導引他們走向自我實現？
3. 國家應該控制學校老師教課的內容嗎？
4. 教師應該批判政府和領導人嗎？
5. 傳統女性的責任和價值應該放在課程中教授嗎？
6. 柏拉圖所主張的課程科目——文學、歷史、數學、和哲學，對於今天的學生來說仍然適合嗎？
7. 學校應該培養學生的品行嗎？若是，則應該教導學生哪些德行？
8. 品德教育一定會牽涉到教條灌輸嗎？

9. 兒童是天性善良的嗎？

10. 老師應該扮演引導的角色，還是直接把知識教給學生？

11. 學校教育應該包括道德教育嗎？

12. 爲什麼某些教育主張總是一再地出現？

13. 宗教對於兒童來說是不好的嗎？

14. 時機對教育而言是重要的嗎？在哪些方面？

15. 對於貧窮的兒童與富足的兒童而言，兩者之間的學習能力有差異嗎？

16. 社會應該給予所有的兒童適當的教育嗎？誰來決定怎樣是「適當」的？

推薦書目

沒有比閱讀原著作品更好的了：柏拉圖的《理想國》（*Republic*），尤其是第二、第三、第五、和第七册；亞里斯多德《尼高瑪各倫理學》（*Nicomachean Ethic*）的第十部；以及盧梭的《愛彌兒》（*Emile*）。如果你想更進一步了解裴斯塔洛奇、赫爾巴特、與福祿貝爾等三人，請看耶金生(Carroll Atkinson)和梅爾卡(Eugene Maleska)合著的《教育的故事》（*The Story of Education*）。

第二章
杜威的哲學和教育思想

1859 年，達爾文（Charles Darwin）出版《物
23 種源起》（*Origin of Species*），同年杜威出生。杜威深受達爾文思想的影響，他一生（1859-1952）所出版的書籍與文章多得不計其數，光是書目就長達一百五十頁，①他在許多著作中使用了演化的譬喻，透露出杜威對進化論的高度興趣。在這裡我們將使用與第一章裡相同的方法來討論杜威，也就是說，我們將就他所引發的問題和爭論來進行討論。

作爲主修教育的學生，你應該多少唸一些杜威的著作，它的確很困難，連威廉・詹姆士（Willliam James）都把杜威的風格評比爲「該死的，喔，你甚至會說他是天殺的」！但是一旦你念得夠多杜威的東西，你就會開始知道他在做什麼，並了解到在他信念中完美的一致性，以及他對於學生在接受教育時應該扮演什麼角色所做的主張。我常建議我的學生在讀杜威的時候，先試著去「相信」他所講的——不要一開始就否定、挑戰、或去分析它，只是相信並保持你的疑惑，當你了解杜威眞正想達到的目的之後，你就可以準備提出艱深的問題了。

在討論杜威對教育的意義及目標的看法之前，有個問題讓我們先來了解一下：杜威的影響到底有多大？對此各方意見分歧。毫無疑問地，杜威對哲學和

教育的思想有著極大的影響力，但是他對實際上的作為到底影響有多廣泛，卻難以精確的估計。他曾被支 24
持學生參與教學計劃和活動的人士，喻為是美國教育的救星；相對地，某些認為杜威不但把知識和道德相對論帶進了學校，甚至還以社會化取代學校教育的人，則批評他是「比希特勒更糟糕」！杜威的主張一再被修正、批評、尊崇、和揶揄②，各界對他的興趣有時增加，有時衰退。在幾年以前的哲學系，根本對杜威興致缺缺，而現在卻是興致勃勃。同樣地，教育界也總是在忽略和推崇杜威之間來回擺盪。但只要是仔細研讀過杜威著作的學生，大多會同意他對教育思想的偉大貢獻實在不應加以忽視。

杜威的哲學導向

杜威是一個「自然主義的」（naturalistic）哲學家——只從自然現象（及能夠被我們的感官所認知的物體和事件）來尋求解釋，否定牽涉到超自然因素的解釋；他甚至從人類的理想、計畫和行為，來定義「上帝」。他深信他所謂的科學方法，並將之應用至研究人類行為的每一層面。了解了他的自然主義傾向，我們對於在他著作中為何出現如此多關於進化論的論題及譬喻，也就不足爲奇了。

杜威的教育哲學深受德國哲學家黑格爾的影響。黑格爾相信唯有心靈是眞實的，作爲宇宙精神一部份的人類思想會經由一個正反合辨證的過程，朝著早已預定的理想持續進展。杜威相當早期就摒棄了黑格爾哲學中一些實體性的主張（譬如預定理想等觀念），但是他保留了辨證法的部分。他常在他的著作中呈現兩種極端的情形，舉《經驗與教育》（*Experience and Education*）這本書來說，他把「舊」式的教育跟「新」式的教育對比，但是他並非一味推崇新式教育，而是同時指出兩方的優缺點，並提出另一修正版的教育方式。許多觀察者認爲他所提出的修正版本，並非新式與舊式的綜合，而是創新的產物。杜威運用辨證法來釐清自己的想法，並進一步朝向新的層次，但他不認爲到達這個新的層次就是找到了最終的答案，它同樣必須接受另一個循環的辨證。

杜威的研究與寫作涉獵範圍包括了幾乎所有的哲學領域：邏輯、形上學、知識論、科學哲學、本體
25 論、美學、政治社會哲學、以及倫理學。此外，他也寫關於心理學和宗教方面的東西。但是他堅持，教育哲學是哲學中最基礎以及最重要的分支，因爲就某種意義而言，所有其他的哲學領域都奠基在教育哲學之

上，對杜威來說，教育的哲學就是生命的哲學。

作為一個自然主義的哲學家，杜威不但否定了所謂的超自然，也否定某些哲學家所主張的先驗觀念。所謂一個實體或概念是「超驗的」，就是它可以去解釋某些可觀察的事件，但是它本身卻是無法觀察的，或我們無法確定那些結果的確是它所造成的。杜威可以接受某些科學上的實體，譬如有些東西雖然無法以肉眼觀察，但它們所造成的影響卻是可以觀察得到。但是類似皮亞傑的認知結構，就可能引起杜威的懷疑。當你在閱讀杜威和皮亞傑的時候，你會發現他們兩人對於教育的主張，以及對兒童智力發展的描述，有相當多的共同點，但是杜威從未提出無法觀察的心靈運作機制，去解釋觀察到的現象。假如他活到今天，說不定就會理解到，如果我們將皮亞傑的認知結構類推到機械性的電腦程式上面去會是很有用的。但是很重要一點是，我們必須把程式產生出的實際效果給杜威看，否則他還是會懷疑它的作用。由於杜威否定超自然的解釋及先驗的概念，這使得他被歸類為行為主義者（behaviorist），但是，待會兒我們將看到他的信念，其實與某些著名的行為主義者大異其趣。

杜威、皮爾斯（Charles Sanders Peirce）、詹姆士（William James）、米德（George Herbert Mead）這些人經常被稱為實用主義者，但是杜威對這個名稱卻很感冒，因為「實用主義」（pragmatism）這個字眼常帶給人負面的印象。皮爾斯企圖把實用主義當作一種意義的理論：「這之間也許有實際上的關聯，試想是什麼影響了我們去感知由我們的感官所感覺到的對象。而我們對這些影響的概念，就是我們對這個對象的全部概念。」③詹姆士則把效用這個觀念帶到「眞」的理論裡——這大部分要歸功於皮爾斯，而皮爾斯更將自己的理論改名為實用主義，以跟詹姆士的主張有所區別。但是杜威還是比較喜歡「自然主義」（naturalism）這個名詞。其他支持實用主義的作者則試圖把實用主義代換成「工具主義」（instrumentalism）或「實驗主義」（experimentalism），但是「工具主義」和「實驗主義」都有其他的含義，並非十分恰當，因此有些人主張乾脆定為「自然的實用主義」（natural pragmatism）④，這個名稱同時具有強調自然主義式的解釋及著重實驗方法兩方面的優點。這些名詞以後還會出現在杜威教育觀點的討論中！

教育的意義和目標

杜威經常把教育當作成長（growth）的同義字，
而成長是他最重要的生物學隱喻之一。⑤因爲有許多
人都把教育想成是一種有特定目標的計畫——其結果
就是成爲完美的人或擁有理想的生活方式——因此杜
威把成長當作教育目標的這種做法就令他們相當不 26
解。許多人會問：朝什麼成長？但是杜威堅持成長就
是它本身的目的，也就是說，問「朝什麼成長？」事
實上就與「成長」概念矛盾（因爲在「成長」的概
念裡就包含了「成長」作爲其目的），他認爲成長的
目的是更多的成長，我們不應該找一個目的來限制成
長的概念。

如果我們進入杜威的有機—演化體系裡，或許可以將「成長」類比爲「生命」。「什麼是生命的目的？」在哲學、宗教、以及文學領域中的許多專家們都試著要回答這個問題，但在生物學裡，生命的目的就只是（創造）更多的生命，依此類推，對杜威而言，成長的目的是帶來更多的成長。⑥他非常擔心學生們的生命，會因爲一個遠在天邊的目的而有系統地被犧牲掉，並忽視了學生本身的興趣和目標。爲了避免這種情況發生，杜威堅持除非某種經驗能夠帶來成長——亦即，學生由這次經驗而增加了能力，或因此

而更加期待接觸往後新的經驗——否則那種經驗就不是所謂「教育的」經驗。

許多教育哲學家認為杜威的成長概念有困難。他有時用「開門」或「建立連結」來解釋成長。他寫道，把學生的技巧訓練的像小偷一樣熟練，並不能代表成長，因為這種訓練不但關閉了連結，並且阻絕了更進一步的成長。⑥他的主張乍看之下好像是對的，但是在其他的例子裡，就很難評估說到底算不算是成長：假設說你的孩子他的興趣是數學，但是他沉迷於數學之中，已經到了完全忽略其他活動的地步，這是你能說他在數學能力上的成長，是眞的成長嗎？或者說有人對於金錢的追求，狂熱到了完全排除智慧和心靈層面的活動，那這能算是成長嗎？金錢財富的確提供人許多機會和各種連結（人可以使用金錢去做更多想做的事），但這樣子去累積財富，眞的也是一種成長嗎？

我懷疑杜威並不是要把成長當作教育的操作型定義，讓我們重新思考上面把成長比喻作生命的例子，如果生命的生物性目的就是要創造更多的生命，那麼這也不代表說，製造生命就永遠都是件好事。舉個例子，如果一個社會增加了太多新生的人口，那麼生命的品質可能會下降，甚至於危害到未來生命的延續，那麼創造更多生命的這個目的顯然是具威脅性的。如果製造生命的能力，被當作是評判生命是否美好或眞實的標準，這就引發我們去問：最理想的生產是怎樣的？對於處於某些時代的某些社會來說，這個問題是相當難以回答的，而由不同的人提出的答案也大相逕庭。

這樣子使用「成長」這個詞，也許才是杜威所主
張的。以上有關成長的用法讓我們提出了許多有意思 27
的問題，並針對上面所舉的小偷技巧、對數學及金錢的狂熱追求等例子作了一番討論。這些討論是讓我們對現在與未來之間的關聯作更深入的思考，也使我們跳開把教育當作是爲未來作準備的想法，重新反省教育的目的。

前面是我嘗試在杜威的學說體系裡，爲他的「成長」概念所作的辯護，但是接下來，我們要對他的體系本身提出挑戰。許多人會對生命的目的只是創造更多的生命，感到相當不滿，同樣地，我們對於成長的目的是帶來更多的成長這樣的觀念也不滿意。蘇格拉底曾試圖更詳細地說明生命的意義和目的，而杜威則對所謂什麼是「好的生活」作了動人的描寫，難道我們不應該更仔細的評估什麼是成長的規範性意義嗎？難道我們不應清楚地敘述怎麼樣才是符合成長的定

義？我不確定杜威是否會反對我們這樣作，這些做法很可能杜威都想過，但是無疑地，他不認爲所有的成長皆朝向單一的目標。

根據杜威的說法，教育的目的是更多的教育，所以教育一方面是手段，一方面也是自身的目的。但是他也沒有說教育裡面就不能設定適當的目標。事實上，他主張教育的活動，由於其本質，必須有明確的目標。我們（包括學生和老師）都在試圖完成某件事，但是我們的目標不是固定的，而且教育到最後也沒有什麼終極的目標，只要有任何適當的目標可以引導我們的活動，我們就保持這個目標，如果它不能引導我們的活動，就必須加以捨棄，並尋找另外更適當的目標代替，如此一來，這些目標就是在手段—目的的計畫裡運作。另一方面，如果我們確定了短期內要達到的目標，而我們所選用的方法並不能達到我們的目標，那麼就必須再考慮其他的手段。通常一個短期的目標其實是達成下一個目標的手段，因此我們會把它跟普通手段一樣看待。

英國分析哲學家皮德思（R. S. Peters）同意杜威的看法，認爲不應該把教育的目標當成是教育內在的目的，但是他覺得杜威的錯誤在於將「目的」（purpose）與「目標」（aim）混爲一談。皮德思的

文章是語言分析（關於語言分析的部分，我們在第三
章裡會有更詳細的討論）的典範，主要在說明「目的」
與「目標」在教育中強調的是不同的意義。皮德思解
釋，「目的」與行動背後的理由有關。舉例來說，某
人做了某種怪異的行爲，我們就會問他：「你這樣做
的目的是什麼？」但相對地，「目標」則有如射箭時
的靶心，是在某段距離之外的對象，「需要相當的努
力與注意力才能達到」。⑦對皮德思而言，當我們在
闡釋什麼是教育的意義時，討論教育的目標是沒有必
要的，因爲教育的目標就包含在教育本身的概念裡 28
頭。杜威對這點相當不同意，他主要的興趣並不在於
語言學或概念的分析，而是在把教育當作社會現象來
分析。

要解釋杜威對於教育目標的看法，我們就必須進入下一個主題——杜威主張學生在教育中應該扮演什麼樣的角色。他堅持不只老師要爲他的教學活動設立目標，學生也應該參與自己的學習計畫。以下，我們會看到杜威在討論教育目標時，並沒有皮德思所定義的「目的」（purpose）的意思：

> 柏拉圖曾經定義奴隸就是去滿足其他人目的的人，並且…，一個人若是被盲目的慾望所奴役，那麼這樣也算是一個奴隸。我認為，在新式教育中，

> 沒有一點比強調學習者參與制定引導他日後一切活動的目標更加合理，正如在傳統教育中，沒有一項缺失比無法讓學生主動決定其學習目的這點更為嚴重。⑧

杜威的心理學

雖然杜威否定超驗和超自然的解釋，可能會令我們以爲他是行爲主義者，但實際上他的立場卻相當清楚是屬於刺激—反應的心理學派。這一派心理學主張，科學家們可以從人對外在環境刺激的特定（或非特定的）反應來解釋人類的行爲。是環境控制了我們，而非我們控制環境。在我們一般人中或許有人能夠幸運地爲了人類的利益而操控環境，但是這依然是由於另一連串的刺激與反應所產生的結果。杜威在他早期的一篇文章中曾經有力地提出證明說⑨，人類這種有機體不僅僅反應外在的刺激，而是更進一步主動地選擇某些刺激，並以符合本身目的的方式來加以反應。他主張學生們（作爲主動的有機體）應該參與訂定學習目標的過程，而這個主張更加強了他對目的和活動之間必定存在著關連的信念。

在《我們如何思考》（*How We Think*）這本書

中，杜威解釋了著名的兒童模仿現象，他認爲這種現象不如表面看來簡單。兒童不只是在模仿而已，這點可由兒童並非模仿所有的成人行爲獲得證明。實際上他們是在選擇，他們挑選符合自己目的的行爲模式來加以模仿。模仿父親漆油漆或敲榔頭的小男孩，實際上是試圖完成某件事。他觀察並做同樣的行爲，是因爲這樣能達成他的目的。因此，別再認爲小孩子的模仿行徑只是「很可愛」而已，這中間有很大的成分可是童年時期相當重要的大事呢！

杜威對於兒童的觀察相當入微而精確。據說他經 29
常獨自一人沉迷在哲學的思考中，連他的兒子在哥倫比亞大學的校園中從他身邊經過都沒有被他發覺。在《學校與社會》（*School and Society*）中，他敘述了兒童的興趣有以下四個面向：製造東西（建構）、發現事物（尋求解答）、表達自我、以及溝通。⑩許多的教育學者認爲利用這四種興趣就能夠設計出一套豐富的初級學校課程，而不用把一天分割成幾個固定的單元，如：歷史、英文等。兒童在追求自己興趣的課程中，如果老師能夠爲他們安排適當的活動，就足以讓他們學到相當多專門學科中的知識了。

對於這樣的主張，有人可能會提出以下的批評：那要是像數學這種需要循序漸進學習的科目呢？如果數學必須依照兒童特定的興趣來教，那麼他們的數學知識中必定會出現斷層。試問對於這個缺點有補救的方法嗎？

除了討論教育的目的、研究幼兒教育的心理學、以及找出刺激—反應理論的問題外，杜威還發展出一套到今天仍具有影響力的思考與解決問題的模式。思考的過程是從我們認爲某件事有問題、需要解決時開始的。初步探索的結果產生了對問題的假設，接著思考者必須設計一個計畫——也就是一套方法——以測試他的假設。在每個階段裡，思考者都必須考慮許多的選擇，例如：有其他的假設嗎？有別的方法可以使用嗎？接下來，當然，他必須實際進行他的計畫。在接受實驗的結果後，他還須對這個結果加以評估。仔細的思考者會對他整個過程作反省，是否還有更好的方法或解釋？他如何將這次實驗中學習到的經驗，運用在往後的情形裡？他會試著把這次的結果作概括化的工作。

關於杜威的思考模式有幾點必須要注意：第一，他從未主張每一個人都必須依照他所說的順序來思考。當然，在對假設進行實驗之前，你必須要先形成一個假設，但是任何人都可以打破前後順序來進行他的實驗。第二，有些教育理論學者省略了杜威思考模

式中接受實驗結果的階段。譬如在一九七Ｏ年代，有
個電腦化的數學計畫讓學生在看過問題之後，設法寫
出能解決問題的方程式，如果方程式是對的，那麼電
腦就會跳過顯示答案，而直接進入下一個問題。這個
計畫的想法是要學生了解，計算方程式的部分可以交
由電腦來處理，人的工作是設定計畫或創造出方程
式。這樣的做法對成熟的科學家和數學家們來說是很 30
好，但是對於尚在學習的學生來說，他們必須要有完
整的過程以評估計畫的價值。科學家要解決的問題遠
超過方程式的計算，而這些卻正好就是學生們的問
題。作爲老師的我們，必須謹記：教科書裡的問題會
對各種的學生衍生出各式各樣的問題來。杜威的解決
問題法與蘇格拉底的教學法，都將在第五章精確的思
考繼續再討論。

除了分析思考過程和兒童興趣的本質外，杜威另一項著名的成就，就是分析經驗以及經驗在教育上的中心地位。有些哲學家評價杜威對於經驗的分析是他對哲學最大的貢獻之一，有些人則認爲某些概念杜威處理的相當模糊。杜威的觀點至少有兩個重要的特徵：一者是強調經驗的意義和影響（這點與存在主義者的看法相同）。經驗對於杜威來說，並不是單純的接觸或被動地接受而已，它對於接受經驗的人來說是有意義的。第二，對杜威而言，經驗是具有社會和文

化意義的。杜威曾經講過，他有一本主要討論經驗的著作：《經驗與自然》（*Experience and Nature*），應該要叫做《文化與自然》（*Culture and Nature*）才對，由此看來我們能預期，杜威在談教育時所提到的經驗，必定會著重在對個人的意義和社會的互動關係上。

他相信要達到教育的效果，學習經驗必須建立在以往的經驗上，或與之作相互的連結。今天我們常把這句話解釋爲：老師必須視學生的程度來教。另一方面，老師也必須知道他讓學生經驗的東西會把學生引導到哪裡去。經驗之間必須有連續性，因此老師必須了解學生過去有過什麼樣的經驗，並據以爲學生設計出新的學習活動。此外他也必須觀察學生現在的表現，設計出讓學生往後更能掌握出學習要點的活動。老師必須對他要給學生什麼樣的東西有所準備，準備的內容必須符合學生現在及未來的需求，過於艱深的理論對於學生來說是不適當的。

不只教學經驗之間必須要有連續性，經驗的本身對於學生來說也必須要有意義才行，也就是說必須要有參與——即學生與學習科目之間的互動。杜威一再地指出，缺乏互動是舊式教育一個很嚴重的缺點，當學生被強迫學習沒有讓他們眞正有參與感的東西時，他們會對要學的科目失去興趣，並對自己沒有信心，漸漸地他們會安於被動地接受答案跟老師的獎勵，最後放棄相信教育的目的是爲了培養健全的人格。

31

由於杜威不斷強調學生參與及活動的必要性，使得他的名字已經跟所謂的以兒童爲中心教育（child-centered education）連結在一起。然而嚴格來說，將杜威的主張貼上「以兒童爲中心」的標籤並不十分正確。你也許還記得，杜威曾經嚴厲批評福祿貝爾的成長觀念，而且對杜威這樣的互動論者來說，他強調對學習經驗的內在和外在兩方面都要給予適當的注意，而不認爲學習的目的只是爲了娛樂兒童。在杜威晚期，他曾斥責某些自稱繼承他思想的教育學者，實際上並沒有讓學生得到眞正的學習。

杜威的知識論

在往後的章節裡，我們將對知識理論做更深入的探討，尤其著重在與教育有關的部份。在這之前，讓我們先來看看杜威的知識論。

所謂「知道」是什麼意思呢？蘇格拉底在研究過這個問題後，認爲知識牽涉到命題本身的眞假問題。

如果某甲說他知道P（P是某個命題），那麼P必須要是眞的。如果我們相信P是假的，那麼我們就不可能同意說：某甲知道P這個命題。必須爲眞的條件暗示了所有我們認爲我們知道的命題，必須是某些眞的命題的子集合（subset），而繞了一圈，最後得到的結果是：命題其實早在我們發問之前就已經是眞的了。

根據這個傳統的觀點，眞理早於人類提出疑問之前就已經存在——正如同世界上一切事物以及事情的狀態早就存在於人類對它們發出疑問之前——經由人們的發現，這些眞理就進而成爲人類的知識。

杜威從自然主義的觀點，認爲知識比眞理要來得多。利用所擁有的資訊和技術，我們就可以建構起適當的知識；在經過對假設進行檢驗之後，我們甚至必須捨棄或修正一些剛開始時所相信的事實，最後產生出來的結果，就是某種近似於眞理的東西，亦即接近傳統觀念上的眞理。杜威把這種由謹愼的研究過程產生出來的命題爲「證成的主張」（warranted assertions）⑪。所有引導我們研究進行的命題和技術，都可以歸爲知識這一類，直到我們接受新的研究結果，而將它們捨棄。

32 杜威的主張在你聽起來或許是很奇怪的，而的確也有很多的哲學家對他的說法提出反對，我們無法在這裡一一對這些反對意見作出回答，甚至連將這些意見分別寫出來也不是件容易的事。但是也許我可以把杜威的主張重新整理一下，讓它看起來比剛開始時更合理些。還記得杜威的哲學是自然主義吧？由於他的自然主義主張，他不接受無法觀察與不能檢驗其效用的東西，因此，他駁斥有所謂的「眞理」，因爲眞理是無法被檢驗的。同樣地，他比較愛用「知道(knowing)」，而不喜歡用「知識」(knowledge)。因爲「知道」明確地指探索問題和尋找解答的過程，而「知識」是用來指在這個過程中引導我們的原則和資料。

但是你可能會問，假設在這些資料中，有一部分後來被人發現是錯誤的，那麼那些還算是知識嗎？杜威的答案是：當一個命題或我們習以爲常的做法被認爲是錯誤的時候，我們就停止使用它們來作爲指導的原則，並將之從百科全書和日常程序中去除。由於這些東西已經不再成爲指導的準則，所以也就無從叫它們作知識。杜威試著把知識固定在穩定的狀態中，而逃避了定義知識的困難。實際上，他所做的是把知識的名詞性定義轉換成動詞的型態。

讓我們來看看以下的例子。假設一個學生使用了這個錯誤的公式：

$$\sqrt{x}+\sqrt{y}=\sqrt{x+y}, \quad x, y>0,$$

來作一組數學題目。當她在使用這道公式的時候，她當然相信它是眞的，那麼這個公式可以視作這個學生的知識。（老師當然知道這是錯的公式，因爲他曾檢驗過這道公式，並停止使用它來解題）當使用這個公式而導出令人不滿意的結果時，一個謹愼的解題者會退回去問：這道公式是否正確？因此這位學生就這樣的檢查這個公式：

如果 $\sqrt{x}+\sqrt{y}=\sqrt{x+y}$，　是對的話，那麼

$$\sqrt{4}+\sqrt{9}=\sqrt{4+9}=\sqrt{13}$$

但是我們知道（從過去正確的推算）：

$$\sqrt{4}=2 \text{ and } \sqrt{9}=3,$$

所以 $\sqrt{4}+\sqrt{9}=5$　而不是 $\sqrt{13}$

因此這條公式不能使用，我們必須停止稱它爲知識。

以上這個例子闡釋了杜威知識和教育理論中的兩個重點：第一，每個成熟階段的人都會運用先前經驗

的材料來引導目前的探索。這是實用意義的知識，因爲它擁有實際的效用。它說明了探索者正在做些什麼。第二，警醒我們，眞正的問題解決牽涉到其假設的設定與結果的測試。如果我們一開始就打斷學生的探索，並告訴她：「那是錯的，這才是對的。」她可 33
能永遠也不會了解爲什麼她的方法是錯的。更糟糕的是，她永遠也學不會如何尋找答案，怎樣去檢查她所使用的方法是否正確。傾向於杜威觀點的老師應該更注意學生有沒有進步和成長——是否對過程的檢驗更加熟練，而不是注意他們會不會解特定題型的答案。今天學生作出正確的答案不一定意味著將來成功機率的提昇；然而，學生能夠自己找出答案或懂得控制做事的流程，卻確實代表了學生的進步與成長。

當你在唸有關學習的理論時，會看到有些心理學家們反對老師允許學生使用錯誤的規則（這是跟知識論分開的獨立議題，但對於教師來說是相當重要的），他們認爲這樣做是讓學生「練習」他們的錯誤——這樣的練習會讓學生增強對錯誤規則的使用，並使他們在學習正確的公式時更加困難。對於某些無法確實測量其成效和正確與否的活動來說，這些學習理論之學者的話確實不假，因爲錯誤的練習對像彈奏鋼琴、打字、或打網球這些活動而言，容易造成日後難以糾正的習慣。這些活動與解決數學題目不同，學生通常無法判斷練習的結果是好或壞，而如果他們覺得自己的表現不好，還會以為不過是需要再多點兒的練習而已。但是如果當學生做數學題目發現結果並不正確時，也以為只要多加練習就好了的話，那後果就不堪設想了（我必須註明的一點是，有些老師們認為學習鋼琴和網球的過程也如同在找尋問題的答案，除了糾正學生錯誤的習慣外，他們教學生去比較兩種不同的做法所產生的效果，並讓學生試著判斷自己的做法是否正確）。

在以上對杜威知識論簡短的介紹過程中，我的重點著重在幾個令現代教育學者感到興趣的論點上。在後面的第六章裡，我會介紹更多傳統的知識論主張，以及在教育理論中受到相當大注意的近代知識理論——建構論。建構論的主張與杜威對知識的看法有相當多的共通點。但是要注意的是，即便是討論終結，我們依然只觸及到整個知識論的表面而已，知識論是哲學底下一門龐大而迷人的分支。

民主與教育

除了心理學和知識論外，杜威亦對社會與政治哲學涉獵頗深，他把民主看作是一種符合科學的「共同

生活方式」(associated living) 。杜威尤其感興
趣的是民主與教育間的關聯，在《民主和教育》 34
(*Democracy and Education*) 一書中，他對這兩者
間的關係作了相當深度的剖析。⑫

杜威對民主的討論開始於對人類狀態的描述，他從自然的角度將人類描述成社會性的動物，人們想要互相溝通，而這種溝通的慾望促使人們建立共同的價值，值得注意的是杜威並不主張價值預先存在於一個理型的世界裡。世界上並不存在永恆的眞實，也沒有上帝來爲人類的行爲和發展指引方向。當然，杜威承認人類有相同的生理條件，我們都需要食物和住所，而多數人也都希望能擁有自己的後代、保護幼兒、及與他人建立相互關係。

杜威的自然主義觀點使他與大多數的傳統主張大異其趣。在賀金斯 (Robert Maynard Hutchins ，知名教育家，曾長期擔任芝加哥大學校長) 以普世文化(universal culture) 觀念著手研究教育哲學的同時，杜威則以文化創造之前的溝通慾望做起點。賀金斯認爲人類必須要有共通的價值和知識才能進行溝通，但是杜威不同意，他認爲賀金斯所說的共通價值和知識，是經由社會互動所建構出的產物。共通的價值不是一開始就存在著的，它們是由我們建構出來

的。因此，學校不應該灌輸給學生獨特的文化價值和知識，而是鼓勵學生盡量去溝通，去解決問題，並創造出共通的價值與知識。

杜威並不否認每個文化都有其希望傳遞給下一代的價值，但是，對他而言，「傳遞」是超越言語且無法測量的。一個文化要如何把價值傳遞給年輕人？它必須讓這些價值對他們的生命產生獨特的意義。舉例來說，學校如果要讓學生們適應未來民主的生活，老師不能只是塞給學生一大堆以後會用到的資料，而應該讓學生們參與適合他們年紀的民主活動。

或可用一種被稱爲：「全方位語言法」(whole language approach) 的教學方法，將杜威的理想說明得更爲清楚。在全方位語言法的教學裡，基礎入門課程的內容並不是教導學生如何唸音標、拼音、和文法等等，而是直接呈現給他們語言的經驗，老師鼓勵學生們依照自己的目的進行溝通。開始時，學生們在老師的幫助下寫出自己的故事，並閱讀同學的作品。他們現在爲了溝通的目的而去聽、說、讀和寫。

同樣地，學習如何參與民主的生活意味著你必須
35 依照民主的方式生活——學生們一起解決共同的問題，制定管理教室的規則，共謀改善學習效果和教室生活的方法，並參與設立學習的目標。⑬從這個觀點

出發，學生參與民主生活不但自己就是本身的目的，同時也具有手段的性質——即為他們成年之後進入民主生活作準備。學生從這樣的參與中學習到的，並不是一堆以後才會用到的資訊，而是實用的技巧和實際的過程，以及民主式的生活。

杜威並不認為民主只是一種人民投票與多數決定的政府制度。對他而言，民主是一種共同生活的方式，且每個人可以共同參與決定的過程。管理共同生活的法則必須經過試用階段並接受一般大眾的檢驗，而非由決定性的大多數人強加於所有的人民身上。杜威期望民眾是具有理性和良心的，而不要被權力的慾望和個人私慾所驅使。一個社會若要培養出這樣的公民，則必須先從學校做起。民主，在杜威的描述下，並不是一種狀態，而更是一種過程，其規則必須不斷地接受審視、修正和創新。

杜威從兩個層面的判準來建立他對民主的觀念，第一，他認為民主擁有的特徵如下：「有意識地溝通和分享利益，多元而自由地接觸其他團體」。⑭杜威說，典型的街頭群眾並不能代表民主，其成員也許的確有意識地溝通及分享共同的利益，但缺乏與社會上其他團體的互動。對杜威而言，第二個層面的判準是嚴厲的考驗：人民能否自由地跨越階級、宗教、種族、和地域來進行溝通？一旦團體切斷彼此的聯繫，將自己孤立起來，並排斥外人，那麼這時民主就陷入危機了。杜威並不認爲街上的群衆運動就代表了民主，一個封閉的社會之所以不能被稱爲民主，乃由於它不能自由地接觸外界，並喪失了打破隔閡去發掘答案的機會。

你也許會發現到，第二個判準對於討論現代社會
中的多元文化問題很有幫助。有許多人擔心「過份多
元」的情形對我們的民主會造成威脅，⑮他們害怕社
會將會崩解成爲許多互不往來的團體，對彼此存有戒
心，毫無信任可言。但杜威對於次級團體的數量，並
不如對他們之間的關係來得那樣關心：這些團體之間
36 是否保持開放的溝通關係？這才是他想問的問題。以
分享信念和與外界保持互動著稱的普世基督教會，可
能符合這個判準；但是由美國非裔或西班牙學生主導
的學校性社團，可能就無法通過杜威的判準。但是，
其種族認同的取向並不妨礙他與外界進行互動，注意
關鍵乃在於這個團體是否與其他團體擁有開放而健康
的互動。所以，若是這個團體符合這個條件，那麼它
就能通過杜威的判準。「健康」這個詞的用法與之前
我們解釋「成長」的意思一樣：如果兩個團體間的互
動能爲彼此或與其他團體帶來更多的互動，那麼這份
互動關係就是「健康」的。

雖然這些判準對於淘選出某些團體，以及解釋爲何它們不符合民主的條件來說很有用，但在有些情況裡這些判準似乎並不管用。在某些存在著種族與階級觀念的社會中，可能有些團體依然通過了杜威的判準，而實際上卻進行著高度的壓迫。由於杜威忽視了有系統的迫害與文化霸權，這便成爲反駁他相當重要的論點之一。

正如杜威不認爲次級團體數量的成長對社會有什麼負面的影響，同樣地，他也不認爲個人與國家之間會存在著衝突。與之前我們介紹過的盧梭恰好相反，盧梭相信個人必須放棄或徹底改變自己原有的天性，以成爲對國家有用的公民，而杜威卻堅持個人與國家之間，理想上，是互相依賴的關係。一個好的社會會重視外來的人民，因爲它需要創造性的思想以產生更新的假設、更好的方法、更多的選擇，並引發更熱烈的對話。同樣地，個人也需要在一個民主的國家裡繁榮發展，因此對他或她來說，如何促進民主的生活方式便是相當重要的事情。

對政治哲學有興趣的讀者也許想更了解杜威（請見本章後的推薦書目），你將見到他參與了多場當代的自由主義與社群論間的爭論。一方面他堅持民主國家與個人之間相互依存的關係，另一方面也守住他互動論的哲學。大致說來，他不贊成個人主義和社群論中的極端情況，對他而言國家並非只為保護人民的權利而存在，人民也不僅是為了對國家有用而存在。

把這種想法轉換到教室裡面來，杜威認為學校不
該只是促進學生之間的公平競爭，也不應該把學生都
37 看作一樣——如同沒有臉孔的人。學校組織應該以民
主的方式——成為一個實行最佳的共同生活方式的地
方。學校就像一個小型的社會，在那裡兒童經由練習
學會如何增進自己、他人、以及整個社會的成長。

學科的定位

杜威將學科（subject matter）定義為在解決問題過程中所使用的資料：「學科包括了有目的的發展過程中，所觀察的、記憶的、研讀和談論的事實及主張。更清楚一點說，它與學校所教的，以及形成課程內容的東西有關。」⑯

杜威並不贊成捨棄傳統課程的學科，但是他希望能改變教法，使它們成為杜威所認為的眞正的「學科」。他認為應該在學生們解決問題的過程中適當地帶出這些學科，讓學生了解它們的用處。今天，一些

教育哲學家認為傳統的學科已經過時（注意它們最早可以追溯至柏拉圖！），而應該開始建立一套新的課程。⑰但在杜威的計畫裡，這些傳統的課程依然存在，只是它們只在學生解決問題時出現，以提供他們實際應用。課程對於杜威來說，並不是在教學之前就已經建構好的材料，而是在教學和解決問題的過程中，蒐集、使用，和建構起來的資料。

地理和歷史在杜威的主張裡具有重要的意義，它們並不是由一堆毫無關聯的名詞、年代等集合而成的東西，而是來解釋人類活動、擴大社會聯繫、和解決社會問題的學科。

> 把地球當作人類之家的古典地理學定義表達出了教育的實質。但是，要這麼定義容易，困難的是要在鮮活的人類系絡中呈現出特殊地理主題。人之安居、追求、成敗等事務乃地理資料成為教材的主要理由。但是要將這兩者連結起來需要努力和豐富的想像力。一但這中間失去了連結，地理所呈現的不過就是一堆毫無關係的資訊而已：某座山的高度、某條河所流經的路線、某地的特產、進出船隻的噸位、國界、以及首都等等。⑱

杜威要學生去了解有關人的事情與活動，例如：為什麼在這個地方的人開始進行貿易？是什麼原因使

38 得位在河流交際口的大城市興起？還有其他的原因影響這種城市的發展嗎？洋流經過與吹什麼風會如何影響人類的活動？如何解釋在山的一邊有繁榮的農業，而另一邊沒有呢？

雖然杜威並不提倡取消標準科目，但他卻強烈地暗示科目之間的界限不須如此嚴格。他注意到地理科中的自然導向幾乎是「不可避免」的，但事實上，地理與自然兩者間的確是密切相關，「『自然』與『地球』應該是意義相通的字詞，而同樣地『自然科學』也應該就等於『地球科學』。」⑲杜威希望學生所上的課程，是以個人為中心而加以統合的——也就是說，這些課程之所以對學生們有意義，是因為這中間加入了人的經驗，特別是他們自己親身的經驗。

今日的杜威：評價

時至今日，在各種不同的領域中，有許多思想家接受了杜威的想法，他主張學生應主動追求自己目標的想法獲得了普遍的認同；他否定了知識論中絕對(absolute)的概念和對確定性（certainty）的要求，對於近代的思潮深具影響力；他討論在一個自由的社會裡尋求社群結合所會遭遇到的兩難情形，而今仍受到相當的重視；而他對學生應儘早參與民主事務的主張，也同樣被許多教育學家所接受。

然而，即使是杜威最忠實的支持者也必須承認，他的許多基本概念其實是很模糊的，譬如「成長」這個概念，若是我們不能指出成長該朝哪個方向，那麼這種討論有意義嗎？杜威有時將「經驗」視為與個人的意義有關，有時又從文化的角度來解釋經驗，那麼它確實的意思是什麼？如果在「上帝」這個名詞後面不存在任何的實體，那麼保留著「上帝」這個概念還有什麼意義呢？

或許從今天教育學者的眼光看來，對杜威最大的批評始自於他對種族、階級、和性別問題的忽視，並過份相信科學能夠解決我們一切的問題。當杜威談到民主時，在他腦中浮現的是一個由實驗者組成的社會：人們共同合作、試驗新事物、評估並區分各種可能性。他並沒有告訴我們如何解決種族衝突、政治上壓迫弱勢團體、貧富距離擴大、以及科學為人類帶來的可能是災難而不是解決問題等等的困難。雖有某些狂熱支持杜威的人士認為，解決這些問題的方法——或至少大致的方向，都可以在他的著作中找到。但我要說，這些方法似乎只是依賴在對民主不切實際的想法上。在現在這個充滿權力鬥爭和失去信仰的年代裡，對於許多人來說，杜威的想法實在太天眞了。

我個人的想法是，我們可以先從學校裡實踐杜威
39 對民主的主張，而如果行得通的話，或許還可以更進一步影響到更大的民主環境。我個人的主張較為保守，不像某些支持社會重構論的激進人士主張：學校的責任是「建立新的社會秩序」。⑳我不認為位於社會結構中層的學校，可以做到這點。但是經由杜威的觀點來想，我相信學校可以幫助社會培養出對於應該如何在民主社會裡生活，想法更清晰、也更有責任感的人。

問題討論

1. 應否為教育設定某種理想？或者教育的目的只為預備將來更高深的教育即已足夠？
2. 根據同樣的想法，「有沒有讓學生**成長**」作為教育的判準合理嗎？杜威對於成長的解釋恰當嗎？
3. 教師應如何設立目標？學生必須參與訂定自己的學習目標嗎？在了解了杜威的主張後，你對老師須為每次課程設立學習目標的看法如何？
4. 你認為杜威的解決問題模式（problem-solv-

ing model）每一個步驟都是不可或缺的嗎？有任何模式是你認爲更適合或更有幫助的呢？在些模式裡有多少是從杜威那裡發展出來的？

5. 杜威所描述的兒童的四種興趣，到現在還是正確的嗎？
6. 稱杜威的教育哲學是「以兒童爲中心」，對嗎？
7. 如果我們相當確定某件事情是錯的，我們可以把它叫做「知識」嗎？爲什麼？或爲什麼不可以呢？
8. 老師可以允許學生使用錯誤的方法嗎？在什麼樣的情況下？
9. 個人與國家之間存在必然的衝突嗎？
10. 民主必須依賴在共通價值的傳遞上嗎？我們應如何解釋「傳遞」的意思？
11. 兒童應該學習哪些東西以參與民主事務？他們如何學習這些事情的過程有沒有影響？
12. 應如何定義「學科」？
13. 杜威用以判定民主團體的兩層次判準恰當嗎？
14. 杜威爲傳統課程中地理和歷史科所做的辯護合理嗎？

推薦書目

杜威的《學校與社會》、《兒童與課程》、《經驗與教育》、《哲學的重建》、《公衆及其問題》、《民主與教育》，與衛斯特布魯克（Robert Westbrook）的《杜威與美國的民主》對於剛開始接觸哲學與教育哲學的學生，可先看杜威前面兩本重要的教育著作：《學校與社會》和《兒童與課程》，以及他最後一部相關著作：《經驗與教育》，通常會有很大的幫助。慢慢熟悉之後，被公認是杜威所寫過最全面的教育論述：《民主與教育》則值得一讀。對杜威生平好奇的讀者，可以參看衛斯特布魯克的《杜威與美國的民主》。

第三章
分析哲學

正當杜威發展他那自然主義式的實用主義時，這
41 個時期的羅素（Bertrand Russell，1872-1969）則為哲學界帶來了精密的分析哲學。當然，分析向來就是哲學中的一部份，但是羅素為這個詞彙帶來了新的意義。他相信心靈和物質是兩種完全不一樣的東西，而物質實體（物體）與心靈的產物（如語言及數學式子等）都可以分析成為基本的元素和關係。分析哲學的部分任務就是對語言和數學進行分析，並呈現這分析中的每一組成分子是如何去指涉物質世界裡的某個東西，或是指涉到語言或數學中的另一個分子上面。對於羅素而言，眞實（reality）是絕對可以被分析的；也就是說，眞實可以一直被分割到最後不可化約（irreducible）的組成分子或關係上。

羅素對分析的主張不僅在於他相信眞實是可以分析的，也同時在於他認為語言中的每一個表達，都指涉了眞實裡的某個東西。這樣的信念在現在看來是站不住腳的。雖然理想中的語言應該在字彙與實體之間存有精確的符應關係，但一般現實生活中的語言卻不是這樣的。今天仍有部分的哲學家在字詞與物體或事件之間的關聯中，試圖尋找出意義，但大多數人已經不再期望會有人能夠，以中立而純粹的分析，藉由將眞實事物與語句一一配對的方式，來揭開語言中的意義。

不論是哪一種形式的分析哲學都主張縝密地分析與進行澄清的工作。爲羅素所偏愛的分析哲學形式，則著重於語言與眞實之間的關係。句法的分析是其中相當重要的一環，它先將語句拆解成許多單位，然後再去找尋每個單位所指涉的對象。教育哲學家則對概念與日常語言中的哲學比較有興趣，舉例來說，分析哲學家可能會去分析教導或教育等概念。在做這項分析的過程中，他（或她）會試著把這個既定的概念從其他密切相關的概念中分離出來，然後仔細地觀察這概念會出現在什麼樣的語言脈絡之中，並對這些情況加以研究。而在日常語言的分析中，焦點則放在語言的使用方法上。當然，分析哲學也可以用來分析概念，概念分析（conceptual analysis）和日常語言的哲學（ordinary language philosophy）這兩個名詞就經常被當作同義詞來使用。不論是哪種分析哲學，它們一項共同的特徵就是堅持中立。分析哲學中最早也是最著名的學者，維根斯坦（Ludwig Wittgenstein），主張哲學應該「讓每件事物保留它原來的樣子」。也就是說，哲學不改變這個世界，它只是讓這個世界更清楚些。①

今天許多的教育哲學家都認爲自己是分析哲學家，他們從事概念或文本脈絡的分析，但通常他們更關心的是語言的用法和各種用法之間的關連，對於找出不可化約的語言單位或關係則顯得沒那樣積極。不接受分析方法的哲學家們通常也不認爲分析能夠做到中立，也就是說，他們批評分析哲學家假設了自己的預設與所偏好的理論並不會干擾到他們的分析過程。事實上，他們的分析工作以及理論本身都是帶有價值判斷的。當哲學家們在進行分析的時候，他們不可能將自己的價值完全放在一旁，而比較好的作法——從批評的角度來看——是去找出這些價值、承認它們、並坦白地把自己的主張建立在這些價值之上。然而，就算哲學家們不接受純粹的分析哲學形式，他們仍舊不斷地進行分析的工作。柏拉圖、亞里斯多德與萊布尼茨這些人都曾作過仔細而精密的分析，但他們並不——今天大多數的哲學家也同樣不接受羅素對分析所作的嚴格定義。

教育的哲學分析

一九五０、六０與七０年代間，有許多的教育哲學家陸續投入教育語言和概念的分析當中。這些人作研究的一項基本動機就是他們相信，由於日常語言尚未經過分析，因此其中必定藏有許多未知的意義。著名的教育哲學家索提斯(Jonas Soltis)是這麼樣說的：

> 我們之中有許多人…在被要求以簡單的幾句話來說明教育中相當普通的概念，如教導、學習、或學科等的時候，會一時間感到瞠目結舌，覺得十分困難，然而這些概念卻是關於教育的思想或討論裡最基本的東西。我相信把這些概念搞清楚以後，必 43
> 定會使我們以往無意識地在教學或學習的行為裡所預設的一些自以為了解的事物、其意義所包含的些微差異清楚的展現出來。這麼一來，我們不但會在使用這些概念時變得更精確和小心，而且我們也會對教育，這件每一個人在他們生命中的某個時刻裡都必須參與的事情，有了更深一層的瞭解與認知。②

這些哲學家們所分析的概念包括了教學（teaching）、灌輸（indoctrination）、學習（learning）、訓練（training）、成就（achievement）等等③。在上一章裡，我們也曾經提到皮德思(R. S. Peters)的分析「目標」（aim）這個概念。然而最常見的抱怨是，這種分析對我們根本毫無任何助益。為了「讓每件事物保留它原來的樣子」，概念的分析既看不到有任何計劃因而產生，也絲毫無助於改變世界。但是有時，哲學家會跟實際進行研究的學者共同對概念作澄清，以確保他們在研究的過程當中能恰當地操作這些概念。此外，哲學的分析也有助於逐漸捨棄掉某些不合適的教育觀念，譬如說「發現」（discovery）這個概念，哲學家們經由分析認爲其對於嚴謹的研究而言過於模糊：所謂「發現」，到底是一種學習方式，教學的方法，還是以某種特定的成就爲特徵的教育方式呢？④

正值許多教育哲學家將分析當作是哲學的一項任務時，有些人則持續以較接近形上學的方式來進行他們的研究。這些哲學家通常從某個形上學主張，譬如說觀念論（idealism）開始，然後試著去說明這個主張對教育的意義。當然，主流哲學中仍然有許多論證是以觀念論（idealism）來對抗實在論（realism，或者更常是針對唯物論 materialism）、以理性論（rationalism）來對抗經驗論（empiricism）及以一元論（monism）來對抗多元論（pluralism）等。但是在教育哲學裡面，我們看到的通常不是像這些爲某個基本主張而辯護的論證，而是比較多在說明實在論或觀念論的學者應如何主導教育的方向。因此在教育哲學的教科書上，各個章節的標題名稱經常如下：〈實在論的教師〉、〈觀念論的教師〉、以及〈實用主義的教師〉等。⑤

分析哲學家們認爲這樣的計劃——即嘗試發展出

以實在論或觀念論爲基礎的教育計劃——實在是錯的離譜。⑥假設我們現在在某一天裡分別觀察兩位教師，而我們看到的是他們都使用著相同的教學方法，並以大致類似的方式與學生進行互動。他們可能都是實在論者，或都是觀念論者，也可能各屬一方，或者是持有其他對立的觀點。分析學者認爲，從某個基本的哲學主張引申出某些特定的行爲是不可能的，同樣的，要毫無誤差地從某些特殊的方法來判斷其原有的哲學主張也是無法做到的事。今天大多數的哲學家都同意分析學者這一點，雖然他們清楚某些類型的信念和行爲跟某一種立場的主張較相容，跟其他的主張則
距離大些，而他們也不否認，發展出一個前後一致且 44
相互融貫的教育哲學主張是很值得的。切記的是，我跟你，從不同前提出發的兩人，雖然有可能選擇了類似的主張，但我們卻會以完全不同的方式來爲自己的主張辯護。

傳統的教育哲學家與分析哲學家之間的論戰有時會變得十分尖銳。分析哲學家認爲，傳統哲學家的思考方式不夠精確（如我們之前所討論過的），他們自豪於參與主流哲學的研究工作，而且分析哲學的成果的確被證明有助於日益成長的教育研究。但是當我們注意到，至少，傳統的哲學家們依然不斷地追問由蘇格拉底、柏拉圖和亞里斯多德等人所流傳下來的偉大

問題時，我們還是會寄予相當深厚的同情。然而分析哲學家們則表現得好像那些有關道德生活、精神性、和生命意義的龐大問題，根本就不屬於哲學的範疇一樣。而的確，盧梭本人也主張，雖然這些問題對於人類的生活來說是非常重要且有趣的，但是它們並非哲學。當他研究這些問題的時候——這窮盡了他一生的心力——他說他「不是」在做哲學的工作。從羅素的觀點來看，即使是知性生活（intellectual life）也是可以被分析的；它能被分割爲可加以分析的部分，以及不可分析的部分，而後者就並非哲學的範疇了。任何屬於後面這個範疇內的東西都不是哲學。雖然今天大多數的分析哲學家不認同羅素與早期維根斯坦這種極端的看法，但是他們仍舊主張對傳統哲學家（也包括新馬克思主義者與後現代主義者）認爲不可能且不敢想的事物保持中立與超然的立場。

有些人則批評傳統的「系統化的」哲學家犯了另一項錯誤：除了實在論與觀念論之外，又將杜威的實用主義也當作是教育教育思想的一個起始點。杜威事實上曾經對實在論與觀念論的主張提出過挑戰，他堅持應以人作爲一個有機的整體，活動於這個世界上，並屬於世界的一部份——既不是與外在事物疏離的觀察者，也不是某種普遍的心靈實體——這樣的概念來當作整個教育思想的起點。杜威也曾挑戰理性主義和經驗主義的知識論，但是當他在討論教育的時候，他永遠都是從可以被觀察到並加以思考的物體和事件出發：兒童的活動、智性作爲的運作、興趣努力下的效果、民主環境創造性個體特質的發展、模仿行爲背後可觀察得到的（或至少是可容易推論的）動因等。實際上，杜威認爲像這些「實在論的」、「觀念論的」和「實用主義的」等形容詞所暗示的系統化主張，根本就是在妨礙我們對實際的事務進行清楚地思考。在他主要的教育研究工作中，他甚少使用這些詞彙，而如果有用到，也只是藉以說明這些詞彙在使用上的錯誤。杜威既不是傳統哲學家，更不是個分析哲學家。

分析哲學已經漸漸脫離羅素的觀點，此外教育哲 45
學家們也發現，按照羅素的方式來進行研究是不利的。因爲他們的工作本質上就牽涉到價値。⑦任何主張中立的學說若不是有錯——亦即我們可以在它的背後找到價値負載（value-laden）的主張——就是由這些學說所產生的主張，對於教育理論與實踐上來說實在沒什麼用。今天，分析教育哲學家們使用著維根斯坦在分析日常語言中所應用的方法，來進行所有的研究與分析。從事教育分析的學者則試圖藉著探究各種語詞的實際用法，並建立適當的使用限制方法，來解開語言的意義和呈現出藏在概念裡的錯誤。像這樣的分析有許多有趣的例子，接下來我們就要去看看這一個重要的例子。

教學的分析

什麼是教學？就某個層面來說，教學育是一種職業，是一種讓人維持生計的方法。假設你現在擁有一份教職，某天你遇到了以前的朋友小陳，由於你們兩人自從高中畢業以後就沒見過了，所以他很可能會問你最近在做些什麼事。這時你的回答是：「教學。」⑨這個答案則會讓小陳更進一步去提出類似你在哪裡教書、教小學還是中學、教什麼科目等等的問題。你們之間的對話很可能不會觸及嚴肅的哲學議題，這些議題是從有關教學行爲的問題開始——即教師的教學方式，以及從具有某些相同特徵的活動出發，教學方式可能會產生什麼樣的分化。

有個令哲學家們相當感興趣的問題，或許小陳也會有興趣，那就是：你的學生在做什麼？他們在學習嗎？你的朋友之所以會對學生的狀況發生興趣，可能是因爲他本身對教學有興趣，也可能是因爲他關心社會是如何來運用納稅人的錢的，或者因爲最近他聽聞某些關於學校的事情，想藉由你來確定那些傳聞是不是眞的。而哲學家比較關心的是教育與學習之間概念上的關係。杜威以下的這段評論，引發了許多人對此加以分析：

> 我們或許可以把教育跟賣東西拿來做個比較。要知道，除非有人買，否則是沒有人能夠把東西賣出去的。若是有哪位商人說雖然沒人來買，但是他已經賣了許多東西出去，實在是相當奇怪的一件事。但就是會有些老師們認為自己教了一天的好書，卻不管學生們到底學習到了什麼。存在於買與賣之間的對等關係，同樣存在於學習與教育之間。⑩

杜威是在一九三三年將這些評論出版的。一九六○ 46
年代間，哲學家對「教學蘊含學習」（teaching implies learning）這樣的觀念提出挑戰。大多數的哲學家們都一致同意，教師的意圖是要引起學生們的學習，但是他們也指出有時，甚至是經常，不管老師有多努力地去教，學生們依舊還是沒有得到該有的學習效果。其中某一部份的哲學家，則試圖想要保衛教師，避免他們受到來自六○年代間這些不公平的攻擊。這些老師所受到的指責，其中之一是讓美國學生的成就遠遠落後當時蘇聯的學生。在一九五七年蘇聯發射第一架人造衛星之後，許多美國人由於恐懼蘇俄的科技超越美國，因而轉向指責學校，尤其是教師，必須爲國內科技明顯落後的現象負起責任。這段歷史在今天我們眼中看來有些諷刺，因為有相當多人都應該很清楚，學生的測驗成績就是從那個時候慢慢開始下滑的；多事的六0年代在現今看來幾乎可以說是美國學生成績的黃金時代（雖然仍有部分學者將那個時期稱作是「結束的開始」(beginning of the end)）。然而由於蘇聯的解體，我們現在不禁要懷疑新一波恐懼後蘇聯時期復甦的浪潮，是否眞有其根據。

我提出這些歷史背景的目的是想提醒讀者，分析的背後必然存在著某些動機。產生分析的原因或許是像羅素所說的，是因為要解決知性範疇內的一些技術性問題，也或許是由於社會生活中的事件所引發的。在後面的情況裡，即使分析家再怎麼樣試圖維持中立，最終的分析依然還是會反映出最初的動機。

薛弗勒(Israel Scheffler)在他那本極具影響力的《教育的語言》裡，強烈地暗示出他希望能為教師們所遭受的不公平責難提出辯護。⑪而他的某些分析也顯示出，他企圖將眞正的教師工作，與所謂的教學機器（teaching machine）以及那些只知在教室裡照本宣科的教職人員都區分開來。由薛弗勒和史密斯(B. Othanel Smith)所提出的理論——即教學並不蘊含學習——就是今天我們所熟知的「標準立論」

(standard thesis)。

薛弗勒主張由以下的三種判準來判定教學所具有的特徵：

1. 教師意圖引發學生學習（意圖判準 intentionality criterion）。
2. 教師所選擇的教學策略應該是「達成學習目標的合理思考」（合理性判準 reasonableness criterion）。
3. 教師的行爲必須符合某些態度要求（態度判準 criterion of manner）。⑫

一旦教學的特質化確立，就會對哲學家構成許多挑戰。看看以上這三個判準裡面，有哪個是你覺得有問題的？哪個判準是你希望有更進一步了解的？

如同我先前說過的，大多數的哲學家和教育學者都接受了第一個判準：教學的目的是引發學習，但依然有少數的哲學家反駁這一點。舉例來說，保羅、柯彌薩(Paul Komisar)就曾經說過：「這並不是某種學習，而是某種形式的覺知（awareness），教學行爲意欲的結果。」⑬柯彌薩提出了一連串在適當的情境中可能被認爲是教學行爲的「知性行爲」(intellectual acts)，譬如像是介紹、證明、假設、評估、解釋，以及許多其他的行爲等。⑭柯彌薩說這些行為，都是教師們意圖用以使學生意識到某些事物，而非產生某種特定的學習效果。

杜威或許在這一點上會同意柯爾薩的說法，至少一部份。在他將教學與賣東西拿來做比較之後，杜威寫道：

> 唯一能提昇學生學習的方法就是提高教學的質與量。由於學習乃是學生必須自己來，並且是為了他自己而作的一件事，因此主動權操在學習者手裡。教師是那指引方向的人，也就是掌舵者，但前進的動力必須來自那學習的人。教師越瞭解學生過去曾有的經驗，他們的理想、渴望、以及主要的興趣，就越懂得必須以什麼樣的方式來形成學生反省的習慣。⑮

杜威堅持教學應該要能引發學習，但是他的意思並不是說教學應該使每個學生都學到教師所預定的某些知識或技能。杜威希望學生們能夠參與建構自己學習的目標。跟柯爾薩一樣，他相信教師應該要讓學生們意識到各種的可能性——其目的或學習目標的各種可能性，或是為達到目的所使用的方法的可能性。杜威比許多心理和教育學家在運用「學習」這個詞彙的用法上要來得廣泛得多。就「學習」這個詞而言，杜威並不是指針對某種特定的刺激（教學行為）所產生的某種特定反應。但相對於柯彌薩，他可能依然會堅持說，學習是一種可見的目的（end-in-view），而單單只有覺知是不夠的。從杜威的觀點來看，教師們不應該只停留在覺知的階段，他們有責任繼續下去——繼續找出學生們經由初期的覺知，到之後的探索過程中到底學習了哪些東西。

柯彌薩也許不會同意。正當薛弗勒試圖為教師們承受來自外界的不切實際的期望，以及批評其喪失自主權作辯護時，柯彌薩則試著將學生們從狹隘的學習觀念裡面拯救出來。他不希望教學是針對學習——如果學習指的是當老師問問題時，學生必須以某個固定的答案來回應。

這些討論使得我們必須去對學習的概念加以分 48
析。⑯分析的部分我們無法在這裡進行，但是你會看到，這樣的分析為教育學者們區分了幾個重要的概念：第一，我們會將這個詞彙用在學生對於問題或刺激給予適當的回應的這種情況中。譬如對以下這些問題提出正確的答案：

1. 一四九二年英格蘭的統治者是誰？
2. 什麼是「及物動詞」？「雇用」是及物動詞嗎？
3. 解出 x：$3x + 7 = 25$

4．請定義「爾格」（erg）。

5．說出昆蟲軀幹各部位名稱。

如果我們把學習說成是對像類似這樣的問題予以正確的回答的話，很可能我們會跟皮亞傑一樣，將學習與所謂「發展式的學習」區別開來。後者被認爲是一種會導致或證明思想中出現結構性改變的學習方式。這樣的說法引發了有關「學習」（learning）與「眞正的學習」（real learning）或「發展式的學習」（developmental learning）之間到底如何劃分界線的問題。舉例來說，譬如像解釋文意是第一種還是第二種的學習方式？還有像是去解一道從沒看過的數學題目呢？此外，假設這兩種學習方式確有不同之處，那麼它們之間有無關聯？學生能夠不預先對某些字彙、文法等有所瞭解，而就能去解釋文章的意思嗎？又如果，學生不具備在第一種學習方式中習得的技巧，他能夠解出新問題的答案嗎？有沒有什麼教學方式可使學生從第一種學習方式，進入第二種發展式的學習呢？什麼樣的情況會阻礙這樣的演變或關聯？

而第二種使用「學習」這個詞的用法則是忽視我們剛才所討論的區別，而廣泛地使用「學習」來描述所有對知識、技巧，以及一切求知工具的獲得。即使是「覺知」也可以被解釋成是一種「學習」某些事物的形式。就這個意義而言，我們很難否定，至少教學的其中一項目的是引發學習。

不過也很有可能的是，你壓根不會想去挑戰第一項意圖判準。那麼有關另外一項合理性的判準呢？薛弗勒說，意圖要教學生學會做某件事，譬如說解數學的線性問題的教師，必須選擇能夠導致其意欲之結果的方法。如果某位教師花了整節課的時間都在講述有關旅遊的事情，或鼓勵學生多參與政治活動，那麼我想我們不太可能期待說他或她的學生會在這節課裡學到如何解決線性問題。此外我們也不會說這位老師是在教學，因為就邏輯上來說，我們沒有理由預期他所選擇的方法會導致其意欲的結果。然而這還是無法確定的，我們仍然不知道如何判斷某段內容相關的討論，是否的確為一份合理的教學方法。

有些督學會批評教師們沒有運用最有效的教學方 49
法來進行教學，其他人則對此持謹慎態度。當然，有些人會認為有太多的教學方式符合合理性的判準，而相對於其他保留批判意見的人，他們並不是因為推崇教師們所使用的教學方法而不對其加以批評，而是因為他們尊重教師的自主權。對於後者而言，合理性在相當大的程度上是可以與專業判斷劃上等號的。讀者可以仔細觀察，這樣的觀點會產生什麼樣的影響。我們或許可以從這裡延伸出去，對所謂專業的判斷進行分析。

我們還可以從另一個不同的觀點來看教學的這項合理性判準。在我早期的一篇文章中，我曾經提到如果我們以一種特殊的方式來建構所謂的合理性⑰，那麼最後的結果一定是我們當初所預期的學習目標。屆時不論是誰，都必須拋棄判準理論，轉而同意杜威所說的：教學終究會蘊含學習。

我的論證如下：假設某教師 T，準備要將某材料 X 教給學生 S。讓我們來檢驗一下學生 S 學習 X 的這個過程：T在一開始選擇了一種教學的方法，而這個方法是爲一群專業的觀察者所認可的。我們（即專業的觀察者）都同意，預期 S 經由 T 所選擇的方法，要學會 X並不是一件不合理的事。假設現在這位老師以這個方法進行教學，但是從頭到尾他都沒有正眼看 S 一眼；或是 T 在教的過程中給 S 作了一些測驗，發現 S 並沒有學會，但是 T 還是照樣使用原來的方法教，這樣難道是合理的嗎？或者說，T 應該依照 S 的進度不斷地修正和應用新的教學方法？在哪一個點上，一開始是合理的方法，就變成了不合理的呢？接下來，假設我們檢查這整個過程的每一點，所出現的跡象都顯示是好的，也就是說，T 在一開始選擇的方法，在課程的過程裡從頭至尾都是合理的。那麼，怎麼可能結果學生沒有學習到呢？

這種建構合理性的方式把大部分的責任都加諸老師的身上。如果 T 只有一個學生 S ，那麼這對 T 來說應該不是太過分的要求。的確，我們會預期一位有責任感的教師，在嘗試過各種方法都告失敗之後，應該放棄 X 而改教 S 其他的東西。但如果 T 面對的是一整班的學生呢？我會說這樣的原則仍然適用。 T 的方法，不只在一開始 t_0 的時刻是合理的，而且在整個教學過程中的每一時刻都是合理的。教師所要面臨的挑戰就是找出在 t_1 、 t_2 、…、 t_n 的時刻裡，學生們的進度各是如何。若是在課程結束後仍有少數的學生沒有學會 X ，大多數人並不會去責怪老師，但我們或許會堅持 T 至少應該要知道這一點，並有計劃地去輔導這些學生。

在順著我的論證進行的同時，請記住，我並不同意說 T 一定要有某個明確的學習目標 X 。相反的，我贊成杜威主張學生應該參與建構學習的目標。我會比
較樂意在學生自己選擇探索問題的過程中間給予指 50
導，並在最後結束的時候詢問他們從這次經驗中獲得了哪些東西。這跟一開始就設定好要教 X ，而且在最後問學生是否學習到了 X 是非常不一樣的。但是如果我們接受了薛弗勒的意圖判準，也就是說 T 必須有意

去教某個東西 X ，而且同時如我先前所論證的方式來應用那合理性的判準，那麼，只要 T 的教學方法保持合理，學習到 X 就是必然的結果。

有些哲學家從以下這個立場來反對上面這種說法：他們主張，教師 T 能夠在同時同地，既進行教學又不進行教學的行為。咦？這樣的結果是如何產生的呢？確定的是，一般人應該可以判斷某種教學行為要嘛就是正在進行教學，要嘛就不是，怎麼可能同時是又不是呢？如果我們堅持主張組成教學的條件，不但包括了意圖，也包括一組經過認可的行為，那麼以上這種怪異的現象是可以避免的。但是純粹就技術面上來說，研究者在對教育進行研究時，是可以完全不用管學生情況如何，而只須觀察教師的行為即可。史密斯(B.O.Smith)甚至說，透過電視教課的老師，在不知情的情況下，即使電力中斷，他也依然能夠繼續教學！⑱從這個觀點看來，說教師 T 有可能在同一時間內教學和沒有教學，並不會使人太過感到奇怪。而這種模稜兩可的情況其實是對我們有幫助的，它提醒了我們教育是一種關係，教師和學生在這份關係中都有其一定的貢獻。

在討論薛弗勒第三個教學的判準之前，我必須提到另一個有利於判準理論的重要論證。萊爾(Gillbert

Ryle)區分出兩種動詞：一種是有著「工作」性質的動詞（task verbs），另一種是屬於「成就」或「成功」的動詞（achievement / success verbs）⑲。像是「競賽」（race）、「找尋」（seek）和「達到」（reach）等字詞是屬於工作性質的動詞，用以形容企圖完成某件事情的活動。而相對的成就動詞就是「獲勝」（win）、「發現」（find）以及「掌握」（grasp）。史密斯認爲，「教」（teach）是工作動詞，而「學」是與其相對應的成就動詞。但是這個說法又跟史密斯之前曾提過的電視教課有所衝突，因爲如果學習是相對於教學的動詞，那麼我們就應該也關心學生的反應，而不只是把焦點放在教師的身上。爲了逃避這種矛盾的狀況，史密斯可能會說我們仍然可以單獨地研究教學而不須瞭解學習⑳，但是若我們對「成功」的教學有興趣，我們就必須連學生以及他們學習的情形也一併加以研究。

但是，必須注意的是，「教—學」這對動詞與其他成對的動詞（競賽—獲勝、找尋—發現、到達—掌握）在許多方面上有相當大的不同。在其他的成對動詞中，是相同的一個人在做嘗試和獲得成功，他的成功並不需要建立在另一個人的成就之上。亞里斯多德同樣地也注意到了教學的這個獨特性。其他像「教—學」這種成對的動詞還包括了「治療—痊癒」（treatcure），在這對動詞中，同樣地，成就動詞必須去應用在另一個人的身上。如果你接受了這樣的分析，那麼邏輯上來說，你就不能把教學與學習完全的分離開來。史密斯也就因此無法逃避其主張中所出現的矛盾。

除了將學習視為成就動詞、教學作為相對的工作
51 動詞外，有些哲學家則較偏向同時兼具兩種意義來使用「教」這個詞彙，而這也確實精確地描述出了一般的用法。當我們說「我正在教S（某人）X（某件事情或知識）」時，我們想要傳達的意思包括了：一、我們正在從事的工作，二、我們正試圖成就的事物。但我要補充一點，當我們知道S並沒有在學習我們所教他的東西時，我們通常會軟化語氣說：「我正在 試圖 教S（學會）X。」而這正呈現出杜威所一直堅持的教與學之間的關聯。

最後，讓我們來看態度的判準。薛弗勒說，如果我們要將某些教師的工作歸類為「教學」，那麼這些老師就必須要以某種特定的態度來進行他們的工作。這麼做是為了將「眞正」的教學與教學機器以及僵硬死板的教學計劃區分開來。不同於機器，教師被期待要能夠對學生的理性有所認知。（這就是為什麼態度的判準常被稱為「理性」判準）薛弗勒主張，如果我

們想要知道 T 教師是否正在進行教學的工作，我們就要看 T 所做的是否符合這條判準——「尤其是，教師是否能承認或尊重學生所做的判斷，以及，譬如說，學生是否被禁止或無法提出像是「怎麼做的？」「爲什麼？」或「有什麼理由？」等等問題。㉑

薛弗勒的理性判準可用以區分教學與灌輸思想（indoctrination）的不同。假設某人正在進行思想灌輸的活動，他的行爲可能會十分符合意向性與合理性的判準，但是這種行爲卻不可能通過最後一項態度判準。但是在這裡，我們必須要了解一點，在不同的文化之間，對於教學的描述可能有著極大的差異。有許多文化可能會接受這三個判準，但是對於怎麼樣才算是符合第三個判準，卻存在著相當大的歧見。即使是在一個崇尚理性自主的文化中，人們也有可能會選擇一些違反理性判準的方法來進行某些科目的教學。注意，薛弗勒在說明他的判準時，乃是以一種相當弱的語氣，譬如他說，學生不能「無法提出問題」，他並不是說，學生必須被請求提出問題，或被鼓勵問問題，或者是由老師向學生示範如何提出問題（雖然，我猜想這是薛弗勒比較傾向的作法）。因此，一個活生生的教師會比一台六０年代的機器人更容易通過這個判準。機器人確實會使學生無法提出問題，而一個眞正的教師則可以說：「他們原本可以提出問題的，可是他們沒有。」

當你在對自己的教學進行評估時，也許你會自問哪一種判準是你比較能夠接受的，以及爲什麼。教師有義務去鼓勵學生提出「爲什麼？」的問題嗎？有沒有什麼情況或時機是不適合鼓勵學生提出這樣的問題的？蘇格拉底對此會有什麼樣的看法？

這同時也是個好時機來檢視你對於哲學的方法有些什麼樣的認知。哲學家經常在做我們在過去幾頁裡一同做過的事情，他們從某個架構，譬如薛弗勒的主張出發，然後提出反對意見或是反駁其中的幾個要
52 點；他們可能會提出新的或修正過的判準，預測出原先作者沒能想到會發生的結果，找出隱藏性的前提，或者是從根本推翻這整個架構。通常，論證的結果很自然地會導引到另一層次的分析。分析，就像我們討論過的，在哲學中佔有核心的地位。分析哲學家常常試圖將自己的價值與他們所做的分析區分開來。即使他們承認自己的背後帶有某種社會觀點，然而這也是一種分析方法的應用。

在討論到薛弗勒的理性判準時，我們提到了思想的灌輸，哲學家們相當注意這個概念。格林(Thomas Green)在對教學進行分析時，他建構了一個教育概念的剖面圖。㉒他注意到教學不但在一方面與知識以及

信念有關，另一方面也跟行爲舉止息息相關。在這兩邊的範疇內包括了與教學概念有或近或遠關係的活動。舉例來說，如果我們將知識與信念放在一個連續面的右邊，我們就會看到某些行爲例如：教導（instructing）、思想灌輸（indoctrinating）、廣告宣傳（propagandizing）以及說謊（lying）等等，試圖用以改變人們信念與知識的方法。而在連續面的左邊，則有訓練（training）、制約（conditioning）、脅迫（intimidation）、以及身體上的威脅（physical threats）等企圖改變人們行爲的方式。

藉著呈現出這個連續面，格林向我們介紹了一個新的概念：「智性區」（region of intelligence）。對他而言，廣告宣傳、說謊（位在連續面的右邊）以及強迫與身體的威脅（位在左邊），都不在智性的範圍之內，也就因而不屬於教學活動。思想灌輸（右邊的）與控制（左邊的）則恰好落在智性範圍的邊緣上。對於這些落點的位置，學者們之間自然有不同的意見，而教育學家們更是爲了制約與思想灌輸這兩種行爲在教育中所佔的地位，提出此起彼落的爭議。有些人認爲教師不應該對學生進行思想灌輸的工作，然而其他人則堅持說在學生的某個年齡階段或是在某些議題上，思想的灌輸是必要的，但前提必須是教師們都

圖 3.1 教育連續面

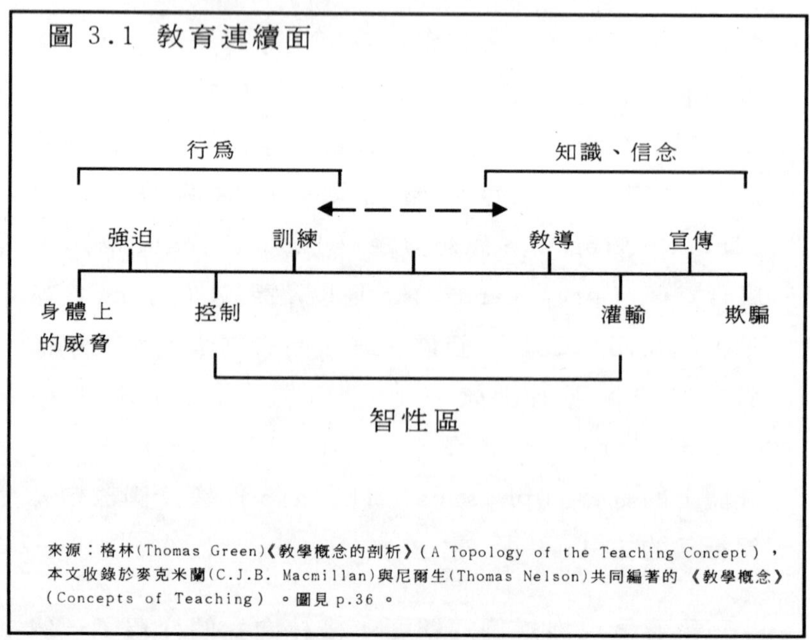

來源：格林(Thomas Green)《教學概念的剖析》(A Topology of the Teaching Concept)，本文收錄於麥克米蘭(C.J.B. Macmillan)與尼爾生(Thomas Nelson)共同編著的《教學概念》(Concepts of Teaching)。圖見 p.36。

能夠認知到一點：在往後的某個時間裡（當學生更加成熟時），學生應該被鼓勵去對信念背後的基礎提出懷疑。當然，一個人對於思想灌輸會有怎樣的感覺，至少有某一部份決定在這個詞彙是如何定義的㉓，而這將引申出另一段對概念的分析。

近來對教學的分析

教育哲學家如今仍舊在從事分析的工作，並不斷地將分析的方法應用在教學的概念上。麥克米蘭(C.J. B. Macmillan)和嘉禮生(James Garrison)引進了「激發」的教學概念，他們寫道：「教某人某件事情就是要回答這人對於某個議題的提問。」㉔「激發」指的是問題的邏輯性。㉕

麥克米蘭和嘉禮生此舉並不是要把教師的工作只 54
限制在回答學生所提出的實際問題上面，相反地，他們其實是試圖要為哲學分析開展出一個更寬闊、迷人的領域。他們相信，在他們所定義的教學中，教師必須要回答學生「應該問」的問題。他們寫道，這個「應該」並不是道德上的應該，而是知識論上的應該。也就是說，在有疑問的情況下，人們應該去尋找能夠澄清自己疑惑直到遇到下一個問題的知識。因此，在擬定教學計劃的時候，教師必須對學生在學習方面所遭遇到的困境，以及邏輯上在這樣的困境中所可能產生的疑問，要有或多或少的了解。如此一來，教師們就能創造出可以回應這些疑問的課程計劃了。

麥克米蘭和嘉禮生認為「激發」的教學在激勵學生學習上有相當大的幫助。取代獎勵及懲罰的方法，教師可以藉由指出學生們在學習上所遭遇的困境，並解答他們「應該」要問的問題，來達到激勵學生的效果。關於這一點，在我看來，從抽象的認知者及問題邏輯性，到遭遇各種困境的個別學生中間，出現了所謂「滑坡」（slippage）的問題。一個學生，有可能會，也可能不會被他的老師回答他所「應該」提出的問題所激勵，學生甚至有可能寧可忽略老師所指出的學習困難，而不願意去解決它。

面對這樣的質疑，麥克米蘭和嘉禮生可能會說，這是每一位教師都應該深入地去思考。但要是學生無法自然而然地激起動能來省思，那麼老師可能無法以純粹知性的方法來激勵他。他可能必須要展現出把學生當人一般的去關懷他們，並以教師身份來關懷學生的發展；老師們可能甚至必須在教學之外的領域，提供學生建議及諮詢，以滿足學生的需要。麥克米蘭和嘉禮生把所有像這種非屬知識性質的行爲都納入教學的「邊緣地帶」（periphery），主張這些行爲的目的都是爲了要建立教學之核心行爲——即具有知識性的行爲，例如解釋、介紹、翻譯、歸納摘要等——的基礎而作準備。

其他的教育哲學家則認爲，牽涉到教學上的道德行爲乃是居於核心的，而非邊緣的。舉例，像蘇珊、雷爾得（Susan Laird）就對於傳統的分析所強調的理性與知性行為提出批評㉖。以下是她引用憲吉（Ntozake Shange）的歷史小說《貝蒂·布朗》（Betsey Brown），以質疑分析哲學對於一位要面對一整班七年級學生的老師，能有多大的幫助：

> 在貝蒂滿身是汗，並懷著對巴奇和溫其頓先生
> 的憤怒（貝蒂遭受到巴奇的性騷擾，然而當她對無
> 禮的巴奇大聲吼叫時，卻被溫其頓先生責罵）進到 55
> 教室之前，米契爾小姐就已經很不高興了。再加
> 上，莉莉安娜不肯說出尤金到底是在跟誰胡搞。有
> 太多事情發生了：莉莉安娜雙腿張得開開地坐著，
> 這樣安斯頓就可以清楚地看到她的內褲；瑪菲絲正
> 在寫情書給史莫，而史莫正盯著她那尚未發育完成
> 的胸部看。因此當貝蒂全身溼透而遲到時，米契爾
> 小姐已經忙得透不過氣來了。㉗

雷爾得認為教師們不能經由分析學生的學習困難來接觸學生，而所謂的「學習困難」，也不過是經由假想情況抽象而來的，並不是從學生的實際生活中擷取出來的。在稍後，雷爾得接著描述了一個女傭，柯莉（Carrie），所進行的眞正教學：

> 柯莉…教導布朗家的小孩（包括男孩與女孩）如何清理房子、互相照應、從歌唱、舞蹈、與工作

> 中獲得娛樂、原諒那離開他們的母親、安慰孤獨的父親、注意自己的言行舉止、禱告、並以自己和家人為榮...她教導貝蒂，這裡面年紀最長的女孩，要以自己的日漸成熟的性徵為傲，仔細地思考那伴隨而來的愉悅、風險、及責任...(她)教導貝蒂怎樣去養育和照顧她年幼的弟妹，並為她自己以及家人伸張正義。㉘

雷爾得認爲這才是眞正的教學。教師必須要了解學校教育對所有人造成的「人類困境」(human predicaments)。更進一步，他們必須去了解每一個個別、獨特的學生，他們的興趣與所遭遇的困難，而不是被普遍化的、或所謂「知識論的主體」。從這個觀點出發，不但教學的起點是非知識性的，就連它的終點也不是純然知識性的。教育人們學會自我尊重、與他人的相處之道，以及如何享受歡愉的時刻，這些都不全然是知識性的工作，其目的也不全然是知識性的。

如果我們接受羅素對分析的概念，那麼往後恐怕我們就得同意雷爾得的說法：一旦教育哲學越來越接近羅素的分析形式，那麼可以確定的是，教育哲學必定會與個人、實際情形、愛、以及其他的情感漸漸疏離。有些學者或許會同意這點，並認爲與以上這些有關的事情的確是我們必須關心的，但這些議題卻不是哲學能夠處理的。而另一個選擇則是，擴大哲學的範圍，並找出其他方法來分析——或至少儘可能精確地討論——人類關切的所有領域。今日多數的分析哲學家都同意擴大哲學範圍的做法是可行的，而雷爾得則更進一步。根據雷爾得的主張，我們可能需要將理性的概念擴大到情感生活的層面。我們可能會問：去假
設人們將知性行爲的價值看作比其他任何行爲都要更 56
高，或是假設人們都應該要這麼認爲，這種假設是合理嗎？另外，教師帶著這樣的假設去面對學生也是合理嗎？

今天，爭議仍然在兩派人馬之間不時延燒著，一派對分析哲學抱持較爲狹窄或較嚴格的看法，而另一派則主張擴大分析哲學的範圍，將文學以及對日常生活事件的分析都包括在內。關於對日常事件的分析，部分的哲學家們認爲，來自教師的聲音和理論化的過程，都有助於哲學的分析。舉個例子，史東（Lynda Stone）曾在一篇文章中寫道，哲學家的工作即是「進行個人的理論化——但是…以一種與其他較爲經驗傾向的研究者不同的方式。」㉙從這個觀點出發，我們應該期待我們將見到爲了要深入瞭解教育現象，而集合實證分析、文學分析、與哲學分析於一身的分析方

式出現。雖然概念分析是如此的迷人，但它很有可能無法滿足現實情況中教師的所有需求。在下一章討論到邏輯、批判性思考、以及知識論時，我們將對各個分析的實例，作更深入的研究。

問題討論

1. 語言以及教育的概念能夠用價值中立與有意義的方式來加以分析嗎？
2. 我們能夠脫離哲學的領域來討論道德嗎？那麼其他的價值呢？情感呢？
3. 教育蘊含學習嗎？
4. 態度的判準是否一定要如薛弗勒一般用合理性來描寫呢？
5. 覺知是一種學習嗎？
6. 教學能夠與學習分離開來嗎？我們區隔這兩者的原因是什麼？
7. 即使是電力中斷，電視上的教師還能夠繼續教學嗎？
8. 「激發」的教學概念可以應用在課程的設計上面嗎？這麼做的理由何在？
9. 在眞實的情況裡，學生眞的會提出他們「應該」要問的問題嗎？

10.教學行爲主要由知性的行爲所構成嗎？

11.具有描述性與實證性質的研究方式可以用於哲學的研究工作嗎？使用像這種混合的方法仍然可算是「從事哲學工作」(doing philosophy）嗎？

推薦書目

以下這幾本書都是在介紹教育的分析哲學很棒的 57
入門讀物：麥克米蘭（C.J.B. Macmillan）與尼爾生（Thomas Nelson）共同編著的《教育概念》(Concepts of Teaching）；皮德思（R.S.Peters）所編著的《教育哲學》(The Philosophy of Education）；菲利蒲（Denis Phillips）與索提斯(Jonas Soltis)合著的《學習的觀點》(Perspectives on Learning）；薛弗勒（Israel Scheffler）的《教育的語言》(The Language of Education）；以及索提斯（Jonas F. Soltis）的《教育概念分析入門》(An Introduction to the Analysis of Educational Concepts）。

第四章
歐陸哲學

美國的教育哲學家除了受到由英國發展出的杜威
58 實用主義式自然主義和分析哲學影響外，還受到歐陸哲學思潮頗深影響，諸如：存在主義（existentialism）、現象學（phenomenology）、批判理論（critical theory）、詮釋學（hermeneutics）、以及近來的後現代主義（postmodernism）等。在此我們無法對以上每一種主張作完整的敘述，但讀者應能藉由下面的介紹，領略到每種學說的作者所試圖表達的東西。

存在主義

很難把存在主義稱作是一個哲學的學派，因為它裡面包含太多持相反主張的思想家，而所謂的存在主義者通常又厭棄系統化的哲學、思想學派和其他類似的東西。存在主義的想法最早可以追溯到希臘哲學，宗教和神學思想中都有它的影子。存在主義的基本主題是「個人與體制；意向性；存在與荒謬；抉擇的本質與意義；極端經驗的角色；以及溝通的本質」①。我無意在此討論以上全部的主題，只就與教育哲學相關的題目作初步的探討，而關於意向性（intentionality）這一項將放到現象學那裡再討論。但讀者須注意的是，在存在主義或現象學中所使用到的「意向性」一詞，和我們在第二章裡指教師希望讓某人學習到某件事情的「意圖」，其意義有所出入。這裡的「意向性」意謂著創造的過程，並指涉心靈的對象。

關於存在主義最有名的一句話就是「存在先於本 59
質」（existence precedes essence）。存在主義者否定了可用以規劃教育方向、規定應負責任、預測未來、和說明人類在宇宙中之地位等所謂預先存在的人性。很明顯，存在主義的主張公然地反抗多數傳統的宗教哲學思想，但實際上也有宗教的存在主義者——如齊克果（Soren Kierkegaard）、田立克（Paul Tillich）以及布柏（Martin Buber）等人。他們否定並經常嘲弄傳統教會強調儀式和階級的舉動，認為這樣的做法是將體制高置於個人之上，將機械式的服從擺在自由抉擇之上。他們相信人具有直接與上帝溝通的能力（無須神父的中介），並皆將人類的選擇作為他們哲學著作之核心。

不論是宗教或非宗教的存在主義者都強調人類的自由。人並非附帶著某種「本質」而被拋擲到這個世界上來，而是經由計劃、反省、選擇、和行動，漸漸形成他們自己。「存在」並不只是像野獸般的生活著，它牽涉到意識覺知人類的處境——人的自由、生理上的脆弱、必經的死亡、以及爲我們成爲什麼樣的人所應負的責任。就是在這個意義下，存在乃先於本質。我們一步步形成我們自己；我們創造出了我們的本質。②

除了否定有所謂本質上的人性概念，存在主義亦否定了所謂無上體系。他們並不將人當作象徵性的代表或體系中的一個組成分子；取而代之的是，他們將關切的重心放在個人身上，以及個人如何運用他們的自由來爲自我下定義。舉例而言，齊克果對那些僅僅把自己定位爲「路德教派的基督徒」，終其一生服從其表面與徒具形式的教條的人，表達出極端的輕蔑。對他而言，一個基督徒必須以一致的態度，且不斷地重新抉擇他或她是否想要經由基督來與上帝建立關係。他厭煩宗教裡的邏輯論證、一次又一次的強調選擇、信仰、和承諾；他堅持宗教裡不應該出現對客觀確定性的理性探索。反而當個人了解到位於主觀確定性和客觀的不確定性之間的緊張對立狀態時，這時信念才油然而生。③

依照猶太傳統寫作的布柏則強調個人與其他人的接觸，並經由他人逐漸與上帝建立關係的責任。④和齊克果一樣，他要人們少依賴儀式和形式化的活動，

多去建立與別人的關係。他說，上帝不是研究的對
象，而是與我們對話的同伴，是在一個吾—汝關係
（I-Thou）中與個人進行溝通的某人。這並不是說宗
教的研究對布柏來說不重要，相反的，這樣的研究佔 60
據了他生活的大部分。然而布柏之所以發現上帝，乃
是經由研究具體的故事——描述人類遭遇和反省的故
事。跟齊克果相同的是，他否定宗教起源於一個其本
質與誡律皆已被人先驗地知道的上帝。個人所與之建
立關係的上帝，必須藉由人類的種種遭遇，而一點一
滴地——只有在某些時刻才是清晰的——向人顯示出
祂本身。

田立克的主張則較齊克果和布柏兩人都要來得抽象許多，但他的重點依然是放在個人選擇的自由，以及伴隨自由而來的責任之上。對田立克而言，上帝與「終極關懷（ultimate concern）」⑤具有密不可分的關係。每個人都需要有「終極關懷」來引導他或她的生命，並使人的生命更形完整。田立克說，若是缺少了終極的關懷，生命也就沒有意義，它將變成由一堆生物的慾望所集合而成的過程。

我花了一些篇幅來討論宗教的存在主義，目的就是希望某些不熟悉存在主義的學生，不要將存在主義與無神論和悲觀主義混為一談。在了解到事實上有一

些存在主義者研究並寫作關於人類的信仰、遭遇、勇氣、希望、和幸福等主題後，讀者們或許會對存在主義感到更親近些。我們可以在齊克果、布柏、田立克等人的作品裡看到許多美麗而動人心弦的篇章，而這些也的確應該編入中學的教材裡供學生閱讀，我個人在教育哲學的理念上就受到布柏的影響頗深，而稍後我會對他的教育觀點再多作介紹。⑥

在一九四○和五○年代吸引（或破壞）了大多數人想像力的存在主義主要傾向於無神論，當時描繪存在主義的作家們還尚未像後來那樣沉溺於過度的絕望、令人作嘔的厭惡、沮喪和死亡等主題裡。集小說家、劇作家和哲學家於一身的法國存在主義者沙特（Jean Paul Sartre），就藉由他的作品將悲觀和絕望的景象傳達給社會大眾。幾年前，有篇漫畫（我想是登在《紐約客》（New Yorker）雜誌上的吧？）就畫出一個中產階級的中年人，站在他裝潢得美輪美奐的公寓裡，十分憂鬱地從窗戶向下俯瞰城市。而站在他身旁的太太就問他：「爲什麼你要看《存在與虛無》（Being and Nothingness）這種書呢？」⑦

但是沙特巧妙地爲存在主義作了辯護。他堅持存在主義不應該被指爲悲觀主義，但可以說是一種「樂觀的堅韌」（optimistic toughness）。如果我們希望事情變好，那我們就應該努力改變我們的環境；如果我們想讓別人知道自己的才能，那我們就要做些事情來證明我們的能力。對沙特而言，說「如果怎樣就…」和「事情本來可以…」是沒有用的，我們唯一有的是「現在是如何」，而我們必須爲之負責。以下是沙特所說的一段話：

> 人是由他自己一手創造出來的，這是存在主義
> 的第一定律。這也就是所謂的主體性
> (*subjectivity*) …但若人類並不比一顆石頭或一
> 張桌子擁有更高的尊嚴的話，那麼這又具有什麼意
> 義了呢？我們的意思是，人是先於其他東西存在 61
> 的，也就是說，人類是第一個將自己拋向未知的未
> 來，並能夠有意識地想像自己在未來是什麼樣子的
> 存有者。在最初人是一個具有自我意識的計劃，他
> 不同於一片青苔、一包垃圾、或是一顆花椰菜；沒
> 有任何事物先於這個計劃而存在；天堂裡什麼也沒
> 有，人將會成為他原本計劃成為的樣子，而不是他
> 以後想要變成的模樣…因此，存在主義的第一步就
> 是讓每個人意識到他自己是什麼樣的人，並將他存
> 在的責任全部交付在他的手上。此外，當我們說一
> 個人要為他自己負責任時，我們不只指他必須為他
> 這個個體負責，他還須對所有的人負責。⑧

從以上的最後一句，沙特不只是說我們有責任改善人類的處境，以使所有人生活得更有意識，因而挑起自己全部的責任，更是指我們有責任爲什麼是作爲一個「人」下定義。由於我們是完全的自由，因此我們可以選擇接受或放棄前面所說的第一個責任，雖然沙特輕視這樣做的人。但是第二個責任卻是不能逃避的。「人性是不存在的，因爲沒有上帝來設想它。」⑨所以你和我的一切所作所爲，就定義了作爲一個人的意義。怎麼樣才叫做是作爲一個人呢？殘酷？或是熱情？投注其中或是脫離人群？活力十足還是懶散度日？果敢冒險還是膽怯怕事？聰明還是愚笨？全都視我們如何選擇，而我們作了什麼樣的選擇正反映在我們的行動，也就是我們的所作所爲當中。

像沙特這樣持無神論的存在主義者，經常藉由他們小說或戲劇中的角色，提到「荒謬」（absurdity）這個主題。期待上帝能給與人類一份合理的生命藍圖的人們將會失望，因爲事實上根本沒有這樣的計劃。生命和人的存在是荒謬的，沒有任何先驗的意義。意義存在於生命之中，需要我們加以創造。如果我們發現自己變得乏味與失望，每天問著：「難道這就是生活的全部？」那麼要嘛接受生命中的空虛，要不就是以抉擇與行動來爲生命加入意義，一切全憑我們自己決定。

由於發現到我們的自由會導致苦悶，因此我們必須作決定。另一方面我們同時也了解到並不是上帝使人類產生疏離感，「疏離感乃是與苦悶相伴而來的」沙特說。⑩經由我們的抉擇，我們創造出了價值。如果我們夠勇敢，我們就能承擔起我們在這個世界上所作的選擇、所創造的價值、以及由選擇而產生的後果。

這些主題一再地重複出現在沙特、卡謬（Camus）、杜思妥也夫斯基（Dostoevsky）和其他存在主義作家的文學作品中。在極端經驗（瘟疫、戰爭、或即將到來的死亡）的痛苦裡，或是每天生活的百般無聊當中，主角不斷地尋找意義。他們在受苦、被剝奪一切的情況中掙扎著找尋意義，或在日復一日、單調乏味的人生裡了解自我。也許最後的結果是他們發現根本什麼也沒有，生命確實是荒謬的；也許他們最終瞭解到意義就存在於他們所作的事情當中：照顧病人，雖然許多人終將死去、忍受酷刑而不背叛自己的同志、回到家人的懷抱而不再漂泊在外、或是拋棄家庭轉而追求冒險生涯。

相當強調人的主體性的存在主義，實際上在笛卡 62
兒的理性論中有跡可尋。沙特即以笛卡兒的格言直接
當作開頭：「我思故我在。」他並寫道：「我們擁有

一項絕對的眞理，那就是意識已開始意識到自己。」⑪能夠進行各種反省、計劃、選擇、和形成的能力，是人類活動的基礎。

然而存在主義者相當抗拒理性論中某些較爲晚近的發展，他們否定抽象的概念——如皮亞傑的知識論主體，以及其他企圖將心靈生活以固定的範疇和運作過程來加以描述的主張。因爲這樣的做法，無疑是又把個人隸屬於體系之中了。存在主義所感興趣的是「主體」——活生生的、有意識的人，而不是拿人來當作證明的某種抽象概念。

在我們進入教育的存在主義之前，讓我們討論最後一個存在主義的主題。其實前面已經間接地提到過了，存在主義經常選擇說故事以取代論證作爲他們溝通的模式。他們之所以這麼做是因爲，他們認爲生命並不是在進行一個理性的計劃，沒有人能夠論證出生命應該是什麼樣子，或者應該怎樣過活。相反的，生命的意義是在我們以反省的態度去過生活時所創造出來的。蘇格拉底爲我們解釋了爲何人們必須追求意義，那些故事使我們感到震驚和鼓舞，並使我們了解到如果我們選擇作什麼樣的事，我們就可能變成什麼樣的人。

布柏大部分的學說都以故事的形式呈現；齊克果

最常講對立式的故事，他會一會兒藉由某個人的嘴巴說話，一會兒又用另外一個人的聲調說話；沙特則以他的故事向社會大眾傳達他的哲學，效果有時甚至比他寫作哲學性的論文要好。近來在教育研究和導師教育裡所強調的敘事方法，在很重要的意味上，是屬於一種存在主義傾向——雖然極少以顯明的存在主義思想為基礎。我們也已經看過蘇珊、雷爾得（Susan Laird）在她的《貝蒂・布朗》（*Betsey Brown*）裡，是多麼一針見血地以故事的形式來抨擊對教學方法的分析。

討論存在主義頻率最高也是最有力量的教育哲學家，就是梅克欣、格林尼（Maxine Greene）。在跨越數十年間的各篇論文和書籍中，格林尼曾討論過的主題包括了有：異化（alienation，一種不確定又無法消除的疏離感）、人際關係和互相接觸的重要性、開始具有意識或「普遍覺醒」（wide-awakeness）的需要、以及自由。[12]

在分析「自由」這個概念時，格林尼探討了人類對自由各式各樣的解釋。當她否定由體系賦予自由組成要素時，格林尼相當清楚地將自己定位在存在主義的傳統（如果我們敢說有這種東西的話）之上。她 63
說：「我相信不久之後我們將難以想像，美國人民會仍舊稱自己是「自由的」只因爲他們屬於一個「自由的」國家。我們不但必須持續地保持由自己做決定的權利，以及在多元的文化環境中創造自我認同，並且必須不斷作出新的承諾，和運用我們的自由去做到這些，我們無法獨立完成的事情。⑬」注意一下格林尼強調在自由與選擇間的關連——尤其是關係到我們會成爲什麼樣子的人的選擇；此外也須注意她並不認爲人是處於徹底的孤獨狀態，被孤立於因個人自由而帶來的痛苦之中。她有條不紊地告訴我們解決（但不是永遠克服）疏離感的方法：與他人保持聯繫、藉由和別人之間的關係來定義我們的自由、並經由對他人和後世子孫的許下與保守承諾，來達成我們希望的關係。

這樣的想法爲多元論（pluralism）和認同（identity）的討論提供了一個激勵人心的起點。從這樣的觀點來看，人們必須運用他們內在的自由來創造自我的認同。我們能夠自由地依藉自己的膚色、性別、和國籍而產生認同，但同時我們也應該了解，全然地意識到自己所擁有的自由，可以幫助我們超越這些體系性的認同：我不僅僅是一個美國籍的白種女性學術研究者，雖然這些全部是隸屬於我的特質，然而我更代表了我所作的行爲，我讓我自己變成的模樣。

對於今日的教育學者來說，這個主題更顯得特別重要。居住在這個國家裡的大多數人民，都要求擁有認同自己的省籍和種族根源的自由；但現在的問題是，如果我們不願或不能超越這種狹隘的認同，進而對個人認同有更深一層的反省，那麼這樣算是運用到了我們全部的自由嗎？如此對自由的要求，可能導致更強烈的個人主義，或是超越種族、性別或甚至人類主義，進而與所有的生物（以及非生物？）產生認同。⑭從各種不同意識型態的觀點出發，我們「應當」選擇其中某一個傾向作爲我們認同的對象；然而從存在主義的觀點出發，我們則必須作選擇，並爲我們所作的選擇負責。沒有人可以保證我們所作的每一個抉擇是不是「正確的」，只能保證我們一定得對自己的抉擇和其產生的結果負責。

值得在這裡一提的是，在蘇格拉底（我們應該如何過生活？）和杜威的學說裡也曾經出現過存在主義的主題。同樣地，對杜威而言，固定的人性是不存在的，我們必須自己創造。但是杜威更強調環境對我們的影響。在他來說，自由並不是在苦悶的狀態中發現或因爲懦弱而否認的一個基本的條件，相反的，自由是一種成就，基本上是經由適當的資訊和反省而獲得的。杜威和沙特意見分歧之處在於，杜威相信科學方法能確保人類的進步，而沙特雖然不會反對他提出的

清晰的思考方式，但他可不認爲人類將來會繼續使用
64 這種方法，或是這種方法的確能保證進步。每個人都必須作出選擇，而挑戰是永遠不會消失的。沒有人可以用科學方法或馬克思主義或其他任何的東西，來取代上帝所帶來的永恆的安定。沙特相當遺憾他否定了上帝的存在，但他依然不願以其他的實體或任何確定不疑的方法來代替上帝的位置。

另外一個令當代教育哲學家感到興趣的存在主義話題，就是存在於關係中的個人（individual-in-relation）。如同我們所看到的，所有的存在主義者都否定任何將個人視爲隸屬於體系的觀點，然而有某些存在主義者，如布柏，也同時否定了在其他存在主義作家的作品裡經常出現的孤獨而悲涼的個人主義。布柏在希伯來大學的就職公開講課裡就曾表示：「這些課程清楚地表明，在解開關於人類本質的問題上，我們不能單從個人或集體開始，而必須以人與人之間相互關連的眞實情境爲起點，如此人性的本質才可能被掌握。」⑮在這裡所使用的「本質」可能會令人感到相當困擾。並非所有的存在主義者都否定有所謂本質的概念，而是他們堅持著「存在先於本質」的信念。本質，乃是在探索意義和自我創造的過程中被建構出來的一種東西。但是若一個人缺乏與他人建立積極正面的關係，則仍舊不符合布柏對本質的定義。到

底本質是一種建構（construction）、發現（discovery）、抑或是一種預構（preestablished）的理想？則須留待我們去深思。

布柏十分關心教育，而在《人與人之間》（*Between Man and Man*）這部作品集裡，就收編了兩篇他有關教育議題的文章。他認爲通過師生之間的關係，教學能夠傳達任何訊息給學生：第一，老師個人的特質和知性上的興趣會影響學生，並成爲學生模仿的對象。第二，透過平常的互動，教師可以觀察學生想做什麼，想成爲什麼樣子，若是其構想具有價值的話，可給予學生適當的支持與指導。

「教育中的關係是一種純粹的對話形式。」⑯布柏像說故事般地開始描述這個原則：

> 我曾經提到過小孩子，總是半睡半醒地躺在床上，等著他母親跟他講話。但事實上許多小孩並不需要等待，因為他們知道自己永遠處在一種從不中斷的對話當中。面對威脅可能入侵的孤獨夜裡，他們安睡在受到保護、不是孤立無助、以及可以完全信賴的情境裡。⑰

且看布柏是如何使用一些熟知的存在主義主題，如：孤獨、黑暗以及威脅等，接著又指向如何尋求慰藉和經由對話獲得聯繫，這些方法對布柏來說並不只是說話和聆聽的方法，同時也是在沉默中接收他人訊息的方式。兒童需要在這種關係中成長，布柏接著說：

> 65 信任，要信任這個世界，因為人類存在——這是教育關係最內在、最直達內心的成就。因為人類存在，無意義（*meaninglessness*），無論它如何強加在你身上，都不能成為真正的真理。因為人類存在於光明隱晦的黑暗中、在恐懼的救贖中、以及面對人類同伴無窮無盡的大愛卻毫無感覺的世界之中。⑱

再一次，布柏提到了存在主義的基本主題——存在、無意義、恐懼與愛。但是，布柏乃是從觀察教育的角度來看這些主題。教育就是一種關係。布柏並不認爲被孤立的個人可以自我教育，也並不建議體制的改革。也許他不會反對有系統地去改善設備與資源，但毫無疑問地他並不贊成今日我們所謂「學校改革」的運動。規定所有的兒童都必須學習相同的科目和達到預定的標準、所有的教師皆使用特定的教材形式、或者是所有的學校都必須遵從國家所頒布的課程內容——這些對布柏而言，全都是以集體性爲起點的作法，而他希望我們改而由「相互關連的眞實情境」

（reality of mutual relation）開始。

我的許多研究在這一點上是追隨著布柏的（雖然我並不將自己歸類為存在主義者）。⑲而在另一方面，雖則其他的教育哲學家相當密切地注意概念與對話之進行，但在大多數時刻裡他們並不會使用布柏的研究成果，且他們也並非存在主義者。⑳但這些議題仍舊是屬於存在主義的主題之一。同樣的，近來在各種研究、教師的教育和道德教育中普遍流行的敘事方法，也會讓人聯想到是由於存在主義的潮流所致。㉑我們可以在菲利浦、傑克遜（Philip Jackson）的文章裡嗅出非常濃厚的存在主義氣息，就算他根本沒有提到布柏和存在主義這種東西。以下是他在一九九二年出版的論文集，其序言中的一段：

> 這本書是有關教師對於學生所產生的影響，雖然這些影響不是用成就測驗或其他評估教育成果的傳統方法就能夠顯示出來的。它乃是針對有關於自我、他人以及生命等問題，我們從老師身上學到了什麼。在這些「課程」中某些——它們多數並沒有被老師們放進備忘事項或課程進度表裡——就成為我們在告別學校多年之後，對於老師仍保有的記憶。㉒

現象學（Phenomenology）

在哲學的領域裡，現象學是一種具高度理論性的
方法，但現象學這個名詞在心理學和社會研究中也被
用來指多種用以描述現象的方法。當哲學現象學家談
到「現象學的」（phenomeno logical）時，他們同
樣也是指描述，但並不同於在科學或一般的觀察中的
意味。假設你去散步，而之後你向我描述在途中所看
66 的和聽到的事物——注意你並不是在做現象學的工
作；同樣的，如果你透過文化的有色眼鏡去研究教室
生態，你也不是在做現象學。現象學乃是一種主要著
重在對象（object）和意識結構（structures of
consciousness）之上的描述性科學。

近代的現象學理論是從胡塞爾（Edmund Husserl）的研究開始的㉓，但其根源可追溯到笛卡兒為知識尋找一個對人類之意識而言不可懷疑的基礎那時。他那句有名的「我思，故我在。」也正是講一個主體，一份意識，參與了對眞實世界的建構過程。而既是存在主義者，又是位現象學家的沙特，則一再地提及笛卡兒的「懷疑的方法」(method of doubt)，並將之當作是現象學最根本的方法。㉔

胡塞爾認為現象學並不是一種實證科學，而是一

種先驗的科學，只是利用實際觀察到的事實作爲證明而已。經過不斷地修正——放入括弧（或作「存而不論」）與還原等過程——現象學嘗試將主體的特徵定義爲「經過所有可想見的變化過程而仍然保持不變者」。㉕

在前面介紹存在主義的段落裡，我提到現象學者乃著重在理論的層面上來使用「意向性」（intentionality）這個名詞。「意向性」是意識的一個基本特徵，對現象學者來說，意識一定是意識到某件事物，不可能沒有對象。主體乃創造出他本身思考的對象（也就是意向的對象）。現象學者就針對這些對象、它們的本質、以及揭露出這些現象的意識結構來進行研究。

教育哲學家們沒什麼理由一定非得了解由胡塞爾所建立的現象學理論不可，但仍有許多人正在使用心理現象學中常見的方法。我們研究某些主題，例如希望、信任、以及信念等，並有系統地變化各種情境，好讓我們得以掌握這些事物，和經歷這些事物的主體的本質或基本特徵。大部分的人並不會使用「本質」這個詞去描述我們所發現的東西，原因要不是由於他們反對現象學理論中的絕對論主張，就是他們承認自己使用的方法並不徹底。

讓我舉個例子或許會有幫助。在我過去的研究當中，我曾經針對「關懷」這個現象作過探討。基本上，問題的焦點乃在於將關懷解釋爲兩個人之間關係——關懷者與被關懷者——的描述上面。爲了簡化我們的討論，我將注意力集中在發生關懷行爲的這一個時間點上（相對於歷經漫長時期的關懷過程），並把整個討論限制於一個問題之上：關懷者在這個關懷行爲中的意識特徵是什麼？用一般的日常語言來說，就是：當我們在關懷別人的時候，那時的心理狀態是怎麼樣的？讀者也可以自己試著做做看類似的探討。

試想當你遇到另一個人時，什麼樣的情況會讓你認爲那就是所謂的關懷？或許你會開始勾勒出這種特殊情況的許多特徵——空間的配置、特定的對話、不
67 安或悲傷的感覺等…先把這些放在一旁（它們是很有趣也很重要沒錯，但我們要找的是固定不變，不會限定於某種特殊情形的特徵），讓我們稍微改變一下場景：如果在你原本設想的情境中，被關懷者是一個與你關係非常親密的人，那麼試想他是一位僅止於認識的人，或是工作上的同事；接下來再試著假設接受關懷的人是一個陌生人時又會是什麼樣子；改變被關懷者的年齡；變換他們所遭遇到的困難；並轉換各種可觀察到的情緒——恐懼、欣喜、悲傷等等。

從分析中我歸納出兩個似乎可以描述所有關懷者意識的特徵：第一，關懷者乃以一種特殊的方式，我稱之為「全神貫注」（engrossment）㉖的態度來對待被關懷者。其他的作者，譬如西蒙、威爾（Simone Weil）和愛麗絲、牟鐸（Iris Murdoch），則以「關注」（attention）來形容這種情形。㉗不論是全神貫注或關注，都是一種全然的接收，也就是說，當我們眞正在關懷別人時，我們完全不加選擇地接收其他人傳達給我們的東西；我們不設任何框框，也不只是將對方所說的話僅僅當作某些訊息來加以吸收，我們實地去感受他人所經歷的一切。西蒙、威爾認為當我們以這種方式去接近受我們關懷的人時，所隱約不斷發出的問題就是：你現在遭遇到了些什麼樣的事情？㉘

第二，當我們了解到發生在別人身上的情況後，我們會感覺自己的能量流向對方所遭遇到的痛苦或對未來的計劃，我們希望能為他解除負擔、實現夢想、分享喜悅或是澄清疑惑。有時連我們自己原有的計劃也會被擱置一旁，這時我們深深被一種來自內心的想法——「我必須」——所吸引住，非得對他人做出回應不可。

當然，以上這些只是大致地描繪了關懷的這種現象而已，我們還必須對被關懷者的意識做更深入的探討。除此之外，我們也必須跳脫短時間內的關懷，而去了解歷經較長時期的關懷行為。在從事教育研究時，我們應該從對意識的探討，漸地進入科學的研究，去了解什麼樣的實際情況會發生或不發生關懷的行為。但前面這個簡單的例子，或許已經足夠讓你對經過修正後的現象學方法會對社會及教育研究產生什麼樣的貢獻有一些初步的瞭解。

批判理論

南西、弗列瑟（Nancy Fraser）以馬克思對「企業」（enterprise）所下的定義作為討論批判理論的開端，馬克思是這樣定義的：企業即是「對當代各種抗爭與願望的自我澄清」（the self-clarification of the struggles and wishes of the age）。㉙弗列瑟寫道，「這個定義之所以如此吸引人，乃是由於其中直接而坦白的政治意味。」㉚從批判理論的角度來看，哲學家們必須積極參與其時代中各種大規模的爭鬥與社會運動。批判理論與我們在第三章裡討論過的分析哲學，其間的對比是相當強烈的：分析哲學尊崇超然的立場，以及追求涵藏在語言或眞實世界中的中立眞理形式；但批判理論則認為這種超然，在知性和道德上都是不負責任的態度。根據批判理論學者的說法，就算思想家們再怎樣努力尋求中立——即一種沒有立場的立場——也是徒然無功的。因爲所有的人，都不可避免地背負著歷史的任務與價值。

教育哲學家深受批判理論以及每年新出類似文章的影響。這些討論種族、性別和階級主義（當代三大抗爭）的文章經常直接地擷取批判理論者的成就——有時是馬克思，但在今日更多的時候是葛蘭西（Antonio Gramsci）、霍克海默（Max Horkheimer）、馬庫色（Herbert Marcuse）、阿多諾（Theodor Adorno）、傅柯（Michel Foucault）以及哈伯瑪斯（Jurgen Habermas）。這些作家們全都是屬於「經由對不完全、有限的人類自主性進行批判，以擴展到普遍自由」計劃的一部份㉛，也就是說，他們相當關心政治自由和尊嚴，且焦點全部集中在眞實的、與歷史中的個人，而非沙特存在主義裡超越性的自由意識。而且還應該這麼說，沙特他個人就因爲存在主義中的自由無法在壓迫的政治環境下獲得充分的發揮，所以最後還是接受了馬克思主義。

從馬克思開始，批判理論者就一直針對作爲各種形式之剝削的基礎和伴隨而來的社會現象進行分析。當然，馬克思最有興趣的就是一個階級對另一個階級在經濟上的宰制。他看到工人從他們所生產的產品異化了開來，工作本身縮減到，付出勞力只是為了賺取薪資；而少數人的繁榮，乃是建立在大多數人的痛苦之上。對於馬克思而言，工人的困境正代表了在他那個年代裡最大的掙扎。

其他和馬克思同樣關心經濟現象的批判理論者，則將他們的注意力集中在不同的面向上。舉例來說，葛蘭西主要分析居主導地位的團體如何運用文化的霸權來控制次級的團體。從一方面來說，讀寫能力被視為是一種用以促進社會進步的工具，它使人們能擁有更好的工作、獲得更完善的服務、及更加理智地去行使公民義務。掌握了讀寫能力，對於達到更徹底的宰制可說是一項有力的（而且很明顯地是）手段。但另一方面，擴展讀寫能力也能夠被視為是一種穩固霸權的方式。掌握更高權力的少數人可利用人們閱讀和寫字的能力，將大眾塑造成可任意操弄的消費者和傀儡：第一，說服他們接受實際上並不符合自己最佳利益的政治與社會結構；第二，哄騙他們將自己辛苦賺得的錢去購買根本就不需要的產品。而因為少數低層階級的孩子成功地爬上了繁榮經濟的階梯，這種可向上流動的訊息即變得十分具說服力。但是最關鍵的知識——即所謂特權知識——卻仍為少數人所把持著。

弗拉列（Paulo Freire）是教育理論家中，相當
強調有必要提昇具有讀寫能力的新一代之意識的一
位。㉜受壓迫的群衆必須多少了解，居主導地位的團
體會如何、以及以什麼形式的壓迫，來利用人們的讀 69
寫能力去達到他們的目的。而當受壓迫的團體開始學
習閱讀和寫作之後，他們更加需要利用這項能力來描
述自身所遭遇的問題和可能的解決方法。

當代的理論學者吉賀（Henry Giroux），將弗拉列的主張帶進了針對美國教育活動所做的分析當中。㉝他強調具批判性的讀寫能力（critical literacy），一種可對個人及群體問題進行分析與批判的讀寫能力。若是缺乏了批判的能力與權力，就算是具有讀寫能力的人們，也只能被動地接受由主流文化所傳遞的訊息。如此一來，他們就成了這種利用關係中的幫兇。具批判性的讀寫能力需要有批判性的思考（在第五章中我們會加以討論），人們不僅僅需要知道如何閱讀，而且還須知道如何提出問題、分析和解決問題。

女性主義者也曾分析，被壓制的女性在每一生活領域之重大現象中都被剝奪了列名的權力，一般而言，也被剝奪了創造語言的權力。舉例來說，瑪莉、達利（Mary Daly）就將列名的權力視爲人類解放的

關鍵：「女性曾擁有被我們偷走的列名權力，我們未曾自由地使用自己的權力來為自身、世界、或上帝命名。㉞」從這個觀點來看，單單只具有讀寫能力——而沒有創造語言與批判的能力——不過是讓人得以分享純為他人的利益與目的所設計的語言罷了。

那麼在促進自由或鞏固宰制地位上，學校教育又扮演了什麼角色呢？在一九七〇年代，批判理論者針對教育提出了所謂的「符應理論」（correspondence theory）。㉟他們堅信學校制度和教室裡老師對學生講課的這種結構型態，直接地符應著社會中的階級結構，而這樣的符應也正好解釋了學校教育是如何「再生產」（reproduce）出社會的階級結構。甚至在符應理論剛出爐的早期，敏感的學者就注意到符應理論的解釋並不十分完美，教師與學生們並非只是這龐大遊戲中的一個棋子，而毫無選擇的餘地。於是符應理論就在討論「抗拒」（resistance）這個概念之下，做了適度的修正。有意思的是，就連「抗拒」本身有時也會被用來維持統治階級的控制權力——當工人階級的小孩抗拒正規的學校教育時，也更確定了他們必須隸屬於工人階級。㊱

當我們了解到更多有關種族、階級等議題的複雜性後，一些學者提出了這樣的主張，即先不管學生抗拒與否，通才教育應該作爲所有學生的標準教育形式。主張通才教育能夠「解放」人們的心靈，並塑造出能主宰自己行爲的公民，這樣的意見由來已久；同時學者們也發現到，限制人們接受通才教育的機會， 70
是維持統治階級特權一項相當有力的手段。今天有許多理論學者堅持，所有的兒童都應該有同樣的機會接受這個通稱爲「大專院校預備課程」（college preparatory curriculum）的教育內容。舉例來說，阿德勒（Mortimer Adler）就主張，所有的人至少在十二年級（譯註：此爲美國學制）以前都必須接受完全相同的課程。㊲他認爲這對維護我們的民主制度是必要的。在後面一章裡，我們會看到有許多人對這個觀點提出批評。

許多的批判理論者也相信，將所謂「特權的」（privileged）知識提供給所有學生，會有助於消融種族與階級間的界線。㊳但是對批判理論提出批評的人士——其中許多是女性主義者——則認爲，標準通才教育中的人文課程只不過更證明了特權知識的霸道。強迫所有的兒童都必須學習幾何、物理、和外語等，本質上並不會讓學生分享到特權知識，反而這樣的行動更擴張了宰制階級的霸權。不僅學生被剝奪了選擇參與民主過程的機會㊴（杜威認爲這點相當重要），而且學生們可能會開始相信，接受教育只有唯一一種的理想模式。在一個需要大量而且多樣化人才的社會裡，這可能會造成相當大的傷害。而對於才智受到忽略或低估的兒童們來說，這是一場悲劇。

另外一個針對批判理論所提出的批評是，批判理論原本應該是要付諸行動的，然而所使用的語言卻高度的抽象化，這豈不是刻意傾向偏袒知識階級？如果批判理論的目的是要「改變世界」，那麼爲什麼它卻又以如此令人難以親近的語言來描述自己呢？爲什麼它假定那些標示爲「特權知識」的材料一定就是在教育上有價值的呢？也就是說，爲什麼批判理論總是企圖維護教育菁英的階級地位，並假設當每個人都有機會去仿效菁英的模式時，民主與自由的理想就能夠實現嗎？

或許有人會試圖從批判理論，或反駁批判理論的觀點來描述目前市中心區學校（inner-city school）的現象（譯註：美國貧民窟多集中於市中心區）。從部分批判理論學者的觀點來看，解決市中心區學校教育的辦法，就是肯定貧窮與少數種族的兒童皆具有學習標準學校課程的能力。許多居住在市中心區的父母都接受了這項主張，他們相信標準教育的成功，可能爲他們的兒女帶來社會上豐碩的物質報酬。然而批評這項說法的人士，則十分擔心這些父母可能成爲錯誤意識型態下的受害者。他們建議，或許接受專為學生不同和特殊需求而設計的教育，對學生來說會比較好。從理論層面上來說，教育學者或許應對目前課程的教育價值提出質疑，而非直接就把這些課程當作是既定的，並開放給所有的兒童去學習。㊵由課程和特權知識所引發的爭議，可能是今日教育學者遭遇到最重要的課題之一。

詮釋學（Hermeneutics）

詮釋學與聖經經文的闡釋長久以來就常被人聯想 71
在一起。然而今天的詮釋學則更常與哲學上對意義的尋求相繫，這種哲學性的探索不但否定基礎論所追求的確定性，也拋棄了與尼采和存在主義有密切關係的虛無主義。從事詮釋學工作的哲學家們接受偶然性與歷史性，並在時空的脈絡與生命的本質當中找尋偶然乍現的意義。

人們可以由不同的角度來從事詮釋學。舉例來說，不但有相當多的批判理論學者埋首於詮釋學的研究，主張自然主義的哲學家，譬如杜威和奎因（W.V.O. Quine）亦採用了詮釋學的方法。在並不預期一定有意義會被發現或擁有牢固的基礎之下，詮釋學牽涉到對意義的徹底搜索。

洛逖（Richard Rorty）將詮釋學描述為一種方法：「察見各種談話之間的關連，如同在可能發生的對話中，各種線索的相互聯繫。這樣的對話預設不存在任何規則性的基礎以統合所有的說話者，但只要對話持續，彼此達成協議的希望就不會消失。㊶」詮釋學的工作增廣了人們的視野、尋找更新的意義、並鼓勵人們進一步展開對話。它促使我們進入整體式的思考活動，使我們不再將破碎的意義繫於個體的部分之上。就像洛逖所說的：

> 這整體式的論證路線告訴人們的是：我們永遠也無法避免「詮釋的循環」（*hermeneutic circle*）——亦即我們不可能了解某個特殊的文化、活動、理論、語言或任何事物，除非我們先知道這整個是如何運作的；但是要等到我們對它的部分有所了解之後，我們才有可能掌握這整件事情的運作過程。詮釋的概念說明了要開始對某個事物深入了解，比較像是去認識一個人，而非依循某個證明的過程。㊷

詮釋學具有實證的傾向，它嘗試從歷史和近代的脈絡中找出意義來，而非一昧尋求嚴格的理論基礎。伯恩斯坦（Richard Bernstein）在談到現代哲學轉向敘事及對話形式的改變時，指出了柏拉圖作品中的強烈對比：一部份呈現了形而上的柏拉圖——使西方哲學徒勞無功地追求那不可企及的確定性；而另一部份則是那不斷提出質疑性對話中的柏拉圖。伯恩斯坦引用了杜威的話來說明其中的強烈對比：

> 沒有比「返回柏拉圖」（*Back to Plato*）運
> 動更有助於呈現出哲學式的思考方式；然而我們必
> 須回到慷慨激昂、永不休息、與他人共同尋找問題
> 解答的那個對話中的柏拉圖，試著提出一次又一次
> 的質疑，以了解接下來會發生什麼樣的結果；要返
> 回形上學顛峰總是在社會與實際轉變中倏然終結的 72
> 柏拉圖；而不是由那自以為是的正規學院教授，但
> 其實卻是毫無想像力的評述者所建構出來的人造柏
> 拉圖。㊸

雖然在接下來的段落裡我們不會經常使用到「詮釋學」這個名詞，但是我們將會不斷地見到詮釋學的精神出現在各個角落。每當哲學家否定終極目的與固定的意義；每當他們呼籲多樣化的觀點與持續的對話；每當他們肯定多元論以及否定一元論的傾向時，他們所秉持的正是詮釋學的精神。

後現代主義（postmodernism）

說後現代主義是一種運動，倒不如說它是一種風潮來得貼切。許多學者試著從不同的面向來說明這股對特別是啓蒙運動之種種現代性構想抱持著質疑態度的風潮與觀點。大部分的後現代主義者已經放棄了啓蒙運動所追求的絕對眞理，在這一點上，後現代主義者與杜威意見一致。他們接受所謂的「局部眞理」（local truth）——即人們可就一般的觀察或經由方法論的規約而獲得認同。舉例來說，我們可能都同意，新聞報紙所報導的大多數消息——如體育競賽的成績、各種意外災害、婚喪喜慶等事件——都是「眞」的。而同樣的，後現代主義者也將數學中的基本規則與部分科學的假說當作眞的來接受。由於這些規則與假說普遍地應用於人們熟悉的事物之上，因此或許它們事實上是局部的，但因其局部性是如此地廣泛，以至於看起來幾乎接近普遍爲眞。

今日大多數的哲學家都分享了後現代主義者否定普遍眞理（大寫 T 開頭的 Truth）的看法，但在後現代主義裡，這樣的否定則伴隨著對傳統知識論領域的挑戰而來。後現代主義者認爲要找到一個可以涵括知識所有面向的描述是不可能的，取而代之的，是強調知識的社會學——研究知識與權力如何連結、專業領域如何形成、有誰從不同的知識主張當中獲利或遭受傷害、以及在認知者的社群裡發展出了什麼樣的語言。就某種意義來說，後現代主義暗示了一個後知識論（postepistemology）；而從另一種意義來說，它主張對傳統知識論進行大幅度的修正。當我們更深一層去觀察知識論時，我們會發現當代的教育學者相當著迷於所謂的「建構論」（constructivism，或作建構主義），這種理論被某些人視爲一種知識論主張，然而也有人認爲這是一種***後***知識論的主張。[44]

後現代主義者還攻擊人們長久以來對客觀性（ 73
objectivity）深信不疑的觀念。因爲要建立一項論證、解釋一件事情、或甚至是蒐集資料，都不可能缺少主觀者的目的或觀點，如此一來，傳統意義上的客觀性就變成了一種神話。然而，透過互爲主體性（intersubject-ivity）卻可能獲得近似於客觀性的東西；也就是說，集合從不同觀點出發的解釋，或許可產生出一幅我們所能得到最公正的圖像。你可能就像所有曾接受西方高等教育的人一樣，在學生時期總是被要求「盡量做到客觀」，老師會不時地要你將你個人的意見和偏私放在一旁——避免主觀性（subjectivity）——並且以公平的證據爲基礎來提出你的說明。後現代主義者不但認爲這根本不可能做到，而且認爲這樣的企圖就已經誤導了整個的研究，

從這種想法出發的探討或論證其實充滿了標準現代式思想的預設。㊺

或許引用批判理論者哈伯瑪斯的話來解釋，會讓這一切更清楚些。哈伯瑪斯對啓蒙運動———一種經由適當的運用理解能力與理性，以改善人類處境的運動——仍抱持著虔誠的信念。他主張理性、且不受到任何扭曲的溝通方式，應該可以使人們立基於「更佳論證的力量」(the force of better argument)之上來做出我們的決定。伯恩斯坦對於這項主張作了以下的評論：

> 有關哈伯瑪斯訴諸「更佳論證的力量」的這個說法，莫名地具有相當大的吸引力，直到我們自問這到底是什麼意思，以及它預設了哪些前提。就算是在所有參與者充分論辯的「理想」狀況下，對於「更佳論證的力量」是由什麼構成的，也極少出現過共識。舉例來說好了，哲學家們甚至連在任何一部公認的典籍——不論是柏拉圖、亞里斯多德、康德或黑格爾的——當中所爭議的論點到底是什麼都沒有一致的答案，更別說關於有誰作出較佳論證上會出現什麼共識了。

伯恩斯坦繼續談到，哲學家們就連論證應該在哲學裡扮演什麼樣的角色都有不同的意見。由於與後現代主義者在這點上有志一同，他指出：

> 訴諸論證，變成用來消滅或排除其他哲學主張的意識型態武器——譬如分析哲學家批評歐陸哲學家們（包括哈伯瑪斯在內）不曾有系統地進行論證，或者只是一昧地作著「草率」的論證。但問題是誰來決定什麼叫做論證，而什麼又不叫做論證呢？是什麼構成，以及依據著什麼樣的標準來決定更佳的論證力量呢？㊻

伯恩斯坦並不是要捨棄論證。的確，一個好的思 74
想者能夠分辨出現邏輯錯誤的文字組合與那些「較佳」的論證之間的不同。但實際上我們不能只靠分辨出好的論證就能解決所有的問題，因爲有許多的議題，無論哲學家如何以論證來試圖解決它們，到現在仍是懸而未決。

在「對論證所進行的論證」（argument for arguments）中有個相當大的缺點，就是由於論證的過程是由某個特殊領域中的權威所制定的規則與標準來掌控的，因此會傾向於排除那些不符合標準形式的聲音、言論及理由。更糟糕的是，由於這些標準被宣稱是具有普適性的，因此那些遭到排除的人竟變成是由於自己的無知和冥頑不靈而導致遭到這種下場。德里達（Jacques Derrida）特別爲這些被驅逐者提出強烈的辯護，這些人，也就是所謂的「他者」(others)，擁有著不同的語言與觀點。他要求我們「讓他者成其爲他者」(let Others be)——亦即尊重他們的「他者性」(otherness)，並停止試圖同化他們以接受我們的語言和歷史。㊼在這樣的主張中，我們似乎聽到了來自存在主義的回音——存在是一種成就，而非一種先天的理想。

德里達(Derrida)的主張，讓他者成其爲他者，乃在呼籲捨棄全稱化。我們再也不能夠假設我們能使用某些概括的理論來描述所有的人：他們全部渴望相同的善、尊崇相同的德性、和使用類似的字眼時所指的是同樣的一件事情。做這樣的假設無疑是一種對人們進行「集體化」(totalizing)的罪行，將人類經驗中特殊的部分綜合在一個巨大的形容詞之下，強調其間的相似性，並掩蓋其中的差異。

你會見到稍早曾提到過的教育問題——即是否讓所有的兒童都接受同樣的教育課程——如果我們依循批判理論的思路，譬如哈伯瑪斯，或後現代主義者譬如德里達的想法，那麼就會有非常不一樣的切入角度。在以後談到社會哲學的章節裡，我們會對以上這個以及其他的問題作更深入的探討。而現在呢，很明顯地，強迫所有的兒童都接受相同的學習課程——無論本意有多好——從後現代主義的觀點來看，這都完全是一種集體化的舉動。它相當不恰當地（與不道德地，德里達可能會說）將所有兒童同化成一種依照極少數人所建構之標準而建立的精英模型。

在進入對教育問題的描述與分析之前，讓我們再討論最後一個有關後現代主義的議題。許多後現代主義的思想家都對所謂形構中主體（constituting subject）抱持著懷疑的態度。這個形構主體曾是現代哲學的核心，既是抽象者，也是獨特的認知者。由於體認到人會受到本身歷史、文化、個人經驗、以及與他人互動關係的影響，後現代主義作家們描述了一種「已完構主體」（constituted subject）與多元化的認同。這樣的觀點不但挑戰到笛卡兒知識論中的
理性主體，也對沙特主張的存在主體形成了莫大的威 75
脅。在這個觀點中，我們不可能作出完全自由的抉擇，也無法為我們成為什麼樣的人負起完全的責任。

不幸的是，這「主體的死亡」（death of the subject）不僅動搖了稍帶驕傲的認知者笛卡兒與沙特及自命清高的道德發號司令者康德；同時也威脅到一般人的主體性與自主性。女性主義者，甚至是那些較傾向於後現代主義的，都對這點感到憂心忡忡。㊽如果主體的死亡是屬於形上學的主張，那麼這就是一

件關係到眞（truth）的議題，我們必須決定是接受或捨棄它：這樣的實體要不就是有，要不就沒有。但是後現代主義者並不是要提出一個形上學的主張（至少不是故意的）；相反地，他們呼籲人們拋棄形上學。因此這個主張事實上帶有相當濃厚的政治意味，而應該從政治的觀點來看待這樣的說法。所以女性主義應該問的是，這個主張對女性運動到底是一種助力呢，還是一顆絆腳石。今日的女性才剛開始體會到自己是一個主體，並漸漸地運用到自己的自主權。那麼，在這個時候我們卻要爲主體劃下休止符好嗎？這豈不像是一個人剛買了新車，並開始學習怎樣開車的時候，卻突然失去了駕駛執照一樣嗎？這個問題我們將在後面討論女性主義的那一章裡再作深入探討。

總而言之，後現代主義這個風潮已經動搖了現代思想的整個架構。它挑戰了許多以往被視爲相當重要的假設、方法、態度、思考的模式、以及種種價值。細心的教育學者們應多留意這種主張對於思考教育問題會有什麼樣的幫助，但另一方面也應對某些僅僅利用後現代主義中的流行詞彙來招搖撞騙，或誘使領導者接受具有潛在傷害之改革行動的各種不良分子而有所警覺。要成爲一個所謂後現代的人，不一定要接受由後現代主義者所提出的每一項主張。事實上，特別是從後現代主義的觀點來看，完全地拋棄掉這樣的標籤或許會更好呢！

在結束本章之前，我們應該來了解一下，爲什麼在這章裡討論過的一些思想上的變革對教育的影響竟不如想像中的大？舉例來說，其中立與超然立場相當明顯的分析哲學，對教育所造成的衝擊，比之深刻探討人類處境的存在主義來說，竟高出許多。原因之一，乃在於我們生活在一個由科技主導，以及信仰科學方法與操控的社會中。甚至連杜威的哲學，其回應美國對科學的強大信念之音量，竟與他支持學生應參與民主過程的聲音同樣震耳欲聾。另一方面，由於分析哲學家可提供教育研究所需的明白清楚與邏輯性，因此他們的作品常被沿用在研究的論文當中。而存在主義，因爲高談人類自由與否定一切的體系，所以與這樣一個折服於體制改革的國家文化顯得格格不入。

許多的哲學家，包括教育哲學，都使用了修正後
的現象學方法，但極少人將自己定位爲一個現象學 76
家。部分原因是由於現象學是一門高度技術化，且難以學習的學科；但絕大的原因乃在於現象學提出了超科學（suprascience）的主張——即一種在科學基層底下卻又同時超越科學之上的基礎科學——使得它所有類似的主張都變得聲名狼藉了起來。

最後，雖然批判理論對於教育思想中極大範圍有

著相當深遠的影響，但它所使用的高度知識化的語言，與其聲明要改變世界的企圖有所不一致，因而遭受到強烈的抨擊。

在下一章裡，我們將繼續討論今日教育學者最關心的議題，並重新探討在這裡曾出現過的某些主張。

問題討論

1. 存在主義者相當強調個人是一個自由的主體——他做出抉擇、創造自我、並負起責任。你認爲這樣的立場與宗教是否有牴觸之處？那麼與社會服務呢？
2. 你個人會以什麼樣的方式來爲什麼是作爲一個人所具有的意義負責呢？
3. 哪些方面的關懷的可說是一種「終極關懷」(ultimate concerns)？
4. 疏離與苦悶的概念對於分析學校教育的問題有助益嗎？
5. 我們是否應試圖描述一種新的人性？或是應該鼓勵人們藉由不同的人種、階級、民族、性別、或其他的範疇來尋求認同？
6. 如果你是一個現象學者，你會比較想要研究昆蟲的生命週期，還是人類追求崇拜的傾向呢？為什麼？

7. 在你現在這個年紀裡會有的抗爭和期望是什麼？你認為今日的中學生他們可能有的抗爭和期望又是哪些？
8. 哲學應該有政治意味嗎？是必須的嗎？
9. 讀寫能力能解放人嗎？
10. 列名的權力是重要的嗎？
11. 一個人如何會成為工人階級的一部份？學校教育扮演了什麼樣的角色？
12. 所有的學生，譬如說從國中一到三年級，都應該接受相同的課程嗎？
13. 有沒有任何事你認為是絕對的眞理？別人有可能從不同的觀點來論證你所謂的絕對眞理其實應該是一種「局部眞理」呢？
14. 從什麼意義上來說，一份嚴謹的研究可能是客觀的？
15. 我們要如何判斷論證的力量有多強？
16. 德里達的主張「讓他者成其為他者」（let others be）是什麼意思？
17. 今天有任何教育政策是傾向「集體化」的嗎？這樣是好或壞？
18. 對於主體的死亡，我們應該慶祝還是哀悼？

推薦書目

77 有關教育的存在主義觀點，見梅克欣、格林尼（Maxine Greene）的《自由的辨證》（*The Dialectic of Freedom*）。弗拉列（Paulo Freire）的《被壓迫者的教育》（*Pedagogy of the Oppressed*）則精采地呈現了解放的觀點。想要了解馬克思主義的教育觀點，見保羅、威利斯（Paul Willis）的《學習勞動》（*Learning to Labour*）。要看清楚生動的介紹後現代主義，就在伯恩斯坦（Richard J. Bernstein）的《新興的一群》（*The New Constellation*）。從批判理論的觀點來介紹女性主義，見南西、弗列瑟（Nancy Fraser）的《毫無規則的活動：當代社會理論中的權力、言論、與性別》（*Unruly Practices: Power, Discourse and Gender in Contemporary Social Theory*）

第五章
邏輯和批判性思考

78 在前面幾章的介紹裡，都或多或少提到了批判性的思考，例如蘇格拉底式的詰問，就是一種訓練批判性思考的方法；薛弗勒認爲老師的責任是發掘出學生的理性或批判性思考的能力；杜威對解決問題過程的分析；以及吉賀強調批判地閱讀和接收資訊等。哲學家和教育學者都同意批判性思考的重要性，但是在什麼樣才算是具有批判性的思考方式上面，則尚有分歧；而對於如何教導學生去思考得更具批判性，他們之間的意見分歧就更大了。本章我們將討論教育哲學中對於如何教導學生作批判性思考的三個主要方法，以及最後的第四種可能的方法，這種方法雖尚未發展完全，但卻可能是最實用的；前三種方法以分析哲學爲主軸，第四種方法則是從不同的角度切入。

形式邏輯 (Formal Logic)

有時候哲學家和教育學者會推薦老師們在課堂上教邏輯，以增進學生思考的嚴謹。我們將討論這種做法是否適合，但是先讓我舉個關於這個作法的實際例子，千萬別因爲我舉這個例子，就認爲我推薦把形式邏輯當作基本的教學方法，來鼓勵學生作批判性的思考。因爲接下來的討論將導出對這個作法的批評，然後讓我們想想，是不是還有其他更好的作法。

在一九六O年代，數學教師們對於當時的「新式
數學」感到相當興奮，他們把重點放在集合論和邏輯
上，許多教科書，尤其是有關幾何的，第一章都是講
基本語句邏輯（basic propositional logic）：先 79
介紹亞里斯多德邏輯的基本假設，而忽略了其他的邏
輯系統，通常也沒有討論什麼是語句的本質。他們所
處理的語句（以P、Q等等的符號來表示）祇包括了
可以確定眞假的句子；並且毫不批判地就接受了排中
律和矛盾律（排中律是說，一個句子P不是眞就是假，
表示成：$P \vee \sim P$；而矛盾律是，一個句子P不可能同
時既是眞又是假，符號表示爲：〔$\sim(P \wedge \sim P)$〕（圖
5.1）學生學習基本的眞值表（Truth table），
練習使用眞值表來完成作業，將口語的句子轉換成符
號的形式，而且要證明各種邏輯的定理。

從最基本的 $P \rightarrow Q$ 開始，學生學習怎樣去形成對反（inverse）$\sim P \rightarrow \sim Q$、位換（converse）$Q \rightarrow P$，與異質位換（contrapositive）$\sim Q \rightarrow \sim P$。他們也學三段論證（syllogism）和前項肯定法（Law of Detachment, modus ponens）：$P \rightarrow Q$ and P, $\therefore Q$.。這些邏輯的背景知識是想要讓學生熟悉證明的方式，這樣以後當他們碰到幾何定理的時候，才不會那麼陌生。譬如說，假設要學生來證明以下這個定理：

如果三角形的兩邊相等，那麼兩邊的對角也相等。那麼老師會建議學生把下面這些句子轉換成符號：

P：三角形的兩邊相等。

Q：三角形兩邊的對角相等。

P → Q：如果三角形的兩邊相等，那麼兩邊的對角也相等。

接下來學生會檢查「蘊涵」關係（implication）

P	~P	P ∨ ~P
T	F	T
F	T	T

排中律（Excluded Middle）

P	~P	P ∧ ~P	~(P ∧ ~P)
T	F	F	T
F	T	F	T

矛盾律（Law of Contradiction）

P	Q	P∧Q
T	T	T
T	F	F
F	T	F
F	F	F

交集(Conjunction)

P	Q	P∨Q
T	T	T
T	F	T
F	T	T
F	F	F

聯集(Disjunction)

P	Q	P→Q
T	T	T
T	F	F
F	T	T
F	F	T

蘊涵(Implication)

P	Q	P→Q	~P	~Q	~Q→~P	(P→Q)⇆(~Q→~P)
T	T	T	F	F	T	T
T	F	F	F	T	F	T
F	T	T	T	F	T	T
F	F	T	T	T	T	T

~Q → ~P 與 P → Q 等值，異質位換律(Contraposition)

圖 5.1 基本眞值表

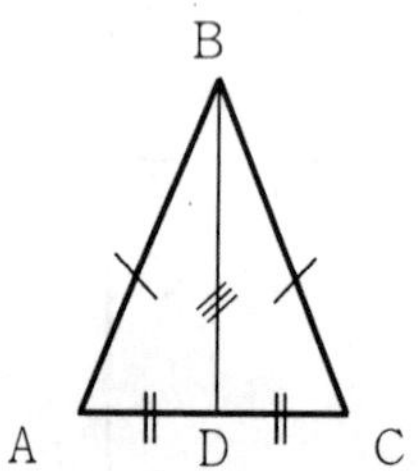

圖 5.2 三角形Δ ABC

的眞值表，他們會發現，當 P 的值爲眞時，只有當 Q 爲眞，P → Q 才會爲眞。所以只要他們可以證明 P 爲眞的結果，是 Q 必然爲眞，那這個定理就證明了。所以結論就是，只要照著這個作法，讓學生學習傳統的邏輯證明，他們就會明瞭自己在作什麼。

依照傳統方法的話，學生要畫出圖形來（圖 5.2）：第一先從 B 點到 AC 線段的中點畫一條輔助線，把 AC 線段的中點叫做 D 。接下來說因爲 AB ≅ CB，BD ≅ BD 和 AD ≅ CD，且根據一條已知的定理是：若兩個三角形三邊都相等，則它們的三個角也相等，所以Δ ABD ≅Δ CBD 。這裡三段論證再一次被使用如下：

1. 任兩個全等三角形的的對應角是相等的。
2. ∠ A 和∠ C 分別是Δ ABD 和Δ CBD 的對應角。

3. ∴ A ≅ C

最後，老師就回到一開始教的符號形式上，用形 81
式邏輯的概念，向學生指出所有他們已經完成的工作，即：由P值爲眞開始，他們逐步確立了Q值爲眞，以及 PRQ 的值爲眞。讓學生明白這條定理就是這樣證明，而且在更進一步的證明裡，這條定理還可以當作條件。

當我在六O年代裡擔任數學老師的時候，我發現這種方法對幾何學入門的確很好用，而且也很有趣。我教過的許多學生都很喜歡這種邏輯的做法，而且看樣子從中獲益不少，他們發現這種傳統視爲「間接式證明」的方法眞的很簡單，所以常常使用它，他們可以用兩種方法去證明同一個證明題，因爲他們知道 $P \rightarrow Q$ 和 $\sim Q \rightarrow \sim P$ 是等値的，一點也不會感到迷惑。由於有這麼令人鼓舞的經驗，所以如果今天我再回去教數學，假使遇到資質較高或個性積極的學生，我一定會教他們一些邏輯的課程。

但是這種獨特的個人經驗，很難提供有力的證據支持，我們必須收集來自不同老師、不同情境下的經驗，然而很明顯的，不是每個老師或學生都有上述的經驗。而且更進一步說，個人經驗對於哲學的論證根本不能提供任何支持，反過來，如果我們能夠作出令人信服的哲學論證，也許還可以說服數學老師們在數學課程中教邏輯——不論在剛開始的時候效果是否差強人意。

有一派主張邏輯教育的說法是：邏輯實際上是描述心靈的運作規則。從這個觀點來看，這些邏輯規則，不論我們有沒有意識到，正呈現了我們心靈運作的方式。像寵斯基(Noam Chomsky) 就是一個試著將上述概念理論化的例子，他分析語言的文法，並認爲文法的變化或衍生，就是心靈產生語言的方式。因爲這些理論是在描述理想的(或有知識能力的competent)思考者或說話者的心靈運作，通常也被叫做「知識理論」(Competence theories)。①

82 我們現在不能對知識理論作太多討論，因爲更重要的是要問，如果邏輯眞的是對心靈運作的描述，那就表示我們必須教導邏輯嗎？在正常的情況下，我們爲什麼要教給學生，那些心靈自然就有的功能呢？奇怪的是，同樣地，卻有教育學者設計了一種「語言藝術」的課程給小學生，專門學習文法的變化。有論證解釋說，如果我們的心靈的確把語言由深層結構轉換到表層結構，那麼去了解它明確的運作規則，會使我們做得更好。但是這種解釋，對很多教育學者來說並不具說服力，因爲畢竟人類長久以來，並不依靠學習文法就創造出許多優美動人而且文法正確的詞句來。的確，如果當我們在講話或寫文章的時候，一直想著自己的心靈是如何運作的，那反而會變得張口結舌，不知怎麼好好說話了。因此大多數的哲學家和教育家都認爲，知識理論雖然開展了一個迷人的新領域，但是在進入實際教學的時候卻失敗了，而只能應用在某些指導學生使用精確文法的情況裡。

把心靈如何運作的問題先拋在一邊，我們仍然假定學習邏輯能夠使我們思考的更精確。很多邏輯學家都贊成這種說法，舉例來說，蘇裴士（Patrick Suppes）在他的邏輯課本開頭介紹裡就說：「語言的日常用法是模糊的，而我們日常的思考也很混亂，這本書的一個目的就是，介紹你們一種更仔細和精確的思考方式。」②

蘇裴士接下來說，他相信學習形式邏輯跟所有領域裡的思考都有關聯：「不論是在數學、物理、或是日常的談話中，正確的理性思維，都是由於它的邏輯形式而有效…邏輯形式可藉著將一些關鍵字和慣用語法(例如「和」、「不是」、「每一個」、「一些」等)分隔開來，而結構分明地展現出來。」③許多教育哲學家對此深感懷疑，例如史克萊文（Michael Scriven）在當時就指出，在日常語言中的各種論證，實際上早已經化約成符號的形式④，把日常語言再加以形式化，實際上根本什麼也沒做。這裡我將再舉出另一個我個人的實際經驗，但是還是請記住，這種個人的小故事，目的衹是想引發更多的想法出來，它還是不能解決是否學習邏輯能夠促進批判性思考的問題。

我曾經在幾何課上教過先前提到的邏輯概念：在三段論證中，若第一個和第二個前提都爲眞的話，那
83 麼其結論必然爲眞，亦即，若P→Q爲眞，且P爲眞，則Q爲眞。學生已經學過一些常見的謬誤(例如肯定後件，或是由後件導出前件等)，而我也一再提醒學生注意基本的邏輯規則。那時有一道題目是這樣出的：

1. 所有的魚都能游水。(若X是魚，則X能游水。)
2. 我能游水。
3. ?

學生必須寫下結論，或者寫出爲什麼不能得到結論。令人驚訝的是，有許多同學寫下「我是魚」的結論。

這種結果一出來，就算是最有耐心、最樂觀的老師也會覺得沮喪吧！大部分的學生都只記得，在邏輯裡面一些很奇怪、違反直覺的東西都會被接受，例

如：當P和Q皆爲假，則P→Q爲眞。但是我也教過，如果用有效的論證方式來推若 1 和 2 爲眞，則 3 必然爲眞呀。沒有一個學生相信自己眞的是條魚，但是許多人居然都推出這個結論。

如果這種情形實際上是很普遍發生著，那麼我們可以認爲，學習邏輯其實是對邏輯和／或批判性思考的阻礙。很確定的是，在還沒有學這些P呀Q的以前，這些學生絕對不會向世界宣佈說自己是條魚！因此，不但是那些認爲邏輯是描述心靈運作方式而教導邏輯的人看起來像個傻瓜，而且更呆的是以爲學習正統的邏輯有助於增強日常的思考邏輯。

但是如果你問我還會不會繼續在數學課上教邏輯？我的答案是「會」，如果證明是課程的一部份，我會因爲兩個理由教：第一，正式的使用邏輯方法，是學習課程很重要⑤，而且如果我要強調證明，那學生一定要懂得演繹的規則。（注意在這裡我可以選擇衹教數學而不強調證明）第二，邏輯可以爲我的課上帶來更多樂趣和歡笑。

我經常在幾何的課上用這本書⑥：〈愛麗絲夢遊仙境〉（Alice in Wonderland），書裡面有很多有效和無效的論證，我的學生對於其中幾頁的分析則感到很有意思。在某個場景裡面，鴿子控訴愛麗絲是一條可惡的蛇，鴿子說：「我猜妳接下來會說，妳從來沒有吃過一顆蛋！」

「我是吃過蛋，沒錯。」愛麗絲說。她是個非常真誠的小孩。「但是小女孩必須跟蛇吃一樣多的蛋，你知道的。」

「我不相信，」鴿子說，「但是如果小女孩是這樣的話，那我衹能說：她們也是一種蛇。」⑦

84 要判斷鴿子是否犯了邏輯上的謬誤，我們必須看牠的前提是什麼，如果牠的前提是下面的第一條，那麼牠就是犯了肯定後件，或由後件導出前件的謬誤；如果牠的前提是第二條，那麼牠的論證就是有效的。

1. 若 X 是蛇，則 X 吃蛋。（或「所有的蛇都吃蛋」。）

2. 只有蛇吃蛋。（或「若X吃蛋，則X是蛇。」）

注意，雖然鴿子如果以第二條前提做論證會是有效的，但是牠的結論（小女孩是蛇）卻是假的，因爲牠的前提（只有蛇吃蛋）原本就是假的。一般的學生不容易分清楚「眞」和「有效」這兩種概念。你注意看啦！這是不是跟前面史克萊文說過的一樣，用邏輯符號把鴿子的論證結構重新呈現出來，其實一點用也沒有。

〈愛麗絲夢遊仙境〉的作者是查爾斯・道格森(Charles Dodgson；筆名是路易斯・卡羅 Lewis Carroll)，他本身就是一位教授和邏輯學家。在這本書裡面充滿了怪異和扭曲的論證，但是有時候會出現一些性情暴躁的角色，來糾正愛麗絲想法中的錯誤，就像下面這一段：

（愛麗絲面對一道謎題說出她的反應：「我相信我可以猜出的來。」）

「妳指的是，妳想妳可以找出它的答案？」三月兔說。

「正是如此。」愛麗絲說。

「那妳應該把妳的意思說出來。」三月兔繼續說。

「我有啊，」愛麗絲很快地回答：「至少…至少我的意思就是我所說的…那不是一樣嗎？」

「一點也不一樣！」賣帽人說，「那妳認為說『我看到我所吃的東西』和『我吃我所看到的東西』是一樣的嗎？」

「也正像是說，」三月兔補充說：『我喜歡我所得到的東西』跟『我得到我喜歡的東西』是一樣的！」⑧

當然，愛麗絲講的東西跟其他人有點不一樣，而且在語言哲學裡可能會引起很有趣的討論：她可能是對的嗎？也就是說，「我的意思就是我所說的」和「我所說的就是我的意思」 會不會是同樣的呢？⑨這個問題我會留到課堂上再討論。

恩尼思（Robert Ennis）是主張形式邏輯和批判性思考間有密切關聯的一位教育哲學家，在一篇很有影響力的文章中，恩尼思定義批判性思考是「正確評估陳述」（ the correct assessing of statements ）⑩，雖然他早期和晚期的著作，早就超越了對形式邏輯的研究與使用方面，但是他的定義確實暗示了形
85 式邏輯的重要性。所謂「陳述句」（ statements ），就是可以明確判斷其眞假值的句子。恩尼思在將「批判性思考」的定義限定在陳述句上以後，很聰明地留著判斷眞假值的問題暫不解決；接下來，我們可以假設「正確」（correct）意指「有效」（valid），這樣子恩尼思的定義就符合他的主張了，即邏輯和批判性思考，若不是同義，兩者之間至少也有著密切的關聯。然而，因爲他的著作並非專注在形式邏輯的應用上面，所以我們下一段再繼續討論吧。

非形式邏輯（Informal Logic）

非形式邏輯跟形式邏輯有什麼不同？每個專家的答案都不同，而且對於非形式邏輯的定義，我到現在還沒看到有任何的共識出來。非形式邏輯似乎應該要和形式邏輯有所區別，它牽涉到對符號形式的有效操縱；就像蘇裴士說的，在形式邏輯裡，我們關心的是表述的「形式」，而非「內容」；我們只處理可以確定眞假值的陳述句（以符號呈現）。所有其他的邏輯方法都是「非形式的」。依照這個判準，恩尼思在1962 年以後的工作都屬於非形式邏輯的範疇。

在恩尼思 1979 年對教育哲學學會發表的一篇演說當中，他描述了一個「理性的思想者」的概念⑪。根據他的說法，一個理性的思想者會呈現出對某些方面的熟練（proficiency）、傾向（tendency）和一些好的習慣（good habits），恩尼思對這三個項目都有更進一步的說明：在「熟練」這一項目下，他列舉出：觀察、推論、概括、思考、作出假設、設想可能的選擇、提供有系統的推論過程、評估各種陳述和論證過程，以及發覺重要問題等能力。他認爲形式邏輯「太過精巧」，而不能做爲教育理性思考者的方法，還更進一步認爲形式邏輯忽略了「使用演譯邏輯中最困難的部分…並在系統內外作各種符號的轉換。」⑫

雖然恩尼思排除了形式邏輯作為教導批判性／理性思考者的一種方式，但是他的方法還是著重在形式和過程。他相信學生可以學習一般跨領域的思考方式。他指出數學就是一個例子，在數學課裡學到的數學，也可以用在自然科學課裡。雖然這樣看起來好像沒錯，但是這裡有兩點批評：第一、一個人必須對自然科學有足夠的了解，他才能決定要在哪裡使用數學來解決科學問題，缺乏這樣的了解，光會數學也沒用。所以同樣地，一個人就算有恩尼思所講的熟練和傾向，但是若是處在陌生的領域裡面，英雄也無用武之地。恩尼思也承認這一點，而強調理性思考者必須
86 在他熟悉的領域中發揮他的技能。這點批評在我看來並不重要，因為它其實可以應用在我們所有基本的技能上。舉例來說，無論我們平常是多麼的能言善道、口若懸河，但是一旦身處在一個完全陌生的領域中，想要說服別人，或甚至想表現得敏銳點都不可能。但是第二點就嚴重多了，它是說，一個人絕不可能處在某種知識領域的外面，而能有效地學習作批判性的思考。這是由馬克培（John McPeck）對非形式邏輯所提出的批評⑬，我們將簡短地檢視這個意見。

在這裡，把非形式邏輯當作是促進批判性思考一個重要面向的，不是只有恩尼思一個人，理查、保羅（Richard Paul）也提出了一個主張，看法與恩尼思有幾點相似：注重過程，引導學生去注意他們自己的思考，並主張批判性的思考能力可轉換應用到不同領域⑭。保羅將具批判性的思考和錯誤的思考所造成的結果，以二分法作了一個明顯的對比：清楚和不清楚、精確和不精確、明確和模糊…公平和偏見等。然而，有人指出這些都不必然是批判性思考的屬性，舉例來說，機械性的學習結果也可以是很精確的。而且從另一方面來說，批判性思考的結果也可能包含了不精確的成分。更進一步，不是所有批判性的思考都有精準、明確或甚至「可論辯」（plausibility）的特徵。

恩尼思和保羅都不認爲可以在空的脈絡（context-free）中教導學生如何作批判性思考，他們主張批判的思考一定是有關某件事或某個東西的，但是這個脈絡可能隨著教導的需要而改變。譬如說，如果我們希望教學生認識某些謬誤的形式，我們可以拿一些例子來讓學生了解，但這些例子不一定要從同一個範疇裡面舉。

在各種教學與課程中，並非只有非形式邏輯強調普遍的、不侷限內容的技能，有門初級科學的課程：〈科學——一個講求過程的方法〉 就是這樣子的⑮，設計這門課程的人假設，像觀察、分類、推論和測量這些技能，可以分開單獨學習，而不須要有固定的內容：譬如要兒童今天依葉子的形狀作分類，明天依據顏色或形狀分類石塊或鈕扣，另一天則依照大小或形狀來分類紙板；這個方法假設有一種稱爲 「分類」 的認知能力，而這種認知能力與被分類的物件是分開來的。現在問題就是：要在什麼意義下，這個主張會是正確的呢？

我們大部分人都知道什麼是分類法，我們可以設計出大綱、範疇、和層級等，並且也可以解釋別人設計出來的分類方法——嗯，有時候啦！但是不論我們有多麼熟悉分類法的形式，在面對像 〈耕作植物年鑑〉 這類書籍的時候，除非我們完全了解它所使用的
87 字彙、植物的各個部位、以及確實觀察過某些耕作植物，否則我們不可能弄懂它的分類法！這樣說來的話，第二個批評不就跟第一個——針對非形式邏輯的可轉換性（transferability）很像嗎？但是我認爲，像恩尼思這樣認眞的學者，一定有想過這點，所以我覺得不是。這第二個批評確實是嚴重的多，它懷疑是否眞的有任何技巧可以在具體的範疇之外學習或描述的？到底說 「張三知道如何分類」 有意義嗎？而張三

要怎樣展示他的「分類」能力呢？另一方面，作爲業餘園藝愛好者的我，跟那本〈耕作植物年鑑〉纏鬥的經驗也更加深了我的懷疑。

保羅對非形式邏輯的主張一個很大的貢獻是：他區分了「弱的」與「強的」批判性思考。作「弱的」批判性思考的人，除了不接受與自己想法相左的主張之外，表現出許多保羅認爲是批判性思考的特性；反之，作「強的」批判性思考的人，則對自己的假設與主張也能夠提出挑戰。很顯然的，「強的」批判性思考要比「弱的」來的少多了，但是它是教育學者們比較欣賞和努力的方向。「強的」批判性思考與思考者本身的世界觀、態度或習慣有著密切的相關，一個有「強的」批判思考的人，必須超越個別的論證和論證中的原子成份，而去作網絡的思考，並且有包容反對者和自己意見的世界觀。保羅強調自我知識（self-knowledge）的主張，讓我們回想起蘇格拉底所說的「了解自己」。

保羅對「弱的」與「強的」批判性思考的介紹，在實際的教學上非常有用，這點使他大受好評。然而哲學家提出了反對的意見：哈維、席格（Harvey Siegel）批評保羅所強調的世界觀及對思考者的內在關切，他把保羅的主張重新概述如下：

> 第一，為了論證網絡或所謂的「世界觀」
> (*world view*)，有人拒斥了「原子論」
> (*atomism*)。相關地，當面對相反觀點時，也有
> 人主張論證交換的觀念，具有批判性的思考者必須
> 超越論證的原子組成，以同理心來掌握對手的世界
> 觀。第二，特別注意批判性思考者在「知曉自我」
> 和了解其「理性」行為背後之心理上所會出現的自
> 我欺瞞和伴隨傾向。第三，敏銳感知個人世界觀中
> 自我中心和社會中心的成分，並致力於克服這些成
> 88 分，以確保自己的世界觀，或避免陷入個人化世界
> 觀中。批判性的思考變成比較像是衝突觀點之間的
> 對話，而不是單獨的批判與反省。它是「全體
> 的」，而非「個別的」，它對個別的方法完全不
> 加考慮。它是「蘇格拉底式」的，命令任何作批判
> 性思考的人，必須努力去「了解自己」，亦即應該
> 主動、並與他在面對其他信念時那樣具批判性地發
> 掘和質疑自己最深的信念和承諾。⑯

席格並沒有否定保羅對「強的」批判性思考的定義，甚而，他希望讓這個定義有更堅實的根基。他認為保羅把「強的」批判性思考與世界觀作連結，可能使之落入相對主義。畢竟，可能有一種特殊的世界觀是反對精確思考的，這樣一來，保羅的有力論證就變

得徒勞無功了。但是很明顯的，基本上席格和保羅在這一點上並沒有獲得共識：保羅認爲「相對主義」只發生在界定批判性思考的判準之「應用」上面，而不是在判準的本身；而席格則想消除世界觀的部分，因爲它會帶來相對主義的困難⑰。對像我們這些既有興趣又挑剔的讀者來說，有個問題是應該留給我們去思考的：那就是保羅定義中所隱含的知識相對論，可不可以獨立於批判性思考的一般概念之外而成立呢？我們將在本章的最後一段，簡短地討論這點的可能性。

席格也擔心：像「知曉自我」、避免自我中心和社會中心的立場等，都缺乏客觀的檢測。他注意到（我覺得很正確）觀察者無法分辨何時一個論證或結論的成立是由於客觀的或由於自我中心的想法。同樣，個人怎樣了解自己，也是旁人無法評價的。席格希望，大衆都能享有可以清楚判斷言行的判準；他說，我們所需要的是一個理由，是能夠被所有人檢驗的理由。注意，我們可以同意席格所說的（就像我一樣），觀察者可能會遭遇到不知如何判別他人是否了解自己，或別人是否避免了自我中心這類的困難，但是並不一定也同意這需要擔心。相反地，我們可以接受這些具有不確定性的判準，而仍然把它們當作是個人內省的指導或一種理想。此外，如果有人聲稱自己做到了以上的要求，則我們無須評估他所持的理由爲何，而只要經由觀察他這中間的過程、由身體語言傳達出來的態度、以及他的行為，就可以判斷他是否所言為眞。而且就算旁人無法判斷我們是否眞正做到公正而審愼地檢驗各種論證，這種思考態度仍是值得好好保持和珍惜的。這是蘇格拉底傳達給我們的訊息，也是對席格的回答。

這裡我們或許可以注意到保羅承續了蘇格拉底的傳統形——同不斷尋求各種對話可能性的第二個柏拉圖（非形上學意義的）。蘇格拉底並不擔心其他觀察者
89 會怎麼想（保羅跟他一樣）。他認為人踐履品德必先了解自我。更進一步，就算我們放棄追求最後的終極答案，只要我們讓對話繼續進行，我們就毋須擔心相對論的看法；對話和探索的結束遠比觀點的多元更令我們畏懼。

保羅強調「對話」成為若干哲學家抨擊的焦點。例如我們已經看到的，席格認為他缺乏客觀判準來判斷個人的世界觀。另外，馬克、溫斯坦（Mark Weinstein）注意到辨證的思考並不必然會產生精確的結果。⑱他寫道：以自然語言，而不是以形式符號語言，來作批判性的思考，並不能解決保羅的問題，因為自然語言中的對話，不但可以用來作「強的」批判性思考，同時也可以作「弱的」批判性思考。席格

和溫斯坦都推崇保羅強調追求知識的勇氣和謙遜，但是他們都不認爲有任何簡易的方法可用以偵測出他人探求知識的行爲，以及更重要的，評估其產生的結果。

溫斯坦試著爲席格對知識論上之客觀性（每一論證成分都可接受公衆檢測）的追求探索出另一條路向。他指出到保羅的觀點（恰好與馬克培形成對比，待會我們會看到）反映著「進步教育（progressive education）的樂觀自由主義；確信整體政治和社會對話的重要，缺了它，民主頓失其理性核心。⑲」保羅的批判性思考是開放給大衆的。它超越學科的專業對話，並允許所有訓練良好的發言者／思考者加入辯論。但是，保羅的觀點——如果他體認到其判準在不同領域中會有不同的應用方式（而他確實也承認這點）——似乎會導向馬克培的立場：批判性思考是學科專業的（discipline-specific）。溫斯坦認爲，若保羅否認這點，就會導致更嚴厲的批評：「保羅式的『論證』怎麼會如此的廉價呢？當彼得、馬克雷倫（Peter McLaren）洞悉「青年人以肉身來抗拒宰制性的文化』時，他的回應會是什麼？會不會因此質疑以此散漫思想來當作批判教育之核心管道的功效呢？」⑳

待會兒，我們將再討論更犀利的主張。

馬克培對批判性思考的看法

馬克培最爲人所知的，就是他持續抨擊以下這個觀念：以爲批判性思考能以「一般的」（general）而非專業的（domain-specific）方式來教導。但儘管他抨擊這個觀念，卻仍有許多哲學家主張，雖然任何思考的行爲都是針對某件事情來進行思考，但是這種行爲，即思考本身，也可以成爲我們思考的對象。㉑
90 從這個觀點出發，可以知道我們對於應用領域內的知識的確需要多少有所了解，但是如果能夠掌握一些有效思考的規則以及常犯的謬誤等，也會是有幫助的。甚而，了解這些規則和謬誤，對能夠更快地在新的領域中掌握論證的要點和解決日常的問題，這都是極有用且重要的。

馬克培同意，幫助學生更具批判性地去思考日常問題是值得讚許的教育目標，但是他認爲，這樣的思考只是更明白顯示出，思考本身不過是一個或多種學科（discipline）的應用而已㉒，馬克培說這些學科是在人類經驗裡所有的問題領域中，一再進行批判性思考的結果；而這些學科就構成了批判性思考的實質內容。一般性的批判性思考是不存在的。

如果我們接受馬克培的主張，那我們就必須把教育的重心擺在學生們對於專門學科的學習上，而這就意味著，老師不僅必須教授他們知識的內容，此外還有知識論（epistmology）的部分。學生必須學習如何去做出有效的數學、科學或歷史的論證，並且學習如何將這些論證應用到日常問題上面。他們必須學著用懷疑的態度去面對各種主張，還要學習特殊領域中專門的用語，和在這個領域裡被接受的判準以便進行論證。

馬克培的反對者通常形容他的主張是「排外的」(exclusionary）。意即如果我們接受了他的說法，則邏輯上我們必須排除未接受足夠專業訓練的人們所提出的主張，但像保羅、恩尼思、席格等人的觀點就相對寬大的多了，他們認為只要能夠接受並符合一般批判性思考的判準，那麼無論任何人都可以參與發言。雖然馬克培可以像我們以前在阿德勒（Mortimer Adler）的《教育建言》(Paideia Proposal）中提到過的㉓，試著將學科全部開放給學生們自己去學習，以避免被說成是「排外」和「菁英主義」(elitism），但是這些指控可沒那麼容易就解決，如我們先前討論過的，要求全部的學生去學習以往只選擇性開放給少數人的學科，這可以看成是一種精英主義，同時也因為它排除掉了適合並有利於許多學生的學科，反而強迫學生們在自己不感興趣的領域裡互相競爭，所以被視為具有排他性。

馬克培主張的另外一個困難在於假設我們可以依照不同的領域來解決日常的問題。但是今天許多思想家認為，有些重要問題是無法界定其領域的，就算馬克培承認這點，並主張多元的觀點，也還是解決不了這個困難，因為若是區分領域來處理一般的問題，不但相當不方便，甚至還可能是一種阻礙。此外還有一些女性主義者主張，相當多的人類經驗（大多數是女性的）的領域不是遭到扭曲，就是被完全地忽視和省略。㉔

最後，馬克培認為「學校之所以會以分科的方
91 式、概念、和程序來提供學生知識」乃是因為分科是
有利且恰當的㉕——學校環繞著傳統學科來設計課程
就是根據這個理由，但是這個理由好嗎？你覺得這是
一個「弱的」還是「強的」批判性思考的例子呢？

另一種選擇

雖然哲學家們對於是否能將批判性思考的技巧應用到各個不同領域之間仍存在著歧見，但是在解釋批判性思考的定義上，卻逐漸朝向強調合理性、省思、懷疑、及認同個人理性與反省能力。㉖這並不代表我們缺乏重要的哲學主張來探討批判性思考的意義，而是表示這些哲學家們開始傾聽彼此的意見，並修正自己觀點——就如同是一個具有批判性思考的人應該做的事情。以恩尼思爲例，如今就把批判性思考重新定義爲：「對於應該相信什麼或作什麼事情有著合理的反省和思考。」㉗在這個較爲廣泛的定義下，恩尼思也將他早期對批判性思考的定義囊括了進去：「正確地評估陳述語句」。大多數的邏輯學家與哲學家們似乎都同意，批判性思考對於解決一般的日常問題應該是很有用的，而批判性思考可以是一種習慣，或是一種美德，另外批判性思考也是省思性的（reflective）——檢視著自己來進行思考。

教師們在選擇教學策略時傾向於採取折衷的作法。由於教學條件的限制，他們必須以傳統分科的方式來進行教學，這時老師們會發現馬克培的主張比較實際，亦即具批判性的思考方式，如果可以教的話，的確必須放在不同的學科裡面來教。這時他們至少會遭遇到兩個困難：第一，大多數的教師通常沒有那種精確的能力去按照馬克培的主張來教學，他們不清楚自己所教的科目具有什麼樣的知識論特性。因此標榜著批判性思考的一般課程，通常無法達到馬克培的標準。甚至就算教師能夠掌握學科的內容和知識論的面向，問題是學生能不能達到這種程度？

第二，假設教師與學生都能夠學到各科中的批判思考方式，他們能將批判性思考帶到日常生活裡面，解決一般的問題嗎？馬克培認為，學校所教的科目內容，就是我們日常生活的寫照，但是大多的哲學家和教育學家對此則抱持懷疑的態度——如果學校裡教的東西，跟我們的日常生活並沒有關係，那麼我們需要的是一個更能合理地解決一般日常問題的方法。

92 主張某種程度地應用批判性的思考方式來解決問題，看來似乎是比較合適的作法。席格（Harvey Siegel）在批評馬克培的觀點時說：「馬克培認為『知道什麼是論證，以及知道什麼是個有效的論證，根本不足以使人們進行有效的批判性思考。』這點我同意，但是這些知識仍然是有幫助的，而能有多少的幫助，則完全要看實際的情形。」㉘馬克培曾不只一次聲明，他認為這些知識雖然多少一定有幫助，但並不會太多；但席格則相信它們對人們的幫助很大。因此，這個問題的爭議只在於程度的多寡而已，教師們儘可以採取像是「就算教學生一些有效論證和假設也無傷」的立場。

對於教師來說，更重要的問題在於到底批判性思考的目的爲何？我們爲何希望學生成爲具有批判性思考能力的人？爲什麼我們要學生如席格所說的，「適當地接受理性的驅使」？或者如同保羅主張的，去克服他們的自我中心和社會中心思想？

珍、馬汀（Jane Roland Martin）提出了這個問題：「批判性思考是否爲一純粹的善？」㉙她坦承她曾認爲是如此，但是現在卻非常懷疑到底對不對。她覺得具有批判性思考的人太常變成是一位旁觀者，而非參與者。不管是否有不公與悲慘的事情正在發生，他們依然能從容地分析論證，並以發生在別人身上的悲劇來證明自己的主張是正確的。馬汀的問題引發了有關道德上的爭議，此外也將我們的注意力轉回到之前我在序言裡提到過的觀點：將哲學問題區分爲知識論、倫理學、形上學等不同的問題，並不是令人滿意的作法。就像我們所看到的，有關批判性思考的爭議，很明顯地含有一些概念和知識論方面的成分，但是倫理學或許才是最根本的問題。

馬汀將她對批判性思考提出道德問題的文章，冠以這樣的標題：「為人類世界所作的批判性思考」（Critical Thinking for a Humane World）。她希望教育學者與哲學家們能更嚴肅地反省批判性思考的觀點：

> 我們不需要去聽深奧的演講或參加會議才能夠見識到已經扭曲了的批判性思考，只要看看在對於核戰的公共政策的討論會上，鷹派和鴿派人士如何將有關於地球上所有生物未來命運的問題，轉變為需要他們運用到批判性思考來分析的軍事科技與策略問題。另外我們也可以在對醫學倫理的討論中看到，醫師專家和哲學家們是如何把對家庭成員的生命帶來重大衝擊的各種生育和死亡之真實案例，轉變成有關「病人的最大利益」的抽象問題。㉚

面對這樣的質疑，主張批判性思考的人士可以反過來批評馬汀所舉的例子並不符合批判性思考的標準。譬如我們可以說她提到的「鷹派與鴿派人士」實際上並沒有作到眞正的批判性思考，或者我們也可以
93 舉出一個眞正符合批判性思考標準的論證，以比較其間的不同，但須注意的是，在第四章裡伯恩斯坦（Richard Bernstein）曾提到過，哲學家們對於什麼是最佳的論證還尚未獲得共識；而現在馬汀的主張又

增加了我們的不確定性：依照伯恩斯坦的說法，我們無法依賴一些概念或邏輯上的標準來分辨怎麼樣才是最好的論證，如今又因爲馬汀，我們更加不能因爲某種思考方式具有批判性，而就假設它是在道德上可以被接受的。

關於批判性思考的應用方面則引發出另一個問題：如果那些受到壓迫的族群，一但學習到如何作批判性的思考和聆聽，而開始看清楚自己眞實的處境，那麼他們也許會起而推翻壓迫者，或至少會要求改變他們目前的情況，但通常結果是這些人到後來，又像以前的壓迫者一樣故態復萌。一開始人們以高尚的道德作爲目的來進行批判性的思考，然而之後卻一變而爲卑劣的目的，或就像支持批判性思考的人士們所說的，他們隨後就捨棄了原先的目的。

保羅對於弱的與強的批判性思考的區分，到這裡就有它的用處了。我們可以想像弱的批判性思考會產生被壓迫者變成壓迫者的結果，然而相反地，強的批判性思考則不但會對自我進行反省，並會譴責違反本身信念的行爲。但問題是：爲什麼人們必須作批判性的思考呢？對此我們的回答是：爲了要保持自我的前後一致、不相互矛盾！可是人們很少在任何時刻都是保持著前後一致的態度，也許在某些領域裡表現的是這樣，一但出了領域範圍就不會堅持一定要遵守絕不自相矛盾的原則。舉例來說，如果我要在數學的領域裡活動，那麼就必須遵守前後一致的原則，但是出了數學這個領域，我就不一定要遵守這個原則，在很多情況下，我的行爲或言論都很可能會自相矛盾。所以雖然從邏輯上來說，我們不需要有任何道德的理由以採取強的批判性思考方式，但是在實際上，大多數人都有這個需要。缺乏了道德的目的，就算某人能作最強的批判思考，也會像無頭蒼蠅一樣失去方向。

經由這些觀察，讓我們更深入探討保羅在批判性思考裡所強調的「對話」。還記得保羅曾提到過，對話能使我們從自我中心及社會中心的主張中跳脫出來，在對話中我們學習到不同的世界觀和價值，並由原來的觀點轉變爲其他的觀點，或者，轉變成爲另一個更大的觀點，而我們原先的觀點只是它其中的一部份。但這樣的轉變是好的嗎？假設我原先認爲只從單一事例來進行論證是不對的，但是與一些經常這麼做的人對話之後，我也許會開始覺得：「嗯，也許那樣也沒什麼不對。」㉛如同席格所指出的：批判性思考如今身陷險境，它缺乏了知識論的基礎。

94 對於保羅來說，最好的辦法就是去接受這個結果。也許我們需要的並不是知識論上的基礎，而是如馬汀所主張的，一個道德上的基礎。從這個觀點看來，強的批判性思考的目的不只是做出最好的論證，而是爲了跟他人產生聯繫，讓這個世界變得更美好——更少的暴力、殘酷和冷漠。這並不是要我們把知識論的成分去除掉，而是應該學習用更多種不同的方式來進行對話，而這些方式並不是全部都必須符合論證的標準。從這個觀點看來，批判性思考的範圍超過了論證的範圍，甚至有別於以知識和道德作爲基礎的論證，它變成了一種像德里達（Derrida）所說的，能夠尊重別人、「讓他者成其爲他者」(let the other be）思考方式。

現在讓我們來看看溫斯坦較早提出的重要問題：「保羅式的『論證』怎麼會如此的廉價呢？」以及當他面對「青年人以肉身來抗拒宰制性的文化」時，他會如何回應？如果保羅願意把批判性的思考超越到論證的層面之上的話，那麼他就能夠回答這個問題。

馬克培對於這個問題可要大傷腦筋了，因爲他相信現在學校裡面教的各種學科，都與我們的日常生活相關。超越論證層面而進行的對話——我相信溫斯坦的說法暗示了這點，而馬汀的思想體系也需要有這樣的對話——不太可能侷限於傳統的學科裡。馬克培主張（其聲勢足以與馬汀相抗衡）：「學校科目裡的知識並非獨立、不同或無關於一般日常生活，而正是關於日常生活的一切…學校科目知識的重點就是讓人們對於日常生活有更深一層的瞭解。」㉜

或許馬克培指的是學科知識「應該」要如他所描述的那樣，但是許多年輕人「以肉身」（With their body）向我們表達學校裡的知識跟日常生活根本一點兒關係也沒有。更甚者，有許多女性主義、後現代主義、和實用主義的哲學家都認為這並不單單只是表面上的問題，基本上這整個教育體系裡，以某群特定的學科作為學校教育的內容就相當地有問題。此外，從少數人的經驗出發而建構出來的學科是否眞的具有普遍性，也同樣有待質疑。這些我們將在往後的章節中作更深入的探討，在這裡我們僅需注意剛才的這些批評是否正確即可。馬克培與其他哲學家㉝要年輕人去參與的對話，並不是唯一可能，以及唯一有價值的對話，它們也許不過只是另一種社會中心主義，而這些正是我們必須超越的。

如果我們希望教導學生以道德為目的而去進行批
95 判性思考，那麼我們該怎麼做？作法之一是採取教育
中立（pedagogical neutrality）的立場。這個名
詞曾被溫登柏格（Donald Vandenberg）所使用，意
指教師必須尊重學生自身的理性能力。㉞溫登柏格主

張，我們必須從一個以上的面向，來針對某項議題進行探討，否則那就不能算是個議題。教師對學生有份特殊的義務，他必須讓學生了解某項議題的所有面向，並交由學生自己來評判對於這份議題所進行的各種論證。多數支持批判性思考的人士都同意這點，但他們也許會再加上一點：教師同時也應該告知學生目前普遍或在特殊領域中所接受的評判標準。也就是說，我們不只是讓學生了解議題的各個面向，還必須幫助學生採取適當的判準來對各種觀點進行評斷。

然而，堅持採取某種特定的判準可能會違反了教育中立的原則。舉例來說，假設有一位教自然科學的老師，他儘可能地向學生呈現出科學領域中有關於創造的所有觀點，但是他卻要求學生以特定的科學判準來評判這些觀點，試問這樣作是尊重學生的理性能力嗎？他有沒有把學生當作完整的個體來看待？他有把他們看作是來自不同宗教和道德文化團體的個人嗎？毫無疑問地，在教育中立的要求之下，老師可以讓學生瞭解，在每一個創造的故事背後，是有哪些判斷的標準在支持它們。但是如果老師強調最後的判準只有一種的話，那麼就是違反教育中立的原則，而同時也導致了弱的批判性思考。

在我看來，教育中立其中一個重要的目的，就是從道德的角度來促進批判性的思考。我們的目的不僅僅在幫助學生了解各種的論證，並判斷出哪種是最好的論證，更進一步的目的在幫助學生去瞭解持有這些觀點（其中有些觀點相當惡劣）的人們，並讓他們對於人類未來可能遭遇到的情況有所警覺。藉由這樣的批判性思考，我們希望受過教育的人們不再假借某些偉大的名義，去互相攻擊或以殘酷的方式對待別人。然而要注意的是就連這樣的想法也必須要開放給大衆討論。我認爲批判性思考應該遵循這種道德目的，但別人可能不同意我的說法，因此依照我的原則，他們的觀點也不能被忽略。

教育中立不同於道德或知識上的中立。我也許強烈地相信某種行爲是道德上錯誤的，或某種言論和解釋從知識的層面上來說是不對的。而雖然我可以將自
96 己的信念和理由與學生們分享，並希望他們能夠接受
我的想法，但是在教導學生時，我依然負有特殊的道德與知性上的義務，我必須將與自己相反的觀點也呈現在學生眼前。堅持教育中立的原則是沒有終點的，而我教導學生的方式，正能證明我所持的理念。我能夠論證教育中立是正確的(而這也正是批判性思考的目的之一)，而如果我相信我的論證是對的，我將會不斷試圖說服別人。但更重要的是，由於我所作的批判思考是以道德爲基本原則，有些不合人性的策略我將永

遠不會拿來用在別人身上，同時我也願意一直參與各式各樣的對話，不論其中的論證是否符合批判性思考的標準。

問題討論

1. 我們怎樣論證老師教導形式邏輯，可以增進學生思考的批判性呢？是否還有其他的論證方式？
2. 形式邏輯對數學的教導和學習上有什麼幫助？
3. 爲什麼學生可能會在以下的三段論證中作出這個無效的結論？
   1. 若 X 是魚，則 X 能游水。
   2. 我能游水。
   3. 我是魚。
4. 中學的數學老師可以怎樣來使用〈愛麗絲夢遊仙境〉這本書？
5. 恩尼思早期對「批判性思考」的定義是「正確地評估陳述」，這樣的定義有什麼優點和缺點？
6. 爲什麼某些傾向和智識能力對批判性思考是不可或缺的？
7. 「弱的」和「強的」批判性思考的區別是什麼？
8. 有所謂普遍的思考技巧嗎？
9. 從哪方面來說，「認識自己」對於批判性思考而言是重要的？

10. 批判性的思考方式對於民主政治而言是必要的嗎？
11. 批判性的思考方式在數學和在歷史領域裡有何 97
不同？
12. 保羅式的『論證』怎麼會如此的廉價呢？
13. 學校科目與日常生活有直接的關係嗎？
14. 爲什麼馬克培的觀點會被批評爲「菁英主義」和「排外的」？
15. 恩尼思如今把批判性思考定義爲「對於該相信什麼或做什麼所作的合理反省和思考。」這和他早期所作的定義並不相符，爲什麼會如此？
16. 了解假設和什麼是有效論證，對於批判性思考會有如何與多少的幫助？
17. 批判性思考如何被扭曲，並用以達成不符人性的目的？這樣的思考是眞正的批判性思考嗎？
18. 馬汀將某些從事批判性思考的人稱爲「觀察者」，她的意思是什麼？
19. 教育中立與道德或知識上的中立有何不同？

推薦書目

想要對於本章的主題與主要的議題有全盤性的了解，請看巴隆（J. B. Baron）與史登柏格（Robert J. Sternberg）所編著的《教導思考的技巧：理論和實用》（Teaching Thinking Skills: Theory and Practice）；恩尼思（Robert Ennis）於一九八九年出版的《教育研究者第十八輯》（Educational Researcher 18）第三號，頁數 p.4 － 10 中發表的論文《批判性思考與學科分門：證明與所需要的研究》（Critical Thinking and Subject Specificity: Verification and Needed Research）；馬克培（John McPeck）的《批判性思考與教育》（Critical Think and Education）；諾瑞斯（Stephen R. Norris）的《批判性思考的普遍化》（The Generalizability of Critical Thinking）；理查、保羅（Richard Paul）於《非形式邏輯公報第四輯》（Informal Logic Newsletter 4）第二號，頁數 p.27 發表的論文《教導強的批判性思考：自欺、世界觀以及辨證的分析》（Teaching Critical Thinking in the Strong Sense: A Focus on Self-deception, World Views, and a Dialectical Mode of Analysis）；哈維、

席格（Harvey Siegel）的《教導學生如何推理：理性能力、批判性思考和教育》（Educating Reason: Rationality, Critical Thinking and Education）

第六章
知識論與教育

98 知識論是哲學中一門極重要的分支，它研究有關知識的問題。即使是簡短的討論，也會牽涉到非常多知識論的理論及議題。雖然如此，教育學者仍須對傳統知識論中的問題稍加了解，以評估教材、教法，以及知識和權力之間的關係。這些問題包括：我們應該堅持說，我們所教的東西必然爲「眞」嗎？如果是，那「眞」的意義是什麼？另外，關於某些特殊的教學方法，例如小團體的學習方式，其結果與成效的說服力有多強？還有，如果發現說，某些知識祇由特殊團體所獨有，會造成社會和文化權力的壟斷，那麼我們應該馬上讓所有的學生都可以獲取這些知識嗎？這種舉動，可以經由知識論的論證而成立嗎？此外教育學者也必須經由對知識論的探討，以了解近來關於建構理論的爭議。

而且，身爲一個教育者，所有的老師都會對這個問題感興趣：怎樣才算是「知道」？當學生說出正確的答案時，他就算是「知道」了嗎？(你可以假設有其他同學暗示他答案，而他根本不知道爲什麼這個答案是對的；或者假設當某個學生解釋爲什麼他要這樣解數學題目的時候，妳發現他的解釋根本不合邏輯)

本章將由幾世紀以來居主流地位的知識論觀點開始，追溯這個觀點最早的起源：蘇格拉底和柏拉圖，

一直到它後來發展的情形。在我們進行的同時，有件 99
事是必須謹記在心的：雖然我們現在所謂的「基本問題」，在古代都有跡可尋，但是知識論眞正的起源，乃是笛卡兒。從笛卡兒開始，「主體(Subject)」的概念就主宰了整個知識論。他認爲，是「主體」在進行著記憶、認識和創造知識的過程。近代的許多爭議，都集中在反對笛卡兒對主體和客體的區分，以及什麼是存有的本質上面，此外，持自然主義觀點的哲學家和後現代主義學者，則把焦點擺在「哲學」在知識理論中所扮演的角色上。從笛卡兒到胡塞爾以來，有許多哲學家主張：知識論是哲學裡面，一個相當特殊且無法由經驗證明的領域。而等一下我們會看到，其他的哲學家則認爲，這樣的主張要不是不切實際，就是完全錯誤的。

在介紹過基本背景之後，我們將會討論有關教育方面的知識論，最後的結論呢，則是對建構理論作批判，並且討論它對近代教育學，以及對教育研究的影響。

證成之眞信念（Justified True Belief）

在一次對話中，蘇格拉底和他的弟子 Theaetetus（對話錄中的人名）①展開對知識的探討，他們首先討論知識有沒有可能是一種感官經驗。將知識定義爲感官經驗的主張是不容忽視的，因爲我們的確經常以感官經驗作爲我們知識的基礎。在許多情況下，說「我看到」、「我聽到」或「我感覺」幾乎就等於說「我知道」。但是蘇格拉底和 Theaetetus 同時也注意到，我們也常把一些不是由感官接收到的事情稱作知識。以下這些是我們認爲我們知道，但是不會認爲這些是經由感官得到的知識：如果一件物品全部上下都是紅色的，那麼它就不可能同時也是綠色的；一個陳述事實的語句不可能同時是眞的又是假的；如果p眞，且q也眞，那麼 $p \wedge q$（p且q）也會是眞的。由於發現到有些事情是由我們的心靈認知到，而不一定需要感官的參與，因此蘇格拉底和 Theaetetus 下結論說，知識並不等於感官經驗。（蘇格拉底的這個結論受到一些後起的哲學家攻擊，他們主張觀察語句（observational statement）——以感官經驗爲基礎的語句——乃是知識的基石。）

接著蘇格拉底又問，知識有沒有可能是一種意見。但蘇格拉底很確定地說，如果某甲對於某件事所

持的意見或信念是錯誤的話，我們不會認爲某甲具有
對這件事情的知識。譬如說某甲說「我相信3+2=6」，
我們肯定不會說某甲「知道」3+2=6。因此錯的意見
或信念就排除在知識之外了。（這點也有待質疑。近 100
代有一些哲學家對此抱持懷疑的態度，其中有些人認
爲這要決定於某甲如何處理他所謂的知識。）

然而連眞的意見也不能達到蘇格拉底對知識的標準。讓我們這麼說好了，假設某甲相信地球是圓的，雖然他的信念沒有錯，但是問他爲什麼如此相信，他卻拿不出一個令人信服的理由，這樣我們能說某甲是眞的知道地球是圓的嗎？又或者看看經常發生在學生身上的例子：某乙將一題數學題目的答案寫出來後，卻不能跟老師解釋他是怎麼做出來的，大多數老師面對這種情形，都不會給這個學生分數。「你要告訴我你是怎麼做的呀！」是許多學生經常從他們的數學老師口中聽到的要求。我們跟蘇格拉底一樣，都認爲別人必須能夠爲自己的想法提出證明，才算是眞的具有知識。

不知在這段對話中的蘇格拉底是否代表了柏拉圖式的尋求確定性（certainty）？或是伯恩斯坦和杜威口中的「柏拉圖第二」？但可以確定的是，之後的哲學家重新地探討了確定性的問題，並試圖建構起一

個完整的知識觀點——證成的眞信念（Justified True Belief）。但是蘇格拉底則似乎對確定性沒有什麼信心，他曾不斷試圖警告我們，追求確定性的想法到最後勢必會失敗。然而，讀者們還是應該來了解一下這個迷人的觀點。總結幾世紀以來，領導整個知識論發展的觀點如下：

我們可以說 S 知道 p(命題)若且唯若：

1. S 相信 p。
2. p 是眞的。
3. S 對 p 的信念有合理證成（意即 S 有很充分的理由去相信 p）。

上述這些標準是不能滿足蘇格拉底的要求的，因爲對他來說，要有合理的證成或適當的解釋，就牽涉了知識的成分在內——然而這卻正是他一直想要定義，而無法定義的東西。儘管如此，大家還是普遍接受這個知識的定義（這個定義尚有許多不同的形式），並認爲這已經是我們能說最接近「知道」的意思了。當你唸到越多有關知識論的東西之後，你就會看到哲學家們對於這三個知識的標準，特別是最後一項，有著相當多的爭議。

基礎論（Foundationalism）

剛才我們已經討論過對一個人而言（假設說S），
知道某件事（假設p）是什麼意思，但是哲學家的興
趣遠勝於此，他們更關心的是，一個命題若要成爲知
識，那麼它需要什麼樣的條件。有相當多的爭議都集
中在主張某命題爲知識所持的理由上。到底我們說某
人有合理的理由或解釋去相信某件事情是什麼意思
呢？蘇格拉底認爲，當我們要爲相信某件事 p 提出理
由時，實際上就是在宣稱我們還知道其他的命題 q 、
r 和 s 等。爲了要證明這些命題不是憑空揑造，我們必 101
須拿出其他更多的理由，直到最後到達某個命題，假
設說 t ，我們就再也不能爲 t 舉出任何的理由。如此
一來我們對知識的定義即不可能完全滿足原先的要
求，我們無法證成信念 t 。

爲了達到蘇格拉底的要求，我們必須以不可懷疑（indubitable）或自我證成（self-justified）的信念作爲所有信念的基礎，這樣的信念並是所有知識的基礎。希望爲知識找到一穩固基礎的哲學家（也就是所謂的基礎論者），提出了兩個基本的方向：一爲理性論者主張，不斷向後退的理由可以在某個階段上停止，這個關鍵點就是當我們碰到所謂「自明」（self-evident）的語句的時候。這種語句包括了當

蘇格拉底駁斥知識並不等同於感官經驗時，所指的「由理性推理所得到的眞理」（truth of reason）。

現在讓我們來看個例子，假設多年沒回鄉的你，遇到了一位來自家鄉的老友。你們談到了鄰居、朋友、以及多年不見的同學們。你的那位老鄉告訴你，在你小時候常爲了你踩過他的草坪，而對你大吼大叫的王伯伯，現在還活的好好的，嗓門和以前沒兩樣。而且不只如此，你幼稚園時的陳老師也一樣還在人世。現在假設我們寫下：

1. p：王伯伯現在還活著。
2. q：陳老師現在還活著。

你也許會要求能證明這兩個陳述語句的證據，而如果你或你的朋友可以證明這兩個語句的眞實性，那麼你就會得到以下的結論：

3. $p \wedge q$：王伯伯現在還活著且陳老師現在還活著。

這個語句是否成立，是不需要有其他理由的。如果 p 是眞的，且 q 也是眞的，那麼（p 且 q）毫無疑問也會是眞的。同樣地，如果我們確定 p 是眞的，那麼在亞里斯多德邏輯裡，~p 不可能同時也爲眞。有許多哲學家把數學的基本命題，也當作與邏輯命題一樣，同屬於自明的眞理，但是我們發現，數學眞理的本質中存在著許多矛盾——當我們超越基本算術的範圍時尤其如此。

如果我們循著這個方向繼續嘗試爲知識建立確定性的基礎，我們很可能會發現，如此一來對於獨立於我們心靈之外的外在世界，人們能談論的東西變得非常地少。知道 $p \wedge q$ 這個命題爲眞，對分別知道 p 和
q 爲眞的我們並沒有增加任何知識。在與老友的對話 102
中，眞正使你感到驚奇的，是 p（或 q）這個命題本身：「什麼？！王伯伯還活著？天哪，在我五歲的時候他看起來像已經有一百歲了，我一點也不相信！」你的老友應該要如何讓你相信呢？

經驗基礎論者企圖藉由我們的感官經驗來建立確定性，因此你的朋友可能會說：「我難道會開你玩笑不成，我自己昨天就見過他。」也許這就足以令你信服，但或許你還是覺得難以置信，於是你說：「你一定是弄錯了，我要親自去看看。」放下一切事情，你就出發去看他口中的「王伯伯」。在看過這位老先生後，你終於作出結論說：我看到王伯伯了。

這樣的陳述——一種現在式的觀察報導——幾乎是最基本的了，很少再有人會要求更多的證據。但顯然我們不能從這方面來建立絕對的確定性，理由至少

有兩個：第一，當你離開王伯伯，你的觀察報導就馬上變成過去式的了：我曾經看過王伯伯。雖然這份報導仍舊非常具有力量（特別是對你——報導這件事情的人而言），但是它既不是「不可抨擊的(unassailable)」，也並非「不可矯正(incorrigible)」的，也就是說別人可以懷疑你的報導是否屬實，他們的懷疑是相當合理的，因爲目前已有非常多的證據顯示，所謂眼見爲憑的報導是相當不可靠的。

第二，你也很有可能對你自己的觀察產生懷疑。譬如我們經常會這麼說：「我眞不敢相信我的眼睛！」也許這個長得像王伯伯，而且住在他家裡的人，根本就不是王伯伯本人，而是他的哥哥或弟弟，甚至是個冒牌頂替他的騙子。類似這種類型的問題，正是理性論者會對經驗論者提出的挑戰——感官經驗終究是不可靠的，你必須再去尋找另一個絕對可靠的、不可能懷疑的基礎。

就是在這樣的要求下，導出了笛卡兒有名的那句話：我思故我在。笛卡兒唯一無法懷疑的事情，就是他正在思考。正是這個懷疑的行爲證明了他思想的存在。但是笛卡兒的思想體系必須依賴在上帝的存在（爲此他曾提出兩個證明），以及假設上帝不會欺騙人類這幾點之上。讀者可以用笛卡兒的思想實驗來試試這裡舉的例子：你怎能絕對確定那個你看見的老人就是你所認識的王伯伯呢？你怎麼知道你不是被那個人所欺騙了呢？而你又怎麼確定自己不是在作夢呢？

今天大多數的哲學家都已經放棄了尋求絕對眞理或確定性，但來自所有不同領域的思想家仍結合了觀察語句和自明眞理，以作爲他們知識主張的後盾②：科學家們爲了回應對於一人式的（one-person）觀察報導的反駁，他們要求科學實驗或觀察都必須具有「可重複性（replicability）」，也就是說所有的實驗員或觀察者皆能夠在同樣的情況下看到相同的結果；在法律的領域裡，如果我們能以毫無爭議的事實和有效的邏輯推演，完整地解釋一件事情的來龍去脈及前因後果，我們就說這個案件已獲得了證實；而在 103
日常生活裡，我們以相同的方式來支持我們的論證：通常如果我們認爲某個說話的人是相當可靠的，那麼當他說「是我親眼看見的」或「我親耳聽到某件事」時，整個局勢就算大致底定了（但這些又引發了另一堆有趣的問題，我們以後會討論到）。

有些哲學家則提出「可錯的基礎論（fallible foundationalism）」的主張。他們承認尋找具有絕對確定性的原初信念已經是件沒希望的事了，但是他們運用機率理論設法來建立某種程度的確定性③，然而由於這種方式可以與其他非基礎論的方式相容，實際上就等於是背棄了基礎論。在我們對其他非基礎論的觀點作更深入的探討之前，讓我們先對「眞」的意義進行討論：若是解釋知識的意義必須牽涉到眞的陳述語句，那麼「眞」的條件是什麼？

眞（Truth）

很自然的，大多數人都會同意蘇格拉底所說的，假設命題 p 是錯的，而某個人 S 說他知道 p ，我們不會認爲 S 是眞的具有對 p 的知識；此外，當我們發現某件事情原來是錯的時候，我們會將這個東西從我們相信的事情當中剔除出去，但問題來了，所謂 p 是眞的的意思是什麼？這個命題的眞值是如何建立的？這裡會讓我們困擾的是，知識——人們一直以來想定義的東西——是否假設了若命題 p 爲眞即暗示必須有人知道它爲眞？有許多哲學家和神學家都接受了一種觀點，即把對世界上——不論過去、現在或未來——的每個物體和事件的陳述或信念，都解釋成早已存在於上帝的心靈裡。因此眞理是獨立於人的心靈之外的，需要人去發現它。當人們發現了這些眞理，並能爲自己的信念找到合理的基礎，那麼他們就能夠宣稱自己是有知識的。從這個觀點看來，知識是屬於人類所獲得的眞理的子集合（subset）。

或許你還記得在第二章裡杜威的看法。他認爲知識的範圍較眞理大得多，對他而言，所有作爲解決問題指導原則的陳述或信念，都可以被歸類爲知識。但並不是所有的陳述都可以通過考驗，唯有通過者才能被我們稱作是「眞的」（杜威比較喜歡把它們叫作是「證成的主張（warranted assertability）」）。我們往後會再回到杜威的觀點上面來，並討論其他反對有固定且絕對之眞理的觀點，但現在讓我介紹先一些相對的看法。

哲學家們並不一定要接受眞理（此爲英文裡開頭爲大寫 T 的 "Truth"，包括了所有眞的陳述和信念）是存在於上帝心靈裡的主張，才能說眞理是獨立於人心靈之外的。否定了內含眞理之無限心靈的存在，哲學家就必須訴諸「事物狀態（state of affair）」——物體和事件的狀態。他們主張這些事物狀態正是眞
的陳述語句所對應的對象，這就是「眞」的理論中符 104
應論（correspondence theory）的基本說法。從這個觀點來看，一個眞的語句乃是與事實符應的。（這個看似簡單的說法，引發了整個牽涉到什麼是「事

實」的哲學思想體系。事實等於「事物狀態」嗎？等於信念嗎？等於語句本身嗎？或等於某種完全不同的東西？）

但還是讓我們對符應論所提出的這個看似合理的主張作更深入的探討。符應論的解釋，的確符合我們日常會話裡使用「眞」和「眞理」這兩個詞時的用法，當我們說「宏國隊昨天贏了球賽」或「現在正在下雨」時，這些陳述句的眞假就決定於宏國隊昨天是否眞的贏了球賽，以及現在是否的確在下雨。因而在應用層面上，人們乃是以所謂「局部（local）」的觀點來看待眞理。

但是我們眞的可以用這個方式來解釋眞理嗎？假設某人說「屋大維擊敗安東尼和埃及豔后克利奧佩特拉的亞克丁戰爭發生於西元前三十一年」，根據理論上來說，這句話不是眞就是假，主張符應論者會說，這句話的眞假決定於其所陳述的事件是否眞的發生在西元前三十一年，然而在現實生活中，人們卻無法將陳述語句與實際的事物狀態對照，以確定語句的眞假。前面那句「宏國隊昨天贏了球賽」擁有許多的球迷的親眼目睹和錄影存證；可是相對的，發生在過去或遙遠地方的事件，要建立起這樣的符應關係就沒有如此容易了。歷史學家可能會以建立文獻之間的聯繫來達到這個要求，但這通常是不太可能的，接著歷史學家必須檢視這句陳述是否與其他已經確定的事件相容。事實上，有許多歷史「事實」由於其原來的內容與已經被大家接受的信念矛盾，而因此遭到修改。以這種方式測量是否合乎眞理（或知識）標準的理論就稱爲融貫論（coherence theory）。

然而主張符應論者也無須爲這個例子而過分苦惱，他們大可反問那些已經被大衆所接受的信念是如何成立的，而可以確定的是，在這些信念中最可靠的絕大部分來自於與事實的符應。因此他們就能夠主張，以是否與其他信念融貫來決定要不要接受某個陳述的這個方法，最終仍須依賴在其與獨立於人心靈之外的物體和事件的對應關係上。

但再讓我們看看這樣的陳述句 p：「2+3=5」。數學的符號，譬如數字，並不對應於任何外在世界中的物體或事件，而當它們去對應，例如兩杯水加三杯砂糖時，陳述句 p 不一定爲眞。因此當 2 和 3 指的是眞實世界裡的物體（也就是可以被我們的感官所感覺到的物體）時，則 p 需要有適當的解釋。在數學領域裡，數字（1、2、3...）指涉數目（一個、兩個、
105
三個...），但數目卻並非事物狀態中的組成要素或成分。柏拉圖學派爲了解決這個問題，建構了一個能通

過直覺而被我們心靈得知的理型世界，因此像是數目、直線、三角形、以及其他的幾何圖形，都以純粹的理型存在於這個特殊的世界中。但雖然如此，堅持語句和語句中的部分都對應於可觀察世界裡的對象仍有一定程度的困難：第一，如前面提到過的，當觀察語句必須以過去式表現時，它就失去相當多的說服力；第二，我們的語言中有相當多的部分並非指涉事物狀態，而是指涉其他的語言；第三，我們會觀察到什麼東西——即所謂的對象和事物狀態——實際上有相當程度決定於我們使用什麼樣的語言與理論。

由於以上這些原因，數學家們常以能否與系統中其他信念融貫，當作判斷某個信念是否為眞的標準。在最強的意義下，在數學系統中的每個陳述，都必須是某些不可化約的原初陳述（initial statements）和公理（axioms）的集合所蘊含的；若某個陳述能從公理有效地推導出來，且此公理被認為眞，則這個陳述即為眞。但融貫論無法給我們一個眞理的普遍標準，因為不同的公理系統可能產生不同的「眞理」，因此數學家們到最後通常只求有一致性，並將自己提出的主張限制於某個特殊的公理系統上。

如同我曾提到的，在日常生活裡我們經常使用非正式的符應與融貫論，來證成我們所認為的知識。哲學家們正企圖爲「所有的」知識尋找穩固的基礎，而最根本的任務就是建構一個眞（truth）的理論，若是眞的理論無法涵蓋所有的情況，那麼找到一個能作普遍解釋的知識理論的希望就更加渺茫了。

今天有許多哲學家主張捨棄傳統的知識論問題。對他們而言，眞理不過是「局部的（local）」，是權力運作下的結果，或是語言的人爲產物，並不指涉任何超過語言範圍之外的對象。然而在這些嚴格的觀點之下，我們依然可以探討說眞話和說謊這兩種不同的情形。一個人可以誠實地報導發生的事件，或巧詐地欺騙聽衆；他可以傳達對別人有用的資訊，也可能掩飾或傳達錯誤的訊息，使別人陷於無助和依賴當中；他可能以符合一般習慣的方式使用語言，或使用違反習俗的語言，讓聽者難以從他的言談中獲得意義。雖然這些哲學家放棄了普遍眞理（大寫開頭的Truth）的主張，但個別的眞理（英文中小寫開頭的truth）則依然存在。

非基礎論的知識理論

有些哲學家還是對知識論抱持不變的興趣，雖然他們已經放棄追求絕對眞理，或甚至放棄建構一個能夠解釋所有知識領域裡的眞理的理論。例如我們先前看過的杜威，他比較喜歡講「證成的主張」而不講「眞理」；而波普（Karl Popper）說眞理是一種「規律性的理想」（regulative ideal），是儘管我們再
106 如何努力也無法企及的某種東西④。從他這個觀點來看，我們無法建立科學學說的絕對確定性，但我們可以證明某些主張是錯的。一但經由科學家推測而發現某些學說的錯誤後，人們就捨棄或修正這些學說，此時，我們與眞理的距離就更加接近了。由於波普相信我們最佳的作法，是不斷進行推測、試驗、和推翻的過程（雖然有些假說可能經得起一再的反駁，但依然不能完全確定爲眞），因此他主張所有的科學假說與理論都必須要在原則上，以可能被證明爲錯的方式來建構。

除了基礎論以外的另一項選擇是自然主義（naturalism），杜威是著名的代表人物。自然主義其中的一個分支「外在論（externalism）」，則主張取代傳統對知識必須具有合理證成的要求，轉而著重於人如何從單純的信念發展到宣稱擁有知識的整個

過程上。假若依照這種想法，則我們關切的將是造成某個信念的原因是什麼，而如果信念與原因之間的關係是正確的，那麼我們就能夠接受由信念成為知識的這份轉變。在這裡，如同對於經驗論一樣，感官經驗再一次地扮演了重要的角色。譬如說，如果我相信昨天李登輝總統曾經到過台大的校園，是因為我看見他在那裡，那麼就是我「知道」他在那裡。這之間的差異也許在你看來微乎其微，但事實上是具有取代性質的：為了支持我的說法，我再也不需要收集一大堆的理由，然後讓我的信念變成不可錯（infallible）或不可矯正（incorrigible）的知識；我只需要告訴你我整個信念發展的過程就夠了，以日常的教育語言來說，我只須告訴你「我是如何辦到的。」這個由外在論所發展出來的科學觀點，如今也盛行於社會互動、政治運作、不經意的批判、褪色典範的積極辯護之中。

這種自然主義式的方法其優點相當顯著。如果我的解釋（就算我無法親自提出）能滿足某個領域裡的聽者，並能將整個過程都交由公眾審查，那麼就十分具有說服力了。我們不須從少數某些自明的語句開始建構我們的知識，我們甚至可以說我們有對 p 的知識，因為有某個權威 A 告訴我們這個 p 命題。當然，這個知識乃是依賴在我們相信 A 能夠解釋他是如何得到 p 的過程上。

這個由證成到解釋過程的轉變，讓我們的注意力從知識主張本身，放到認知者（knower）的身上來。現在我們想知道認知者是如何進展到宣稱自己具有知識的；當我們要對認知者所提出的知識主張進行檢驗時，我們所做的是去檢查他整個推測、試驗、反駁、修正、和修正的過程是否合理。知識論和心理學之間的界線漸漸變得模糊了，而人們再不能忽略認知者的角色而單獨研究知識。⑤

你也許會懷疑這個轉變的過程是否眞的像我所說的那樣戲劇化，畢竟蘇格拉底就是爲了想要評估人們所宣稱的知識，才會對認知者產生興趣。可是要注意的是，蘇格拉底所關切的是一個抽象的認知者，而非獨特的個人或一群人，此外他對於過程的興趣也不如
107 對接受或排斥某個主張背後的理由來得濃厚。而笛卡兒以後的近代知識論也同樣地假設單一、普遍和沒有臉孔的認知者，並以標準的判斷尺度來衡量認知者所宣稱的知識。人類實際的知識過程——無論個人或集體的——都遭到嚴重的忽視，因此我們剛剛所討論的轉變在政治與社會領域中都造成相當大的影響。

讓我們回去看剛才的例子：在這個例子裡，由於 A 告訴我某件事情，因而我就宣稱具有對這件事的知

識。這時一個理性的聽衆不但會想知道有關 A 的事情，此外如果我所宣稱的知識是有關地理方面的，則聽者會因爲：（1）A 是一位地理學家，以及（2）我是個相當值得信任的人，而傾向於接受我所說的話。但是如果：（1'）A 是一位律師，且（2'）聽者發現我有隨時會天馬行空地突發奇想的習慣，這時他就不會輕易接受我的主張了。A 的地位和我在外的名聲，這兩個條件都會影響到聽衆對我們的信任：當 A 談論有關地理方面的知識時，他的地位會造成別人對他是否值得信任的第一印象，而對我的信任感來源則必須經由我過去是否曾與他人進行值得信賴的互動而獲得。

你或許會認爲自然主義的主張相當符合目前大多數學校裡的現象：學生以過去從可靠來源所學習到的知識爲基礎，來提出知識的主張；在數學課上，他們常被問到「他們是如何做出來的」而非爲何答案是正確的，而如果他們能用合理的運作過程來提出解釋，我們就認爲他們是眞正具有那份知識的。

基礎論者可能會同意，一般人在日常生活中的確是依照自然主義者所說的來一步步建立他們的知識主張，但是基礎論依然堅持到最後，權威 A 所提出的解釋還是必須符合證成的判準。也就是說，作爲最終裁決的A，不能僅僅只是說明他建立知識的過程就算了。在這裡我們無法解決這之間的爭端，但有些外在論者則論證說，解釋信念的因果關係事實上就是一種證成的方法，企圖以此來調和這兩個對立的主張。⑥

杜威所主張的自然主義則不同。作為自然主義的一種形式，他同樣反對超越人類的經驗去尋求任何解釋，但是杜威關心的是信念所導致的結果，而非造成信念的原因或發生的方式。在杜威的思想體系裡，一個陳述p若要成為知識，則它必須要是有用的。這個觀點頗符合我們對於科學和在日常生活中解決問題的態度，譬如說雖然我們都很確定，今天許多科學家「知道」的東西，在未來總有一天會被推翻掉，但是我們依然把這些當作知識。杜威說，假若p接受越多的試驗和被成功地運用越多次，我們就越具有充足的理由來證成它。須注意杜威的知識論是具有實用性質的知識論，其著重於實用上的證據，而不強調經由對假設情況的推理來獲得所需的證明。⑦

108 另一種教育學者應該熟悉的非基礎論，乃是由皮亞傑為我們帶來的。同樣的，他也認為我們在研究知識時，不能忽略了對認知者的研究。他的書《發生知識論》(Genetic Epistemology) 結合了理性論和經驗論兩種主張的特徵：在一方面他同意理性論的說法，主張心靈機制，使得知識是可能的；而另一方面他也同意經驗論，主張生物必須在充滿感官經驗的世界裡檢驗他們的認識過程，而知識論者也必須同樣地對他們獲得知識的過程進行檢查。這項要求使得皮亞傑與傳統的知識論有了很大的不同，因爲多數的傳統知識論者都認爲知識論與心理學之間存在著清楚的區隔。由於皮亞傑假設知識論必須著重對於認識過程的解釋上面，故他的主張乃是屬自然主義的知識論。然而有些自然主義者，包括菲利普（D. C Phillips）在內，對於皮亞傑所主張的抽象和無法觀察到的心靈機制——即他用以解釋他的發展階段所假設的認知結構——都深感困擾⑧，他們認爲，爲什麼他的研究不集中在可觀察的行爲和其所產生的結果上呢？爲什麼皮亞傑要堅持那些與他所謂的感覺運動期、前運思期、具體運思期、以及形式運思期有密切相關，然而卻無法觀察的心靈結構？

對類似這樣的反對意見，有個重要的回答是：理論性的結構對於引導實際研究可能有著相當重大的影響。皮亞傑的發展理論至今已衍生出許多的假說，並在心理學的領域中成爲一門十分顯赫的學派。雖然如此，批評者仍指稱他的認知結構不但是肉眼無法看見（例如：電子），而且根本是原則上無法觀察的；此外，皮亞傑使用了生物學上的暗喻：「有機的」結構，但在人身上卻找不到這種東西。⑨皮氏的擁護者則爲他辯護說，這些結構的作用可從人的行爲當中被觀察到，因而最佳的解釋就是假設它們的確存在。

皮亞傑的知識論乃是一種建構論（constructivism）——在今日教育界中相當流行的一種主張。皮亞傑追溯自己的建構論主張其實是來自康德——康德他首先強調了在建構知識的過程中，認知機制與世界的互動關係。康德的學說乃反駁兩種較早期的重要主張——分別是理性論中的先天觀念和早期經驗論中對外在感官資訊的消極接收方式。他改以主張心靈的先天結構乃與外在世界進行互動，由於心靈和世界共同限制了人類的經驗形式，因此我們永遠不可能知道世界原來的樣子是什麼，只能了解在我們的經驗中所建構的世界。同樣的，皮亞傑也認爲心靈結構是人類用以認知的工具，但是他宣稱康德犯了一個錯誤：從一開始就認定心靈的結構是靜態的：

> 無論知識論上的建構特質在康德的觀點中多麼
> 的豐富，它仍然是太過於貧瘠，因為它從一開始就
> 已經是既與的。然而，另一方面，從研究心理發展
> 109 而揭露的經驗事實及科學史中，我們看到那辨證的
> 建構過程似乎更呈現了鮮活的真實。這使我們為知
> 識論加入了更豐富的建構性（雖然也加進了理性的

必要性和經驗的形成），就如康德為了要保證他的先天（*a priori*）概念所需要的。⑩

皮亞傑對於知識的發展和個人的成長過程都相當感興趣，他的知識論之所以是「發生的」，乃在於他將全人類的知識發展和個人所展現的成長過程相互比較，發現兩者十分類似；而之所以是「建構論的」，則在於他主張所有的知識（以及感官知覺）都是人們建構出來的，並非被動接受或先天即有的。現在先別急，待會兒我們還會在後面討論教育的建構論那裡，再回到皮亞傑的建構論上面來。

讓我們回顧一下本章中到目前所介紹過的知識論觀點，並比較它們之間有什麼不同：當蘇格拉底詢問在什麼情況下我們會說一個人是有知識的，他有興趣的並非那人是如何得到知識，亦即他對認知者的興趣並不比知識本身來得多。證成之眞信念（justified true belief）的知識論傳統尋找判準，以便可以將各種陳述歸類成會爲人類知識體所接受和會被擱置待更進一步研究等兩類。有些傾向自然主義的哲學家則區分開過程（我們如何得到知識）的邏輯與證成的邏輯，而這些人中的絕大部分又會將心理學（我們如何學習和認識）和知識論（知識的非經驗層面研究，以及如何建構知識）分別開來。

對於證成之眞信念本身的研究就已經夠吸引人的了：有些哲學家在自明的眞理中尋找最後的確證，而有些則從基本觀察語句中找；有些人將眞理定義爲與事實符合，有些將之定義爲與一群已接受的信念體系相容；有些反對以眞理作爲知識的判準，認爲眞理是一種理想——某種無法達致的目標，有些則攻擊證成的觀念，主張尋求過程及發展的解釋才是最佳的作法，而另外則有些人認爲向前看知識的實用性比往回看其產生之根源要來得重要。最後的兩種主張，其關切的重點已從作爲陳述與理論集合的知識，移轉到了認知者與認知的過程之上。

這項移轉與知識論的「自然化」緊密的連結在一起。在放棄了追求確定性後，某些知識論者加入了心理學、歷史學、社會學、以及人類學家的行列，研究起知識在個人、學科領域與全人類中的實際發展過程。

110 既然提到了「全人類的普遍知識」，那麼現在我們必須探討某些比瓦解了知識論和心理學之間界線還要更嚴格的觀點：後現代主義者主張，我們不可能研究所謂「普遍的知識」，知識已經完全受到社會與政治力量的污染，因此我們只能將研究的重心放在知識的社會學上。依照這個觀點，找尋知識的基礎無疑是不可能達成之事；而在解釋知識的來源以及未來可能的發展方向時，若是缺乏其意識型態之背景的描述，這份解釋就不完整。知識是由權力所建構的，不是如蘇格拉底所說的，由中立的確證（justification）所建構。⑪如同我們會在後面社會哲學那一章裡看到的，這個觀點對於教育有著相當重要的涵義。

另一方面，女性主義也針對傳統知識論提出了嚴厲的批判：一些從批判理論觀點出發的女性主義者，主張女性和其他被壓迫團體站在優先的立場爲自己所遭受的對待發出不平之鳴。持「立場知識論（standpoint epistemology）」的女性主義者主張：從女性立場出發所描述的知識，確信絕不可能獲得所謂的客觀知識。這些理論家否定了普遍知識和客觀性的主張，並認爲既然偏見是不可避免的，那麼將所有利益團體的觀點都包括到論證和解釋當中，是我們避免致命偏見的唯一方法。在所有牽涉到被壓迫團體的事務中，被壓迫團體本身的觀點具有特別的份量。⑫

女性主義理論者放棄了傳統的知識論（不論是理性論或經驗論），不只因爲她們認爲這是知性上的不當，更由它具有破壞性的政治效應。甚至當它用於解放性的語言——乃爲自由的個人和建構的主體所有——都是被利用來維持白種男性的特權。娜咪、史基緬

（Noami Scheman）寫道：「諷刺的是，經由想確保普遍公民權的同一舉措，已成為現代科學和自由政治之基石的知識論，不僅在大部分的歷史上排除了多數人種，亦對其所應許的人們建構了一種規準上的偏執。」⑬

史基緬認為，企圖藉由單一的正確方式尋求一個單一的正確觀點，這樣的知識論會導出一個瘋狂的形式，其特質是幻想某個人的觀點和他所做的結論，必然是其他每個理性思考者的觀點與結論，而不符合標
111 準觀點和／或尚未學習到正確方法的人就會遭到排除。當然，看起來這些遭受排擠的人們是由於自己的選擇、無知、或頑強反抗的緣故而受到排除。但是史基緬說，事實上他們那些眞正且可能具有解放性的觀點，都被這個宣稱理性與普遍的知識論給排除在外了。而部分同意史基緬說法的女性主義哲學家們則認為，每種傳統知識論的主張都必須自我檢視其主張是否合理；並且不論什麼情況，僅因為其學說曾被利用於政治和社會之用途，即對整個知識論傳統加以譴責是不對的。⑭

知識論的未來猶如籠罩在五里霧中，令人難以窺見其模樣。精細複雜的傳統知識論工作仍在進行中，但「自然化」的路向卻也擁有許多支持者；有些女性

主義和後現代主義者對於這種自然化的傾向表現出高度的共鳴，然而其他人卻希望能完全地脫離知識論；許多的批判理論者、女性主義者、後現代主義者、和自然主義者寧可完全放棄知識論，轉而投身於詮釋學中；從這個觀點看來，我們可以繼續對意義的尋求、接受局部的眞理及主張局部知識，但是必須放棄知識論的基本藍圖。

知識論與教育

教師通常不需要像知識論學者那樣關心知識的基礎，但是有以下幾個理由使得教師仍需注意知識論的發展：第一，教師必須判斷他們所教的材料是否爲眞，而這些材料是否眞的一定會造成影響；第二，教師們必須對教育研究所發現的「知識」進行評估；第三，教師也必須判斷，某些長久以來只保留給少數學生的學問，是否可以將之開放給全部的人？這些問題十分龐大，我們只能大略介紹並以每個範疇舉例說明，有興趣的讀者可以自行研讀更進一步的讀物或與別人討論。

一般人大都假設，我們的教材若是沒有實際上被證明爲眞的話，至少也一定是被學界所接受的。雖然我們承認，今天的科學知識可能在未來會被修正或證明是錯誤的，但我們絕不是有意將有錯或會誤導學生的知識傳達給他們。然而教科書和教師們卻經常疏於告知學生有關課程的這種暫時性質，並常對教材中所出現的省略和偏見感到內疚。舉例來說，最近幾年來，我們發覺到早期對於哥倫比亞「發現」新大陸的說法乃是基於白人種族中心主義的偏見，並且實際上歐洲的「發現者」乃是以不人道的方式對待土著，以及標準教科書中普遍忽視歷史上由下層團體所做出的貢獻。由於我們的偏見和遲鈍，我們無法為明知內容不正確，卻依然把它拿來教導學生的行為辯護。

教育學者所面臨的正是這樣的問題，他們必須決定是否要採用某些課程，以作為多元教育的一部份。
112 如果某課程挑起了部分學生團體的種族優越感，那麼我們是否應該關心這份教材到底有無錯誤？在一個相當特別的議題《教育的領導》（educational leadership）裡，學者們就針對這個問題進行辯論：馬特（Erich Martel）指出，在波特蘭、奧瑞岡、以及其他州許多學校裡使用的教材：《論非裔美國人》（African-American Baseline Essays）中出現了相當多的錯誤觀點，包括有：過分誇大、扭曲、誤解、有些甚至根據的是一些早已被捨棄的理論。設計這份教材的指導委員之一的希禮亞得（Asa Hilliard）認爲，學科內容的有效性和眞實性絕對是最重要的，但不同主張之間孰眞孰假則相當值得爭議。而另外一位支持這份教材的波羅費（Matthew Prophet）說了下面這一段話：

> 我們認為這份教材內容的重要性遠不如尊重所有文化團體的原則。對內容進行討論當然是好的，但我認為國內已經有太多人過分著重對事實的證明或辯駁，而沒有真正地了解到底其目的是什麼。我們的目的是讓學生了解，所有的人都有他們本身的貢獻…對於什麼是真理我們並不須只有唯一的答案。⑮

以上這個例子較爲少見，教育學者極少清楚地主張否定眞理的重要性。比較常見的是，可疑或帶有偏見色彩的教材常受到學者們爲之辯護，而教材的形式和來源在吸引學生的注意力上是比它的實用性來得重要的。⑯舉例來說，有些從事社會學研究的教育學者建議，我們應該找出並只使用眞實的知識來建構我們的課程，也就是說我們應該使用蒐集在學科標題下的資料——經由權威背書而成爲所謂知識的材料。此外，如松騰（Stephen Thornton）所指出的，我們也可以環繞著某些重要的問題來建構學校的課程，使得學生必須提出他們的疑問、蒐集資料、討論解決方案、並做出最後的決定。⑰我們可以看到，教育學者們對於知識所持信念的不一致，在這些不同的主張中表露無遺。

主張知識應以學科的形式呈現並經由不同的科目
傳遞給學生，與主張知識應以其產生之結果或實用性
來加以描述（例如杜威）的這兩派人士，其論戰於一
九六〇和一九七〇年代到達白熱化的階段。同時哲學
家與設計課程的教育學者們則舉出相當有力的論證，
主張應依照「學科的結構」來設計課程中科目的安
排，並提出許多堪稱爲現代經典的分析哲學主張，這
些舉動引發了一連串的爭議：每一種學科的結構是否
相同？有無某一種結構作爲所有科目之結構？如何定
113 義學科？如果學科的確有所謂的結構，是否即暗示了
這門課程的最佳安排方式？人類的認知結構與學科的
結構有什麼樣的關聯？現存的這些學科即代表了人類
所有的知識，甚或知識中最重要的部分？⑱如同我們
在阿德勒的《教育建言》和馬克培對於批判性思考的
觀點中所看到的，這些爭議至今仍在發燒當中。

除了關心教師們所使用的教材外，教育者也應該會對教育研究的結果有興趣。自從一九八〇年代中期以來，學者們就對於小型團體和合作學習有著相當豐富的研究。由於這樣的研究日漸受到重視，美國有些州甚至指示（或強烈建議）將小團體式的學習方法放

到標準的課程裡。那麼，教師應如何選擇與評估這些由學者專家所提出的大量成果和建議呢？

教育哲學其中一項任務就是去分析研究中所使用的概念，並對其採用之前提與所做的結論提出問題。雖然我本身對於讓學生們一同合作，並從彼此身上互相學習的做法，也有著相當強烈的喜好，但基於責任我仍然對今日這個十分流行的小團體式學習方法，提出了幾個問題⑲，譬如：這種小型的團體必然都是異質的團體嗎？或者需要依照能力分級？什麼樣的目標或活動適合這種異質團體？那同質團體呢？個人的學習與團體的學習之間有什麼樣的關係？團體成員應長期固定，或應定期重新組合？爲什麼？經由團體合作的工作可達成什麼樣的目標（認知、道德、情感等）？如何達到最佳的目標？教師在小型團體的工作中扮演了什麼樣的角色？

通常教師們都難以抗拒教育研究中所謂的「最新發現」。⑳的確，開放和富實驗性的態度值得鼓勵，但教師們亦應對這些研究發現提出質疑：研究者所描述的看法是否與學校中所觀察到的現象相符？研究中的前提、結論、和方法之組合是否具說服力？這中間有沒有矛盾之處？研究者所做的解釋是否具有權威性？其權威來源是否正當？（例如，就算是訓練良好的研究者也有可能對其研究之「對象」所學習的科目——譬如說數學——缺乏了解。這或許會，也可能不會成為嚴重的問題，但在某些案例中則明顯有著相當大的關係）研究者為何對此議題展開研究？這份研究是屬於某計劃整體的一部份，或另有特殊目的？研究者發現了什麼樣的困難？這個研究中是否包含了明顯的意識型態偏見？研究者是否對其偏見的存在作了誠實的揭示？這份研究是否僅滿足研究者本身的利益，而非研究之對象或其中的參與者？

將知識當作文化資產的看法所引發之爭議，亦是教師們必須注意的事情。似乎毫無異議的是，我們常
114 可以看到某些形式的知識（通常與作為大學入學的預備科目密切相關）被使用來把多數的人排除在各種資源之外。由於意識到這一點，有些理論家主張應該讓所有的學生都有權利去接觸這些具獨占形式的知識。但須注意的是，這是一個道德上的爭議，主要乃是關於社會正義，而非知識論上的適切性（epistemological adequacy）；這也是我在導論中所提到過的問題：教科書的組織方式並不能完全盡如人意。

然而以知識論的觀點來看這個議題還是相當具啓發性的，譬如說我們可以問：為什麼代數、幾何和莎

士比亞文學比木工與機械更適於作爲學校的科目？也許有人會回答說，數學和文學之所以優於實際與問題傾向的課程，乃在於它們是經由正式的規劃設計和權威審核認證的。但實際上這樣並不能回答我們的問題，因爲爲了要讓大量被強迫唸數學的學生們能儘快地適應，教科書與教師都必須以不恰當——從知識論的觀點來看——的方式來呈現其教材內容：通常數學中公理系統的本質都完全沒有被討論到，甚至在幾何學裡證明的過程也多有縮減，邏輯的關係缺乏建立，學生唸完三年或四年的數學課程後，卻根本或不甚了解其中主要理論和概念之重要性的大有人在。因此這無法爲學校科目是否具有的知識上的優越性——或甚至適切性——作辯護。

相反的，許多課程像是：木工、機械、零售、烹飪、美髮、電視機維修等，因其知識來源乃取自實務工作，故而具有相當良好的課程規劃，並適合學生學習。從傳統知識論的觀點，我們可以有力地論證，最佳的實用課程比目前學校普遍提供品質不佳的數學課程，在知識上具有更高的優越性。㉑

但是請記住，除了傳統知識論中證成之眞信念的主張外，尚有其他不同的觀點。假設知識的確是權力的來源和手段，那麼我們就應該讓所有的學生都能夠

接觸到以往只保留給少數人的知識，但問題就在於這
樣的主張太過單純化了：第一，如果特權知識就是如
此——被貼上菁英主義標籤——那麼特權團體成員所
需做的也不過就是將權力轉換到其他的東西上去，畢
竟知識的重要性只是如同資本（capital），而非就
知識論意義上的知識而言。因此人們是否擁有這份知
識並不重要，重要的是他們是否將自己所持有的知識
115 視爲有價值的。以更符合公平正義的方式來分散菁英
知識，並不會造成社會資源的重新分配，並且若是
（1）重新定義菁英知識（2）剝奪對被壓迫團體有利
的知識（3）宣佈社會已經「盡力了」，而成爲社會
上低收入階級的團體乃是他們自己造成的錯誤，這樣
的做法則會對重分配造成抗衡的效果。㉒

我們將會於下一章再回到這個主題上，現在讓我們對本章所討論過的知識論議題和觀點稍作反省，並自問這是否對於分析剛才的問題有幫助。學生所學習的材料是否具有傳統意義上的知識論適切性，這有關係嗎？教材是否具有杜威意義上的適切性，這有關係嗎？教材是否具有後現代、或批判理論意義上的適切性，這有關係嗎？

建構理論

近來於數學與科學教育中居支配地位的建構理論（constructivism）擁有多種不同的面貌——它可以是哲學、知識論、認知理論、或是一種教育主張。㉓建構理論的其中一項基本前提是：所有的知識都是被建構的，知識並非被動接收的結果。這個說法是各種名為建構理論的學說共同的前提，同時也是認知心理學的基本觀點之一。現在已經很少有學者會反對認知者乃是主動地建構自己的知識這個觀念，然而對此我們即將發現的問題是，每一個認知者建構他或她的知識都是以完全屬於個人獨特的方式呢？還是以所有人共通的認知機制來加以建構的呢？這條基本的前提並不是建構理論中帶來最強烈反駁意見的主張，只是由於它將建構論描述為一種知識論因而招致攻擊。

在教育領域中的建構論者將其理論根源上溯至皮亞傑。皮亞傑的建構論乃致力於尋找每個心理發展階段中所呈現之認知行為其背後的心理狀態。他描述了一個抽象的「知識論的主體」（epistemological subject）——類似於某個機械程式，可用以解釋我們所觀察到的認知行為。皮亞傑既是個結構主義者，同時也是個建構論者。他將心靈的結構與數學的抽象結構，生物的結構與認知的結構、種族的智力發展結構與個人的智力發展結構，統統都連結了起來。

他的主張獲得了許多教育學者的青睞，他們一致
認爲兒童必須主動學習。這些學者開始區分「發展式
的學習」和「機械式的學習」。前者被描述爲：主動
116 且長遠地影響學生，使他們在面對問題及新情境時會
有不同的處理方式；而後者則被描述爲：被動、暫時
性的、以及對日後更進一步的學習毫無益處。但值得
注意的是，在這其中存在著理論上的矛盾：如果所有
的認知行爲（甚至包括感官接收）都是主動的，那麼
連機械式的學習也應是主動的，也就是說，機械式的
學習方式必定同樣代表了某種的建構行爲。有鑑於
此，今天的建構論者在區分弱的與強的建構上都相當
地小心。

主張建構論的教師們取代了以往單方面向學生演講和上課的方式，轉而鼓勵學生主動參與設定並追求自己的學習目標。但證成教師這個轉向的理由，並不是因爲前面所說的兩種方式會助長學生被動的學習方式，原因就如我們剛剛才提到過的。比較合理的理由，是主動的學習明顯較被動式的學習來得「強」，以及，教師爲了幫助學生能有更好的學習，必須了解學生們正在想什麼，與他們是如何思考。因此建構論的教師們常常採取自皮亞傑那裡改造而來的「診斷方

法」（clinical method）：首先，他們會告訴學生：「讓我聽聽你是怎麼想的。」然後教師會開始激勵學生、提出挑戰、呈現問題不同的面貌、並對學生所選擇的解決方法是否符合實際效用提出質疑。㉔

皮亞傑的建構論同時受到自建構論內部和外部的反對意見，我們將先探討由內部發出的意見，接著再看對近來最流行的建構論觀點——激進的建構論（radical constructivism）——所提出的反駁聲浪。許多贊成建構理論的教育學者批評皮亞傑過分注重兒童與對象之間的互動關係。這些學者指出，大多數的人從別人身上學得的，比直接操控對象所學習到的還要多更多，藉由與他人的互動，我們學到基本的自我反省：我是如何得到這個結果的？這個結果成功了嗎？它對什麼有用？我要怎麼確定呢？我要怎麼向別人解釋？有其他可行的辦法嗎等等。當別人丟給我們類似這樣的問題時，我們就把這些問題內在化，並養成自問自答的習慣；此外我們也需要倚賴別人的幫助以完成許多無法獨力完成的工作。認為皮亞傑忽略了學習的社會層面的人士，經常大量地引用維高斯基所提出的言論，而近代的建構論者並將維高斯基的主張稱為「社會建構論」（social constructivism）。㉕然而，激進的建構論（radical constructivism）其主張與皮亞傑相去更遠，它不強調抽象的知識論主體，而是將個別的認知主體當作建構所有知識的中心點。哥丹（Gerald Goldin）對於這中間的差異做了以下的評論：

> 相當有趣的是，激進的建構論在發展與論證以
> 上這個觀點（知識是由個人所個別建構的，我們不
> 可能說兩個人擁有完全相同的知識）時與他們的祖
> 師爺，皮亞傑，是有這樣大的差異。皮亞傑不但主
> 張「邏輯的必然性」，並且賦予「結構」相當重
> 117 要的地位，全然與個人獨特的知識建構劃分開來。
> ㉖

基本上來說，哥丹與其他批評激進建構論的人士都反對激進建構論一邊主張採取後知識論的立場，一邊卻又不斷提出類似知識論的見解。㉗激進建構論主要遭受到批評的關鍵論點大略是這樣的：「『知道』是一個編寫的過程，它建構起個人的經驗世界，而非發現一個外在於認知者心靈、獨立且預先存在的世界。」㉘若是以上這個陳述能夠某些程度地承認有個獨立世界的存在，那麼就會獲得許多認知科學家和哲學家的同意，但對於皮亞傑本人到底是如何看待這個說法的，外界則存在著相當大的歧見。舉例來說，葛拉瑟菲德（Glasersfeld）認為，當皮亞傑使用「對象（object）」這個字詞時，他所指的是由人類的認知所建構出來的對象。因此當他談到「對象本身可被處

理」(The object allows itself to be treated)，他的「對象」早已被人的認知作用所處理過了。㉙這點我不同意，在我看來皮亞傑應該能夠區分對象本身和我們所能認知到的對象。對他而言，認知者同時受限於人類普遍共有的心靈結構和對象的本質。可以肯定的是，皮亞傑會同意知道是一種編寫的過程，以及人們並非「發現」一個預先存在的世界(這正是許多哲學家與他意見分歧之處)之說法，但我找不到證據可以說他「否定」有獨立於人類心靈而存在的世界。

讓我試著把這點說得更清楚些。請看葛拉瑟菲德是如何談論「眞實世界(real world)」中的對象：

> 直接地穿越過我面前的桌子，跟論證一個東西同時既是黑的又是白的，對我來說都是不可能的事。然而在這兩個例子裡，對我造成限制的並不是同樣的一件事情。桌子構成我身體行動的限制，乃是由於我的感官系統使我做出的區別，以及我統整這些概念的方式。能夠確定的是，假如我現在可以直接穿越桌子，那麼這就不符合我在先前的經驗中所做的抽象思考了。㉚

大多數人可能會想說，我們的感官系統在過去經驗中所做的區分，至少某部分可以追溯到一些實際的對象如：桌子、椅子等，而感官系統的概念則對我們的感官暗示了對象的存在。正如幾項批評所指出的，如果激進建構論者認為我們的感覺和認知乃是理論負載的（theory-laden），且所有的知識都是經由認知結構和理論而產生，那麼他們就與近代的許多理論有
118 異曲同工之處。然而如果激進建構論者主張沒有獨立於心靈而存在的眞實（reality），那麼他們所論證的路線即是早已被捨棄的。

後現代主義的思想家則對激進建構論者提出了相當不同的反駁：第一，如果他們的主張眞的是屬於後知識論，那麼為何還談眞實的本質？為何還回應諸如數學的確定性和其他等傳統的問題？激進的建構論者應該要像維根斯坦一樣，將知識論當作「心理學的哲學」放在一旁。㉛另外，建構論者常用以解釋認知者為何接受或捨棄各種信念的概念：「可行性(viability)」，則可以限制在實際的研究上使用。舉例來說，如果教師能夠知道是什麼原因會讓學生去修正錯誤的觀念，或執著於某些似乎對學習毫無助益的看法，對老師而言會是相當大的幫助。「可行性」不一定要被解釋為知識論上的概念，因為這麼一來會招致如蘇賀廷（Suchting）所提出的批評，即「可行的（viable）」與「證明的（verified）」、「檢證的（confirmed）」等沒有明顯的不同，而其他知識

論的名詞又常被視為與眞理的概念有密切關係，或成為眞理的代替詞。㉜因此決定其理論是或不是屬於知識論的主張，就變成了建構論內部急需解決的問題。

第二，如我們所看到的，後現代主義思想家們對於「建構的主體（constituting subject）」這個概念提出了嚴厲的反駁。以後現代的觀點來看，人類並非具有自主性，而能創造自我眞實世界的主體，甚至連人是如何建構知識的方式都有問題。做為與處境有密切關聯的認知者，許多我們所知道的事情是在一種非常微弱意義下被建構出來的。我們是時空下的產物，簡單的說，我們其實是「被建構的主體」（constituted subject）。身為主體，我們的確擁有某些力量，而我們的認知作用可能也相當地具有建構性，但我們就是不能建構眞實。後現代主義者會說，就某種意義上而言，建構論者保留或甚至強調了笛卡兒知識論中的重要特徵，而那些正是他們所應該捨棄或必須加以挑戰的。

對於教師們來說，建構論是不是一種知識論或許並不重要，而如果是，它的主張是否合理也沒啥大不了。作為一種認知學說，建構論明顯地是一個相當具有力量的主張，但並非是唯一的。另一方面，由於杜威提供了一種主動積極的學習者之觀點，因此若是能仔細研究他的作品，建構論或能從中獲益；他們也應好好研究皮亞傑的學說。杜威和皮亞傑在重要的議題上有什麼不同的見解呢？他們倆個都是徹底的互動論者，同樣將認認知者和被認知的事物放置在一個可能的經驗世界當中；但追隨康德學說的皮亞傑，假定在每個發展階段中的心理活動都有某種認知結構來加以描述，然而杜威則較傾向於研究可見的行爲、說話者
119 的意圖、以及可觀察的結果。此外，皮亞傑主要的興趣是在發展，並非教育；而杜威則將全副的心力都集中在教育上，並因此把教育哲學置於所有哲學的中心。

教育學者們亦應謹記，採取建構論的許多主張並不代表一個人就必定是建構論者；同樣地，就算是建構論者也無須採用所有由建構論原理所推導出的教育方法。

結論是，當你越來越深入於建構理論之中，你可能會提出類似我們在過去曾提過的問題：(1)由建構論者所建議的教材符合其理論的特殊判準嗎？也就是說，這些教材能夠產生有力且可行的建構作用嗎？(2)關於建構論者的研究有無問題？某些概念是否需要加以澄清？是否有其他的選擇被忽略了？有沒有前後不一致的情形？(3)社會學的知識有無受到應有的重視？

學生是否有受到鼓勵去質疑他們所學習之科目的重要性？他們有沒有學習到任何關於知識與政治力量之間的關連？

問題討論

1. 我們應該將眞的意見（true opinion）當作知識嗎？爲什麼經常當學生只有眞的意見時，我們就認爲他是有知識的？
2. 在什麼情況下，假設某人相信的事情是錯誤的，我們還是可能說他有知識？
3. 什麼樣的陳述語句可能會爲知識提供適合的基礎？是否有其他的來源可能作爲知識的基礎呢？
4. 我們需要有眞理的概念嗎？
5. 爲何哲學家們可能比較喜好對於知識發展過程的解釋，而不是傳統上所謂的證成之眞信念觀念？
6. 杜威講求實用性的知識論有何優缺點？
7. 知識論中的假設對象與一個眞實、具體的對象有何不同？
8. 立場知識論如何挑戰傳統知識論？

9. 知識論與心理學之間完全沒有關係嗎？
10. 在選擇學科內容時，有比眞理更重要的價值判準嗎？
11. 分科的知識有何優缺點？
12. 知識所具有的文化權力是比其是否作爲證成之眞信念更重要的判準嗎？
13. 激進的建構論者與皮亞傑有何不同？
14. 所謂什麼是「建構的主體（constituting subject）」？而什麼又是「被建構的主體（constituted subject）」？
15. 建構理論主導了數學和科學教育中關於理論的探討。你認爲爲什麼這種情形會發生？
16. 杜威與皮亞傑的知識論主張有何不同之處？

推薦書目

120 讀者如果想要找本可讀性高，且涵蓋知識論所有範圍的入門書，請看齊士荷(Roderick M. Chisholm)的《知識理論》（Theory of Knowledge）；想了解杜威的知識理論，請看他的《尋找確定性》（The Quest for Certainty）；討論融貫論，請見雷婁（Keith Lehrer）的《知識理論》（Theory of Knowledge）；想對建構論有初步的了解，請見皮亞傑的《哲學的洞見與虛幻》(Insights and Illusions of Philosophy);討論教育中的建構理論,見戴維斯(Robert Davis)、馬何(Carolyn Maher)、和諾丁(Nel Noddings)共同編著的《從建構論觀點看數學教育與學習》(Constructivist views on the Teaching and learning of Mathematics)

第七章
社會科學的哲學與教育研究

121 在上一章裡，我們看到為知識尋找一個絕對可靠的基礎，雖然是件很迷人的工作，卻已使大多數的哲學家得到這樣的結論：沒有這種基礎存在。即使是觀察，最基本的科學活動，現在都已經被認為是理論負載的（theory-laden）。在教育研究與其它的社會科學裡，自然科學中經常使用的量化方法，也引起學者們的懷疑。首先，我們將簡短的討論科學哲學中科學知識的本質，接下來探討教育裡有關量化與質化的研究所引發的爭論。最後，我們將嘗試把前面兩個部份的想法應用在某些教育研究的案例裡。

科學是如何產生演變的？

在我們先前討論到，知識是否為證成的眞信念時，我們稍微提到了一下波普（Karl Popper）的主張。波普的基本理念就是，接受某個科學信念是永遠不可能被完全證成的。波普說，我們所能做的，是證明我們的主張禁得起一次又一次的考驗與反駁。根據波普的說法，這就是科學演進的方式。科學並不是由於一點一滴的累積而造成改變，而是經由企圖對舊有的主張進行大幅度的修正所致。有些主張被人們捨棄了，有些經過修改，有些重新加以定義並強化其內容。但就算是經過強化的學說，總有一天也會遭遇被人們駁斥的命運。

波普主張科學只能經由否證（falsify）自身的 122
學說才能繼續下去的說法，已經引起許多的科學家及哲學家們將「否證」這個概念視爲分辨科學與非科學主張的判準。從這個觀點出發，「科學」的主張首先必須要清楚的顯示，哪些證據可以否證自身的學說。舉例來說，假設我們主張從一根螺旋狀的管子發射出去的質點，其路線會是彎曲或呈螺旋狀的，那麼相當明顯地，當我們觀察到出現其他類型的路線時——例如呈現出與這根管子的曲線相切的一條直線——即否證了我們原本的主張。

然而，像是佛洛依德所主張的潛意識作用又該如何加以反駁呢？在這一類學說中無可避免的難以檢驗，已使得部分的科學家與哲學家們開始懷疑佛洛依德的研究是否可被稱爲科學。近來就有個實際發生的例子，美國心理學會（American Psychological Association，APA）曾對所謂「恢復的記憶」（recovered memories）引發過不小的爭議。一部份的心理學家堅信，病人在早期遭受到性虐待的記憶，可以經由適當的心理學方法，從其潛意識中呼喚出來。這些受虐的記憶即是病人痛苦的來源，並使得他們不得已轉而求助於心理治療的證據。然而其他的心理學家們則認爲這些記憶很可能是從過程本身中創造出來的，至於病人原來所遭受的痛苦——根本無法證明其記憶的有效性——有可能是來自於其他的原因，因而所謂「恢復的記憶」的眞假其實相當令人懷疑。這是一個相當有趣的議題，其中牽涉到幾個都是頗有力量的信念，但彼此之間的關係是相互衝突，而非相互支持。

首先，第一個信念，跟我們在討論知識論時一樣，許多的學者今天相信記憶以及所有的心靈活動都是具有創造性的，也就是說，這些學者並不認爲事物是如同精確的影像一般儲存在記憶中的。每一個記憶的行爲，都可說是一次建構的行爲，因此極有可能受到各種事件和心情的影響。如果我們接受了這個前提，那麼我們就很難說，病人的那些遭受性虐待的記憶必定是確實無誤的。

然而第二個信念是，今天社會學家以及研究精神病的學者們都相信，家族內的近親相姦與其他兒童所遭受到的性虐待，其數量要比以往人們所相信的還要多得多，而且這是有證據支持的。因此，雖然受虐的記憶可能受到重新地建構，但我們依然有很強的理由去相信，許多的兒童的確曾經受到性虐待，壓抑自己去回憶，並因此承受嚴重的情緒困擾。

第三，如同所有人一般，科學家也會受到各種道
德與政治信念的影響，這些信念都在科學家面對矛盾
的處境時，扮演著相當重要的角色。一方面科學家們
想要對這些信念視而不見，專注在相關的科學主張 123
上：記憶是一種建構的過程，所謂「恢復的記憶」有
可能受到扭曲，也有可能全部都是虛構的。至少，我
們在提出任何嚴重的控訴之前，必須先對這整個記憶
恢復的過程加以檢驗。而另一方面卻又出現這樣的聲
音：這麼做正顯示出男性科學（male science）長久
以來的宰制與自大——拒絕相信受害者（通常是女
性）的話，當個人所承受的痛苦應該被視為最有力的
證據時，卻還強硬地要求別人提出所謂「具體的證
據」。

讀者應該可以從這個例子中看出，波普的否證原則在應用上有了些困難。假設有某個科學家提出某件恢復記憶的個例，那麼是要如何加以否證呢？就原則上來說，這是可以辦到的，我們只需要找到證據顯示，病人記憶裡所描述的事情根本沒有發生過。但是當我們這麼做的時候，我們可能會被冠以責難受害者，鞏固那保護男性的體制，以及甚至是支持墮落科學體系的罪名。而且，科學家通常並不像刑警與律師那樣，對這樣的一件個例追根究底。任何人只要是企圖想這麼做，都會引發我們剛才所說的嚴厲指控。

作為波普的追隨者之一，拉卡托斯（Imre Lakatos）隨即認知到這其中的困難，他試著重新定義波普所提出的概念，並更進一步來描述科學演進的過程。①他認為科學家們通常不會這麼樣的關心某個假設是否會被接受或反駁，他們比較關心的是這個假設所產生的結果，對於他們研究所依循的理論，會帶來什麼樣的影響。自某個理論而產生出來的假設，若是遭到反證否決，只會使科學家努力去修補這個理論，而不是立刻捨棄它。在一般正常的情況裡，科學家們會修正或調整週邊的概念與規則，他們不會想要改變核心的觀念，拉卡托斯做了個比喻：這些核心概念是「牢牢地綁在安全帶裡」。因此，若是想要瞭解科學運作的方式，我們就不能單單探討個別的研究過程，而必須分析一整個系列的研究，這麼一來，我們就可以更清楚地了解，當科學家發現他們的假設被駁斥時所可能做出的反應。當一系列同樣都是遵循某個理論x所進行的研究是傾向進展的（progressive）時候，x能衍生出許多的假設，雖然這個理論的外部可能有些許的變化，但是x本身是不會遭受威脅的。然而當這一系列的研究是處於所謂後退的（degenerating）階段時，在這個理論下面的學者就必須花很多時間去回應各種的反駁意見，並不斷彌補x理論中的漏洞，接著x的核心概念將面臨威脅，而所有依循 x 的研究可能就此崩潰。

在下一章，我們將去看看從拉卡托斯（Lakatos）的觀點出發，對於郭耳堡（Kohlberg）主張人道德認知的發展理論，會有什麼樣的評論。大致上來說，拉卡托斯的主張受到教育學者們相當的肯定，因爲它讓我們的焦點轉移到了整體的研究上。教育研究的影響可以是相當大的，但是卻有很強的證據顯示，教師們似乎不是那麼關心教育研究的發展。然而，要是你能學習觀察整個系列的研究，那麼這可以幫助你了解某個系列的研究是屬於前進或是後退型的，好讓你決定是否要捨棄，還是更深入地去瞭解這些研究。

假設現在讓我們從拉卡托斯的觀點去看有關恢復
記憶的爭議，我們也許就能夠了解，爲什麼政治與道 124
德的信念會扮演著如此重要的角色。在堅持恢復的記憶具有一定程度眞實性的主張裡，其實包含著一個核心的概念，那就是認爲潛意識擁有某種的完整性。因此，若是這個概念遭到否定，心理分析該如何繼續進行下去？而要是反對的一方提出有力的證據，證明許多聲稱恢復的記憶，實際上是病人建構出來，或是混合了過去的事件（可能只是單純的情況）與現今的想像而成的，那麼心理分析的學者們又該如何維護自己的主張？另一方面，如果我們可以證明，所謂要求證據的這個判準，其實裡頭是充滿了政治的偏見，那麼社會科學本身的未來將是如何呢？

從另外一個角度來看美國心理學會的爭議，就是把這種情形視爲「典範之間的衝突」（paradigm clash）。一九六二年，孔恩（Thomas Kuhn）提出了科學乃是經由改革而產生演進的概念。②雖然有許多人批評孔恩在「典範」這個字的使用上面十分含混，他所說的典範似乎包括一組基本的理論、概念，以及在某段期間內規範科學運作的方式。孔恩說，一個典範會產生出固定的研究方式；它也會吸引來「一群忠實的支持者」，並不斷將各種的問題丟給科學工作者們去解決。③一旦當某個典範居於支配的地位，科學家們所從事的活動就是孔恩所謂的「常態科學」（normal science）。

當不合理的現象與日俱增，或是突然間有某件事情被意外地發現或發明出來，一次大變革就有可能發生，舊的典範讓位給新的典範：它的基本理論被捨棄或同化到新的典範裡面，其原有的觀念經過修正並加入新的概念，運作的方式則因爲新方法的出現而有了極大的轉變。

當然，在一個典範眞正的取代另一個典範之前，可能會有一段相當長的「典範衝突」的階段。在這段期間內，哪一個典範會贏得最後的勝利存活下來是不確定的。通常，人們會熱烈的討論這些主張，政治的力量會介入科學界的討論，學者們可能會因爲政治、道德、或權力的因素而選擇不同邊站，而受到攻擊的典範則會使盡全力試圖修補其理論或方法。有時候，當然，新的典範也有可能失敗，或被舊的典範所吸收同化。但孔恩的焦點乃是放在成功的變革上，例如哥白尼與伽利略所領導的革命，以及其所帶來的改變。

很少科學家和哲學家會主張像這樣大的變革不曾發生過，科學的歷史告訴我們事實上這樣的事情的確出現過。然而孔恩要說的不只這些，他主張兩個不同的典範——讓我們把舊的典範稱作甲典範，而新的典範稱作乙——通常都是不可共量（incommensurable）的：「從科學革命中脫穎而出的所謂常態科學，不但與已成過去的傳統科學無法相容，同時也是不可共量的。」④從數學上來講，不可共量性指的是兩組的數
字——譬如有理數和無理數——不能以單一個計算單 125
位的整數倍來加以表示的意思。因此，在不可共量最嚴格的定義下，典範乙無法完全地使用典範甲的理論、概念、和規則來表示，反之亦然。然而，孔恩將這個例子的範圍擴大到：

> 以致於…兩個科學學派不同意彼此對問題和答案的定義，然而當他們爭論各自所持典範的優點時，他們不得不透過對方的架構來進行討論。而在部分循環（*partially circal*）的論證——這是經常發生的——中，每個典範都會證明它或多或少地滿足它自身所主張的判準，而無法滿足它的對手所主張的某些判準。

孔恩還加上一些明顯來自於我們在美國心理學家協會的爭議所討論過的東西：

> 典範之爭必定牽涉到下面這個問題：什麼樣的問題是比較有意義而必須加以解決的？譬如像我們在不同標準相互對立的爭議中所看到的，有關價值的問題只有端賴非正統科學範圍內的判準才能解決，並且就是由於這外在的判準，而使得典範間的爭議出現革命性的進展。⑤

那麼，眞實本身是否相關連於某個典範，假如是，那麼一個又一個接續而來的典範 — 至少在物理學和生物學上 — 又如何能源源不斷在科學提供我們科技上更新的動力？孔恩主張，典範甲中的工作者無法適當地評判典範乙的工作(或是替代)，因爲他們在兩個不同的世界工作。舉例來說，在心理學裡，斯金納（Skinner）學派和佛洛依德學派的學者在完全不同的傳統下運作。斯金納學派的學者反對無法意識到的概念，但對佛洛依德學派的學者來說，這樣的概念卻是他們典範的核心。那麼，其中一派來評論另一派的工作有可能嗎？

在我看來（明顯地，對於孔恩來說並非如此），後設領域（metadomains）和後設語言（metalanguage）的概念在這裡也許有用。可以確定的是，在典範之上必然須存在（或包含）著一個科學的領域。雖然典範甲和典範乙對於什麼算是所謂的證據看法並不一致，但是這邊有一個預設的前提：它們都同意科學的工作必須要有某種的證據。同樣地，它們也都同意論辯在運用證據上的重要性，以及會導引論證中出現矛盾的反例和蘊含（entailment）都必須加以解決。因此，討論不是不可能的。

許多哲學家和科學家很快地認知到這個後設知識（metaknowledge）的領域，並且開始對此加以討論，企圖去評估和比較典範甲和乙。然而，當我們碰到孔恩所提及的價值問題時，問題就產生了：科學家一定
要跨出科學的領域，去決定什麼問題是重要的嗎？他 126
們非得去思考他們的工作會對個人和社會產生什麼樣的影響嗎？或者這些問題是否其實一直都是存在的，只是被那些堅持科學客觀性的科學家們所否認掉了

呢？

這些問題不但有趣，同時也是困難的。在探討下一個在教育研究中相當重要的議題之前，我想要先承認我個人的思考傾向，並鼓勵你們去探討你們自己的思考角度。我將我自己定位在哪些相信在科學裡，跨典範的討論是可能的人們當中，而我將試著在下一個章節中解釋這種跨典範的討論。但我也發現自己也和那些主張科學是一種包含於文化價值領域中的社會活動的人有相同的看法，許多女性主義的科學哲學家都強調這一點。完全不包含偏見在內的科學是不存在的，雖然科學的內在規則試著使用各種運算法和公開的過程來避免偏見。我們所能做的，就是去揭露和檢視這些我們能找出的偏見（雖然有些我們仍然無法找到），並且試著對哪些是比較好的、哪些是壞的偏見達成共識。這樣的企圖使得我們必須進入價值的後設領域，如此一來，科學家們不能再忽視價值的問題，並認爲有關價值的問題都在科學領域之外、都不屬於科學的範疇。更進一步地說，科學可說是一種「內在的」價值。

教育研究的討論

在過去二十到三十年間，學者們就教育研究中質化和量化的方法曾有過激烈的爭議。許多教育理論家認為這樣的爭議正是所謂的典範衝突。量化的模式居於主宰的地位，而且多年來被認為引導了「常態科學」的走向。這種模式經常被稱為是「自然主義式」(naturalistic)的，但我們必須了解這裡所指的「自然主義」與我們之前談論到的杜威的「自然主義」哲學並不相同。這裡更簡單直接的指向自然科學的模式。而自然主義式的社會科學就是以自然科學模式為模型的社會科學。

量化或自然主義式的典範有三種主要的特徵：(1)理論導向(2)經由測試假設而有所進展(3)其目的為達到概括化（generalization）⑥。這些判準被用來定義什麼算是教育研究，而違反這些判準的模式則遭受挑戰。當我們更進一步討論時，你就會了解到為什麼「自然主義式的」在描述標準的典範時，或許會比「量化的」這個形容詞來得好。並非所有的常態科學都是量化的，雖然他們最終的目標都是在測試假設，所以量化是必須的。但在對假設進行測試的階段之前，它可能看起來十分類似於質化的研究。無疑地，在質化的研究被人們廣泛接受之前，大部分質化的研究都被貼上「探索的」（exploratory）標籤。質化的研究早就屬於自然主義式研究的一部份，但卻有著某種限制：它在剛開始的階段裡被視爲初步的和探索的（並
127 非主要的事件）；它的目的在對假設和操作定義進行改良（而通常不是假設的概括化）；解釋（或討論）的階段則大部分局限於原始理論的解釋之中，而主張的提出，只是爲了將一些異常的情況排除。

第一波被人所接受的量化研究被認爲僅具有探索的價值，一點也不讓人驚訝。逐漸地，經由各種力量的融合，一個新的典範誕生了。人類學家引進了一些與長久以來主宰教育研究的心理學家所採用的實驗方法十分不同的新方法。而一些社會學家則開始採用在社會學裡引起爭議的方法；例如，他們質疑假設是否一定必須從理論衍生出來。教育研究受到這些爭議的影響，而通常只能做出局部的決定。因此，一份民族誌的研究會因爲某群學者中的人類學者認同作者的研究和資格而被接受；而一個非理論負載的社會科學研究則有可能被一組學者接受，卻被另一組駁斥。這在社會科學中的方法學戰爭，逐漸地在教育研究的社群中引發出一種情緒，開始認爲自然主義的模式(亦即物理科學的模式)並不適用於教育的研究。

對於新方法有興趣的教育研究者常會汲取本章中前段曾簡短討論過的「新科學哲學」(new philosophy of science)，尤其，社會科學的。例如彼得、溫屈(Peter Winch)曾主張科學家必須了解另一種文化(或是另一種典範)，之後他們才能有力地作跨文化的批判。⑦如同孔恩所做的，溫屈的主張隱含了一種相對論，這種觀點嚴重地威脅到科學長久以來的目的：尋找眞實或類似的東西，而這種東西乃是以證成的斷言(warranted assertability)爲其形式。假如不同活動所產生的意義、觀點，只有參與該活動過程的團體能了解，那麼科學對於眞理、知識和證據所要求的放諸四海皆準的判準，會變得怎樣呢？

在溫屈之前，幾個理論學家即已主張，社會科學的目標和自然主義式科學的目標應該是不同的。當自然主義式的科學的目標是從預測和控制的觀點找尋解釋(explanation)，社會科學則著重於了解(understanding)。

在教育研究中，所有針對以新的模式進行的研究
所提出的問題，事實上都可以濃縮成一個問題：這是
科學嗎？即使我們對「典範」(paradigm)這個字的 128
適切性或「革命」(revolution)這個概念有所保留，
我想我們都必須意識到，教育研究中已經出現所有科

學革命的特徵，除了一個，而這唯一例外的特徵就是，結論還不確定：一個典範可能會也可能不會完全取代另一個。但是典範衝突的特徵都在這兒了：典範甲指控乙所做的並非科學；乙指控甲不合宜、過時並且可能會限於瑣碎的泥沼中；新的語言的引入；一個又一個的論證不斷進行；曾經是標準的詞彙如今卻出現歧意的用法；社會價值的領域經常被人提出來討論——有人認為社會價值的領域不屬於科學的範疇，而其他人則認為科學包含在社會價值的領域之內。

產生的影響是兩方面的：長期與標準典範相關連著的重要人物皆肯定先前被自然主義式科學所忽視的質性面向；質性研究者已修正其追求普遍化的範疇式研究模式。因此，量化的方式變得越來越質化，反之亦然。有些人認為質化的典範將無法取代舊的典範，但結合兩者的新典範將會出現。

如果我們能理解某種形式的不可共量性，那麼結果——質化和量化兩者的結合——也許會更有可能。現在讓我們來看看一個數學上類似的例子：有理數和無理數已經被證明是不可共量的，沒有人能找到一種單位能同時表現無理數與有理數。例如，無論選擇怎樣的單位，沒有人能以某種單位的倍數或分數的形式來表示 4 和 $\sqrt{2}$ 。（我們可以建構出某些有理數。例如，畫一個單位正方；則其對角線的長度爲 $\sqrt{2}$，這個長度可以標示在一條數字線段上，其單位即爲此正方形的邊：1 。）雖然兩個系統是不可共量的，然而他們卻共同組成了實數一比這兩個分開的系統更有力且實用的一種系統。同樣地，如果質化和量化的形式，或它們的其中一部分，在某種重要的意義上是不可共量的，那麼這兩者的組合應該能產生出比單獨一種系統存在時更大的力量。

當然，這種不可共量系統的解決方法不可能永遠成功。也許沒有方法能結合兩種包含了互相抵觸的概念的理論。舉例來說，斯金納和佛洛伊德的理論似乎便無法結合一一方否認無意識的存在，另一方卻堅持有。

能不能解決，以及如何解決，也必須倚賴於我們對不可共量的定義爲何，而這個定義就還需花費許多功夫。但是我想，要在這裡花時間去建構可共量性的定義無疑是讓問題變得更麻煩。舉個例子來說，當艾 129
斯諾（Elliot Eisner）使用像「指涉的適切」（referential adequacy）和「建構的確證」（structural corroboration）等名詞來代替有效性（validity）和可靠性（reliability）（此爲自然主義模式中的標準名詞）時⑧，其實就是說，一組東西可以用跟另一組東西的不同來加以描述。可共量性的意思就是，有一組共同的計量單位，甚至可以擴大解釋（如孔恩所作）爲具有一組共同的意義單位。允諾（也可說是威脅）一個新系統完全繫於其與舊系統之間的不可共量性。

科學典範間的不可共量性並不是意味著，跨典範的批判是不可能的，就像許多哲學家所認爲的那樣。相反的，它的意思是說科學家必須走出他們狹窄的框框，進入更大的社會領域，使用正常、「自然的」語言，來提出有關目的、用途、和意義等等的問題。當然，這也暗示了我們必須認知到：科學並不是完全自足（self-contained），或是可以自我修正錯誤的（self-correcting）。

當我們更深入的去探討不可共量性的問題時，我們會開始從目的及用途的角度，取代技術上的用語和概念，來描述不可共量性。有一些教育理論家，分別來自主張質化研究與量化研究的兩邊，已經開始用這種方法進行對話。例如柯隆巴（Lee Cronbach）就指出，制定政策者所需的資訊，普遍上來說，是和一般父母所需要的資訊非常不一樣的。就以比較天主教學校和公立學校兩者的治學成效這個議題來看，柯隆巴指出政策制訂者所需的資訊，是屬於較高而普遍化的層級；而一般父母親所需要的，只是評估「這」一間教會學校和「那」一間公立學校的優劣而已⑨。某種形式的研究方式，可能會由於比另一種方法較爲適合某種特殊的目的，而顯得較佳；也有可能這兩種研究方式，分別以不一樣的方式對政策制訂者和父母這兩個族群發揮功用。主張量化研究的學者已經開始強調他們的研究方法，對自然科學家們所能提出的貢獻：包括提出新的概念、形成假設、發現問題、甚至產生出新的理論。在某種程度上來說，爭議已經逐漸消融。一個新的典範已經開始將敵對的兩方包容在一起了。

然而，就另一個層面上來說，爭議卻是正趨白熱化。質化的研究方式已經逐漸變爲一種所謂「故事式的研究方式」（narrative research），此時挑戰再一次的出現：這是科學嗎？在我們深入探討這項爭議之前，我們必須注意到，這個問題的答案可能是：不，這不是科學。這乃是將人文學科應用到教育上面，並自有其一定的重要性。當然，接下來，採用至這種故事式研究方法的學者們，就必須證明他們的方法、來源、報告方式等等，是與人文學科中普遍被接受的方法相符的。毫無疑問，這將會是一件相當煩瑣的工作。

但是，這個議題現在不能這樣來認定。更進一步地來看，它是質化—量化爭議遺留下來的一個產物。這種新的模式可以算是質化研究的結果嗎？菲利（D. C. Phillips）普斯提出了這樣的質疑：我們是否應
130 該關心在教育研究中所使用到的故事的眞實性？而他的回答是：我們的確應該，至少有時候，去關心這些故事的眞實與否。⑩當然，當有些重要的事情，乃是取決於某個故事的眞實性時，我們的確應該在意這些故事是不是眞的。但是在甚麼樣的情形下呢？

菲利普斯舉了一個例子，在這個例子裡，某個數學老師說了一個關於他如何創造出一門成功的微積分學課程的故事。假如這個老師說的故事不是眞的（即無法獲得相關的知識學上的證成），讀了這個故事的讀者就可能會被誤導。但是，當然了，教師們也經常受到當代自然科學的研究的誤導。符合今日標準的事實，也許明天就被否定了。因此，我不確定在這個例子裡，故事的眞實性是否眞的那麼重要，雖然可能在其他的例子裡很重要。當然，在道德上我們要求人應說實話，研究者對於自己的作品——不論是研究報告、哲學式的小說或思考——都該誠實。但若是研究者坦承，其故事的目的只是要鼓勵讀者「試著從這個方向來看」，那麼故事的眞實性或許就不是那麼重要了。

毫無疑問地，研究者應該十分清楚自己作品的目的以及限制。而讀者們應該警惕到的是，微積分老師的故事，只是*他*的故事，也許有其他更加正確，或是更有用的解釋。讀者們應該——而他們也通常會如此——從自己的生活經驗出發來解釋這些故事，並且，在道德以及實踐上可行的範圍內，在現實的生活中對故事所提出的主張進行測試。

故事式的研究方式，乃屬於詮釋學傳統中的一部份，歡迎詮釋（interpretation）和再詮釋（reinterpretation）。它將很大的責任加在讀者或研究的使用者身上：他們必須主動地爲自己建構意義。這並不是說——雖然有些較激進的詮釋學者的確是如此認爲——雖然讀者和研究的使用者對作者和從事研究者所要傳達的意思沒有興趣，而研究者卻仍負擔著儘可能清楚、有條理地揭櫫其目的、解釋和結論的責任。

我將使用一個我在其他地方曾經用過的例子來做總結⑪，這個例子也許不但能有效地解釋我的觀點，同時也解釋了菲利普斯所煩惱的觀點。假設我們主張，科學老師可以在講述演化的科學故事之前，甚至是之後，以一個創作的故事來開始講解演化中的某個單元。之所以用這樣的方式，乃是因爲在歷史上的每一刻以及所有不同地區裡的人類，都曾經對宇宙及生命的起源，尤其是人類生命的起源，提出疑問並試著找尋答案。我們可以從不同的文化和宗教觀點來看這些故事，而以故事式方法從事研究的學者所使用的標準，同樣也可以用來評量這些故事：這些故事是似是
131 而非、有趣的或是相當有說服力的呢？故事是否與讀者所遭遇的情況相關？這些標準很明顯地，和那些在標準科學中所使用的判準非常不同。

但是，菲利普斯會想要問，哪個故事是「眞的」呢？當然，我們不希望讓學生認為說，每一個故事都是眞的，而他們可以依照自己的喜好來加以選擇。對於這個問題，我的答案是：當我們在講述科學的故事時，我們也應該一併討論那些常用以評斷科學研究的判準。討論要多深入，必須視學生的成熟度如何。學生們也許能看出，在這些創作故事中有部份（也許是全部）並不符合科學的判準。我們不需要說「這個故事是眞的」。我們該說的是：當今最好的科學思考方式接受這個觀點。

我的例子是否在無意間地顯示出，故事式的說明之無法成為科學，根據我的解釋，是因為用來評量它們的判準根本就是不同的判準？我認為這是很清楚的。但這樣並不隱含，故事不能被運用在科學研究

中，也不表示說被運用在科學研究過程中的故事就必須一定要是眞的。這樣子只說明了，一部小說之所以無法被認定爲是一篇專業的論文，是因爲用以評價小說的標準和評判科學的標準明顯地不同——除非科學的定義比大多數主張質化研究的學者所認爲的科學定義產生了根本上的改變。而這也表示，哲學家和研究學者們在分析故事本身（narrative itself）以及故事的運用（uses of narrative）之間的不同上，還有許多工作要做。同時，這也顯示，我們也許能夠從區分故事在研究上的使用和教學上的使用中獲得益處。最後一點，教育理論學者也許必須重新思考他們所堅持的：所有符合科學標準的教育研究形式，必須是能夠「產生知識的」（knowledge-producing）。或許只要有某些形式可以產生出多樣化的意義，甚至是智慧（在少數的情形裡），也就足夠了。許多在詮釋學傳統底下從事研究的學者會很歡迎這樣的改變。

一些例子

在你整個的教職生涯中，你應該要關心學術研究的結果，以及它對你的工作的影響。數年來，教育研究者和理論學家經常悲嘆，只有少數的教師會注意研究的成果。常見的抱怨是，教師們不去*使用*研究成果。然而，我並不是要求你去使用研究成果，而是希望你以批判的眼光來探討這些研究結果。即使你不接受任何波普、拉卡托斯、孔恩等人的所有主張（極少數哲學家會完全接受一種解釋），但是在他們作品中所提到或隱含的批判的方法，也許對我們在評估一份研究時是有幫助的。

132 在下一章中，在我們檢視郭耳堡的道德認知發展模式時，我們將會發現拉卡托斯所提出的進展和倒退典範十分有用。從批判性思考的那一章中，我們知道，在對兩個相互競爭的理論提出批判之前，先去深入地了解它們是很有助益的。回想一下兩位理論家皆同意的一點，批判性思考必須有個對象，必須是「有關於某個東西」。但其中一位大量地使用主體作為認知過程中的個例。另一位則認為主體是批判性思考的核心，規則與習慣實際上是從規律的智性活動中發展出來的。當你對批判性思考了解得愈多，你也許會對他們兩個的說法都不同意。舉例來說，我會教學生一些邏輯的觀念，因為許多學生（當然並非所有人）發現邏輯可以應用在數學上而且很有趣。我也會給學生很多的機會，讓他們去試著應用邏輯來解決日常生活中的問題。我同意後者的說法，他們認為心靈的邏輯規則和習慣是從規律的活動中發展出來的。然而，我卻不同意杜威所說的，規律的活動必須著重在傳統的學科上，任何有規律、知性的活動所應該產生的，必須是我們所想要的習慣。

在知識論的那一章中，我們檢視了結構主義的運動，並且，再一次地，發現我們可以透過結構主義中的某個觀點、跨越結構主義觀點、甚至是從結構主義外面來對結構主義進行批判。然而，無論如何，一份強而有力的批判需要對其批判對象的目標、方法和概念有通盤的了解。蘇賀廷（Wallis Suchting）曾經對激進結構主義提出相當具有破壞性的批判，但葛拉塞菲德（Ernst von Glassersfeld）則指出了蘇賀廷的缺失，他認爲蘇賀廷並沒有去試圖了解整個結構主義以及結構主義所要達到的目的。⑫對於一位教師而言，了解結構主義各種不同的面向—皮亞傑的生物/個人結構主義、社會結構主義和激進結構主義—會是很有幫助的。

現在讓我們來思考另一個問題：我們應該如何將科學哲學中的某些觀點應用到一個目前相當流行的教育活動—合作式學習（cooperative learning）上面。在現代的教育理論中，各種形式的團隊合作可說是相當地普遍；它甚至被納入某些公立的課程架構中。部分合作式學習的模式與社會結構主義有相當密

切的關係，其基礎信念是，學生從社會互動中，可以
學習到跟他們自己摸索一樣多或是更多的東西。試著
將自己的所知清楚的表達出來，以及了解他人在說什
麼，發展學習中是相當重要的——或許是其核心。另
133 外，某些合作式學習的模式，其基本信念則是，團體
中的相互競爭提供了學習的動機。而其他的模式則奠
基於相信合作式的學習可使學生們了解民主的過程，
或是在同儕團體中達成地位的平等。

對合作式學習的研究和批判感到興趣的哲學家們也許會問，不同的模式是否在它們明顯不同的目標外，又結合了彼此矛盾的信念；合作式學習所宣稱的結果，是否會導致到最後學者們必須不斷地去修補或解釋理論的預期和觀察之間的差距；模式間的對話是否會強化某些核心的主張，以及／或是導致某些主張的修正？⑬合作式學習可能會面臨由外部而來的批判，挑戰一些像是合作式學習所強調的：團隊合作的學習，比個人單獨地學習要更有效率等的基本觀念，或者是證明團隊合作的優點，要比它的擁護者所想的還來得有限。而來自內部的批判則可能會針對一些已知的議題提出挑戰，譬如模式要如何自我保衛、模式的崩解、或模式的修正——將其他模式中最好的特徵結合在一起。在最後的一種情況裡，我們會想問：這些合作式學習的模式是否也屬於同一種典範？或者它

們就某些重要的方面來說是不可共量的？它們使用詞彙的方式是否相同？其基本的前提是否一致？它們的方法是否相容？

在結束關於教育研究和科學哲學的討論之前，我必須先告訴讀者，女性主義者和後現代哲學家們已對科學提出一些有力的批判，正如他殺討論所謂「笛卡兒式知識論」時一般。我們將在第 10 章討論這些來自女性主義的批判。這裡我只能先預告大家，女性主義者對於傳統上客觀性的概念、主體和客體的分離、社會科學中將個人客體化（objectify）的傾向、著重帶有「方法論」意味的方法，以及否定社會和政治對科學內在運作所產生的影響等，都提出了挑戰。

問題討論

1. 根據近年來的調查報告顯示，過去五年中教育已經有所改善一至少我們從學生選修學術性課程的比率顯著提昇來看是如此。這樣的說法是否正確？是否受到解讀角度的不同所影響？
2. 波普的否證理論是否有困難？

3. 建構主義者如何對所謂「恢復的」記憶提出質疑？
4. 一份描寫自身所受痛苦的主觀報告能否成爲證明性虐待最有力的證據？
5. 研究的進展（progressive）階段有哪些特徵？而退後（degenerating）的階段又有那些特徵呢？
6. 根據孔恩的說法，正統科學有哪些特徵？當科學受到科學革命的威脅時會出現什麼情形？
7. 孔恩的理論是否隱含了相對論？
8. 假如我們接受以下的理論：就佛洛依德的精神分析架構而言，佛洛依德的主張是眞的。我們是否也應該接受這樣的說法：就占星學的角度而言，行星對於個人生命的影響是確實的？這兩個例子有何不同？
9. 在何種領域中，科學應該接受這個事實：科學乃包含在社會脈絡中。而在什麼領域中，科學應該抗拒受到較大文化的影響，假設它能夠抗拒的話？
10. 何謂不可共量（incommensurability）？
11. 科學和宗教是否不可共量？在何種意義下？
12. 何謂自然主義式的社會科學？

13. 自然主義式的教育研究其特殊的判準爲何？我們能夠捨棄其中的一或兩個判準嗎？

14. 「進入本土」(going native) —意即深入到另一種文化或典範中，有著什麼樣的危險？又有什麼優點？

15. 在什麼樣的情況下，說社會科學——相對於自然科學——的目標是追求「了解」(understanding) 是對的呢？

16. 質化研究的優勢爲何？

17. 針對什麼樣的問題，量化研究較質化研究更適合？

18. 身爲政策的制定者，你想你可能會需要有關一個地區上的學校的哪些資訊？身爲家長，你想知道的又有哪些不同？

19. 你能想到故事式的研究有哪些用處嗎？什麼是故事式的研究？

20. 故事是科學嗎？故事要如何使用才符合科學？

21. 批判性思考的運動中存在著某種典範衝突嗎？在衝突的每一方的「安全帶」裡隱含著什麼樣的前提？

22. 假設你要對結構主義進行批判，你會從哪裡開始？

23. 明顯的活動訊息對於主動的參與來說是必須的嗎？舉例來說，「傾聽」可算是一種主動的參與嗎？

24. 我們應該要求教師們去使用研究成果嗎？從專業的觀點來看是否有其他更好的選擇？

25. 想想在本章末尾中關於合作學習的問題。這裡的每一個問題都足以引起教師和哲學家們的深入分析。

推薦書目

菲利普斯（D.C. Phillips）的《哲學、科學與社會研究》（*Philosophy, Science, and Social Inquiry*）是本不錯的入門書。當然，你絕對不能放過孔恩（Thomas Kuhn）的《科學革命的結構》（*The Structure of Scientific Revolutions*），這是討論科學革命最重要的著作之一。對於社會科學有興趣的人而言，彼得、溫屈（Peter Winch）的《社會科學的概念》（*The Idea of a Social Science*）是一本非常值得一看的書。赫許（Philip Davis Reuben Hersh）《數學的經驗》（*The Mathematical Experience*）讓你從一個追隨拉卡托斯主張的學者的觀點出發，深入地探索數學的世界。其他相關的文章則經常出現在《教育研究者》(*Educational Researcher*)以及《科學與教育》(*Science and Education*)等期刊上，請讀者自行參閱。

第八章
倫理學與道德教育

如同知識論一般，倫理學亦爲當前哲學熱門議題。誠如論者抨擊啓蒙時代知識論（Enlightenment epistemology）對於確定性的追求及其所帶有的排他性一般，批判者也不滿當代倫理學的形式主義及其與實際生活問題脫節。已有太多哲學討論關注倫理理論之本質及其適切性(即後設倫理學所探求者)，卻少有人願在該如何過具體生活上給予指引。論者也抨擊倫理學中「可普遍化」（universalizability）的概念，亦即反對如下前提：某人在某特殊情境下道德上當爲之事，其他所有人於相似情境中亦當如此做。此一前提通常已被視爲正是道德本質，有關此點我們將會在康德學派的章節中討論。第三個批判的核心則與知識論所出現過的反對意見相似。對抽象個體的強調，及相信所有其他個體皆爲此一抽象者之例示的推導過程，它都加以抨擊。

開始檢視重要倫理學理論之前，我必須先提醒，部分哲學家對倫理學（ethics）與道德（morality）是有所區分的。日常生活中，我們常將「道德」與個人生活連結在一起，特別是性的成習與規律。然而，哲學家所使用的「道德」卻有更寬廣的意義，它提及我們該如何過生活，特別是我們該如何與他人互動。若干哲學家將倫理學定義爲道德的哲學研究（the philosophical study of morality）。其他哲學家則將此二詞視為同義，而這正是我在以下討論所要採取的立場。

我們將以簡述前啓蒙時代（pre-Enlightenment）倫理學做為討論的開端，主要關注焦點在亞里斯多德，這是因為其思考近來又重新受到關注。接著，我們會談一談啓蒙時代及後啓蒙時代（post- 137
Enlightenment）的倫理學。之後，我們便檢視與各種道德哲學學派相對應的各種當前道德教育。

前啓蒙時代倫理學

亞里斯多德對倫理學和道德生活的思考最近又引起極大關注。其學說之所以重新受到注目，部份由於當前我們期待倫理學與實際生活產生關聯，諸如認清我們的文化與社會處境等。異於柏拉圖以理想情境和思想經驗來處理其多數的倫理學討論，亞里斯多德則專注於分析其所生活的實際社群。他廣泛描述友誼、物欲的面對、幸與不幸、知性生活與沉思、社會互動、與物品處置等我們所熟知的話題。亞里斯多德深度關切美德（virtue）與模範的認同。其《尼高瑪各倫理學》（Nicomachean Ethics）就精緻討論美好人生、美好人生所需及由其所培養諸美德。①

誠如亞里斯多德所述，由於美好人生首重美德，由於有德之士 — 品德高尚者 — 舉手投足皆合乎德性要求，孩童應於生活要求中被訓練出合乎德性應對。亞里斯多德認爲成德即言行合乎德性。所以，當我們討論道德教育時，我們將會大篇幅地談論源於亞里斯多德的品德教育。

若干哲學家對亞里斯多德倫理學亦有微言，認爲贊同亞氏之言就難批判自己所處的社會。美德之標準與模範皆由其所處社會產生，難以想像批評者如何建言具重大意義之變革。就某方面言，我們或可如此回應，少有社會能臻其理想，認爲其所處社會距理想與模範尚遠的批評者或道德教育者永遠會有其運作空間。亞里斯多德擁護者進而辯護，亞氏學說本具社會轉變之可能。亞氏曾說，人類永遠都在追求較前人更爲美好的生活，超越傳統並爲美善找尋更圓滿、更豐富之遠景，本就是美好社會範式的特質。Martha Nussbaum 亦曾以此論點來支持亞里斯多德。②然而，許多亞氏批評者並不這麼認爲。歷來都有固守傳統並視改變爲異端的理論存在。

138 亞里斯多德擁護者認爲其倫理立論的發展並不全然依其特定的社會。他們認爲亞氏確實嘗試將一般人文情境與源於個別社會的美德等同視之。例如，所有的人都害怕痛苦、死亡、及各種不同的失落，在此恐懼情形下就需要勇氣。這難道不是任何時空皆如此嗎？瞭解這種情況與關切勇氣的特殊表現並不衝突。如荷馬時代一般，若戰士的勇氣成爲理想，此一美德是否會蓋過其他美德呢？明顯的，某些形式的勇氣與悲憫、謙遜、和溫良等美德相容，有些卻並非如此。如何培訓對敵兇猛粗暴、對民卻溫和寬厚的士兵？柏拉圖亦嘗對此困惑不已。也許，誠如若干亞里斯多德的批評者所言，指引倫理生活，我們需要的不只是美德而已。亞里斯多德對此的回答是，擁有美德的人必須知道何時及如何去運作每一種美德。

此一倫理觀點可能需要面對相對論的問題，這是美德倫理學批評者核心關注的焦點之一。誠如知識論者爲知識找尋確定基石，道德哲學家也想把道德生活及倫理討論安放在某些普遍與確定的東西上。倫理或道德相對論認爲社會或社群間的道德價值是相對的，包括善與正當的觀念亦是如此。某一社會認爲是善的，在另一社會也許就不是那麼一回事，甚至可能被認爲是惡的。更有甚者（誠如相對論的批評者所言），不同價值系統就完全不能相互評斷。然而，傳統倫理學的辯護者仍堅持倫理傳統乃由美德的運作所維持，同時，藉由不同時代的考驗與重新詮釋，一直被流傳下來。例如，馬克因泰（Alasdair

MacIntyre）就說：「傳統眞理的復甦繫乎適切的辯護與歷史新詮，傳統彼此間的衝突反使後繼者得以開展。」雖然過去多數道德哲學家力避相對論問題，但當前挑戰傳統已成主流，倫理普遍性的探求已漸失勢。

依亞里斯多德時代與當前的兩個例子來思考，爲何亞里斯多德不認爲蓄奴是罪惡？其美德倫理從未對此提出挑戰。可確定的是，他認爲有德之主會善待其奴，有德之奴會遵從其主並辛勤盡責。對亞里斯多德而言，奴隸有好有壞，善奴如同良駒良器，旨在善盡其責。可有其他倫理原則會讓古希臘人來反對奴隸制度？問題很好，答案卻不明朗。許多亞里斯多德同時代的人認爲，奴隸制度最好以權宜來辯護。（其論證
139 隱然如功效論，認爲雅典市民的幸福植基於少數人的痛苦上）但亞里斯多德不採權宜之論。他企圖給予奴隸制度合理說明。有其他種類的倫理觀會杯葛此企圖嗎？此值得深思。

誠如許多自然主義者和相對論者所言，或可認爲社會需其他社會已去除某種特殊惡行且有較圓滿結果之示例來做爲借鏡。當然，此一「更好」社會必須解釋爲什麼它是更好的，及改革的結果它是如何變得更好。然後，仍留惡行的社會就可能會開始質問自己，

而且，若它決定依此方式變革，它就可能要為此去建構自己的理據。但是，此一理據中諸原則也許跟促進變革的原因沒有太大關聯。美國的奴隸制度同被基督教原則辯護過及譴責過。的確，縱使在美國憲法原則下維持奴隸制度，也僅些感不妥而已。

再看現代的例子。在某些非洲地區，切除女性外陰部仍然盛行。世界各地女性主義者齊聚一堂來討論此一問題，有的想以違背禁止施加不必要痛苦之普遍及絕對的原則來譴責此一作為。但是其他人也許誤解相對論眞義，堅持我們不干預其他族群的道德系統。「縱使對我們而言是錯誤的，對他們而言卻是正當的。」果若如此，毀損、感染及終身不適的恐懼將被允許存續下去。如果你對此結果感到失望，就會認同對相對論的譴責。

但是，相對論者可不這麼回應。她也許會詳查此一作為的緣由，詢問當地不認同此作為的人是否有其他替代方案，並找尋出能顯示廢止此一作為會帶來更美好社會的那些令人信服之論證。推動道德變革並不需要絕對的原則，也不要因為別的人群認為是正當的，就必須去接受那些會自我矮化且會帶來痛苦的作為。因此，相對論並非美德倫理最大的威脅。

對我而言，美德倫理學另一個更大的挑戰是菁英

主義（elitism）。依亞里斯多德所述的美德與今日
馬克因泰（Alasdair MacIntyre）所提出的立論④，
其所遭受的挑戰是十分明顯的。美德與卓越源於某些
140 作爲的辛勤追求。這些作爲或複雜的工作是由社會所
認知和建構出來的，其間需要不斷以思想和行動來加
以計劃、執行、監控、與評估。不同的作爲需有不同
的卓越與美德。有些人因其社經地位而有機會發展美
德與卓越，就得到更高的讚頌，有些人卻沒有這樣的
機會。品德的高下就成爲社會地位與特權階層的導因
與維繫力量。許多社會都嘗試合理化這種結果，認爲
某些美德的擁有會讓人有機會培養更多的美德，或者
認爲有德之人所擁有的特權難以補償他對社會的承
擔。

當倫理學觸碰到社會理論或政策時，菁英主義（甚至是集體主義）就特別另人注目。近年來，越來越多人不滿於個人主義和各種不同形式的自由主義。被認爲溯源於亞里斯多德的社群論者（communitarians）就批評自由主義太過強調抽象個體的權利，而忽略現實社群中實際個體的責任、忠誠和互重互惠。⑤在下一章討論社會理論與教育政策時，我會更深入討論這方面的議題。在此，我們只需知道當代哲學中亞里斯多德的理論有復甦跡象，而且深度關切因強調社群及其需求而可能伴隨而來的惡

行。

正如我在開頭所言，亞里斯多德倫理學最大的優點在於它與日常生活有密切關聯。亞里斯多德未將其哲學陷入深奧的語言分析或周詳的形式系統中。相反地，他提出關懷全人類實際生活行爲的種種問題。在本章下一節裏，將會發現亞氏之學於現代道德教育中依舊魅力無窮，在那兒我們會再次談及他的觀念。

對於初學哲學的學生往往會覺得突兀，爲什麼作者於知識論及倫理學的討論裏，常在介紹完柏拉圖與亞里斯多德後，便跳過中世紀，立刻進入啓蒙時代，好似那幾個世紀裏都沒有什麼值得注意的事發生。但是，從倫理學的觀點來看，中世紀是十分另人著迷的。首先，（暫限於西方傳統而言）那是一個倫理正統的時代。只有一種教堂和一種信仰，雖常受異教挑戰，卻被多數民衆無異議地接受。中世紀學者常爭論教會權威在日常生活倫理中的影響有多大。有的認爲教會主宰一切社會與政治生活；有的則認爲其所扮演的角色是相當有限的。無論如何，中世紀的倫理就只有權威與順從的問題。從某方面來說，它基本上是亞 141
里斯多德式的：每一階層皆有其特殊的美德與特權，由傳統來指導所有的作爲，優先以適切的美德與卓越來加以培育，遠甚於用思考和分析。

其次，此一倫理觀旨在規範在世生活，而非去改善它。人們相信生活的不幸是難以避免的，他們似乎也相信來世報應。人盡其責，受其位，忍其苦。將其當作基督教正統的一部份，受苦甚至被認爲是昇華。現世爲正義而受苦，來日天堂裏就會得到大報償。因此，受苦甚至成爲愛中的美德；未竟的渴求榮耀於莊嚴的愛中。⑥

強調規律、遵從、傳統、與承受，這種倫理趨向今日仍然盛行。所有主要宗教基本教義派的復甦對正統倫理學的回歸造成威脅。啓蒙時代帶來新穎的觀念，認爲人可參與自己的命運，適當的倫理觀會使當下的生活更爲美好，人是主體，不只是神意介入的管道而已。這兩種不同的倫理導向可以今日天主教會兩種不同的觀點來加以說明，一是正統博愛的觀點，即由順從與上帝恩典之所爲；一是解放神學的觀點，非常強調人的主動權。⑦也可用新教教派間的衝突來加以說明：教會的主要目的是救贖，或是社會改革何？前者是正統倫理的觀點，後者則是較契合啓蒙思想的倫理觀。

啓蒙時期的倫理學

啓蒙時代從教會權威中解脫，讓人運用理性來處理其生活。雖然哲學上確有此趨向，不過，日常生活卻更受打破天主教霸權的喀爾文教派（Calvinism）及清教（Puritanism）所影響。在 Brinton 的《西方道德史》（*History of Western Morals*）書中，⑧康德(Kant)雖僅被數筆帶過，其倫理觀卻仍是兩大道德哲學主流之一。

身爲提高個人理性在倫理學中地位的哲學家，康
德是褒貶兼而有之。其無上命令（categorical
imperative）將倫理學安放在一套邏輯思考上：依你
的決定將成爲普遍律則的期待而行；也就是說，依你
無矛盾地認定所有其他人在相同情境下亦當如是而爲 142
的方式來做。從這個基本原則，康德推演出若干人類
行爲的絕對規則，包括大家所熟知的不可說謊。康德
認爲，若一個人決定說謊，卻不能合理預期別人也會
跟著說謊，結果我們將永遠搞不清楚何者爲眞話，何
者爲謊言。康德有個例子引起相當大的批評。即使面
對一位疑似謀殺者詢問其欲加害對象之所在時，亦不
可說謊。縱使提供了訊息，我們不必爲謀殺者之所爲
負責。若我們說謊，不巧謀殺者也因此找到了受害
者，我們就要背負責任，因爲我們有意說謊。從康德

的觀點，我們要爲自己的選擇負責，而我們的選擇是否合乎道德端視其是否源於絕對的道德法則。

康德的倫理是一種義務倫理學（deontological ethics），此一倫理學強調責任並企業釐清其與其他倫理概念的範圍與關係。就某方面言，此一倫理哲學吻合時代的宗教（喀爾文教派）倫理。將責任的位階提昇到高於愛，這點確實與喀爾文教派、清教派相容。義務倫理學（源於希臘字根deon，意指法則）可謂相對於強調行爲結果的目的倫理學（teleological ethics）。

康德的倫理觀點有若干引人注目的影響：它強調人類理性；它強化自主（autonomy）觀念與個人主義；它將倫理學帶向強調合乎邏輯性的抽象研究路向上它使絕對原則的推衍成爲可能；一旦這些原則建立（例如不可偷盜），倫理當事者就不能去考慮行爲的結果，因爲那與對錯的判斷無關；它強調正當性（倫理程序方面）遠甚於善（行爲的內容或結果）。下一章，我們將會看到康德學說也爲二十世紀若干最有影響力的社會理論提供部份理論基礎。

康德的絕對原則多半與傳統基督教會相容，但方法卻有差別。根據康德的說法，當事者行爲是要以無上命令（categorical imperative）來判斷，而非盲目遵從上帝的律法。人類透過理性，成為自我律法的立法者。康德本意並非如後來的哲學家所想像那般。按照康德的說法，人類理性乃上帝之恩賜，適當地運用並不違背神的原則。我們並未特殊立法。正確運用理性，我們都將殊途同歸。然而，女性主義者抱怨啓蒙時代所描述之知識論和倫理學上的個人並非眞正的個人，而是從歐洲中產階級男性所抽繹出來的抽象體。

康德學說不僅讓倫理學擺脫教會權威（雖然不是 143
脫離上帝或基督教的信仰），也顚覆了傳統。過去社群公認是善的，現在必須接受嚴格的邏輯考驗。道德的模範不再是標準，雖然他們也可能吻合康德的無上命令要求而獲得讚頌。每個人都必須下自己的倫理決定，擁有其道德價值，必須發自內心的責任感而行；也就是說，倫理當事者必須是因其正當而選擇去做此正當的行為，而非由於服從權威、偏好、或愛。

康德學說的批評很多。許多當代哲學家就挑戰可普遍化判準，這是康德思想的核心，也有人把它當做道德的指標。有些人挑戰康德所謂內容方面的普遍性。他們不認為絕對原則可從無上命令推衍而來，事實上，這種善的觀點只是理論家試圖將單純推理私渡到倫理中。其他人挑戰康德所謂方法上的普遍性。這些批評者認為，縱使是實際推理的形式也不是普遍的，而是以傳統為基礎的。⑨

許多人反對責任倫理的嚴格態度（帶有清教徒的味道）。多數人認為行為源於愛、關心或偏好，而非責任。康德擁護者知道這一點，已刻意壓縮道德普遍性。緣於愛而行諸事務通常不被認為是道德事務，已有相當多的文獻致力於區分道德問題與其他價值問題。因為責任倫理的要求過於嚴苛，康德擁護者以縮小其適用範圍來因應：即強調責任的消極面而非積極面。就倫理當事者而言，我們被要求不要去干預他人，卻通常不會被要求去做一些幫助他人成長等的積極作為。這些作為超越了責任要求。以康德的字眼來說，這些是「不完全」（imperfect）責任，而非「完全」（perfect）責任。

下一章我們將會回顧康德傳統，我們將在那兒討論洛爾斯的正義論及其想法在教育問題上的應用。在討論女性主義的最後一章，我們也會再度觸碰康德的倫理學。

功效論

與康德學說相反，在倫理決定上，功效論堅持善的觀點優先於正當性。就功效論者而言，幸福（happiness）是人類最大最明顯的善，倫理應該引導我們盡可能地產出更大的幸福。

功效論最簡單的表述形式，即是追求「最多數人 144
的最大幸福」。就像康德學派一般，功效論也遺留許多精緻的哲學作品。古典功效論者並不談「最大化」的幸福，而是指引我們讓快樂的比例超越痛苦。明顯的，我們不可能總是將幸福最大化，甚至無法界定此一最大化會是個什麼樣子，但我們卻可將分子（快樂）加大，讓分母（痛苦）減少。不同於用正當性來界定倫理當事者的責任（以康德的邏輯程序來決定），功效論以快樂超越痛苦的比例來界定正當性。⑩

如同康德學說一般，功效論也是一種周全的倫理立論，亦即它同時兼顧到個人行為與整個社會的倫理行為。亦同康德學說一般，它也是其時代的產物。康德舒解權威對人類理性的束縛。他並未拒斥上帝，但堅持以上帝賜與個人之運作邏輯與道德直覺等稟賦來取代對權威的服從。在下一章我們將會看到，在社會理論上，他為自由的個人主義鋪路。相反的，功效論更直接回應當時的社會情況。在小彌勒（John Stuart Mill）所處時代的英格蘭，多數人活在悲慘中，極少數人卻過得極為舒適。那時已從教會權威解放出來，這正是敏銳思想家考慮如何來解除這些悲慘的時代。⑪讀者可從小說中來感受這份悲慘，如我們可以想到的裴利（Anne Perry）關於維多利亞時代的神秘小說系列及弗列特（Ken Follett）的《從聖彼得堡來的男人》（*The Man from St. Petersburg*）。功效論可謂完全回應小說中描寫的痛苦情境。

當然，功效論的派別也很多。每一派別都是由批判原始想法中成長發展。首先，我們必須關注「幸福」該如何定義。幸福只是滿足（pleasure）嗎？滿足被界定為取悅任一選定個體嗎？大部份深邃的功效論者省思到了德性論者所思考的問題。就如亞里斯多德，他們認為幸福特屬人類的。它不只是動物般的愉悅，當人越來越有教養，就可能會透過更詳細的檢視與省思來修正原先的幸福觀。⑫因此，某些人需要的幸福，在其他人眼中卻可能只是犧牲而已。

其次，許多功效論者也採用了非常類似康德學派的法則。大家熟知的「功效法則」就是這些人用來推
145 衍行為法則的功效原則。因此，康德學派與功效論者

都認爲偷竊是一件不好的事。康德會讓個別的道德當事人去考慮允許偷竊是否具有邏輯一致性；我們是否可以合理地去期待我們正想要做的行爲（偷竊）對其他所有人在類似的情況下也是義務或被允許的。相反的，功效論者卻會問偷竊是否符合加大整體社會快樂超越痛苦之比例。雖然兩種倫理學都譴責偷竊行爲，多數思想家認爲功效論較能感受到情境因素。至少可以這麼想，就是因爲社會情況這麼的恐怖，所以我們才要運用功效原則來禁絕偷竊。相對的，康德則會認爲，譴責偷竊行爲的法則是絕對的。

當許多學生聽到康德堅持不可說謊，即使兇犯詢問其欲加害對象時亦然，他們都覺得很訝異。以哲學探討的方式來讀康德這部份著作時，頓時多出許多功效論者來。但是，想一想：康德並沒有說，我們要把受害者交給兇犯。我們可以團結起來保護這個受害者；我們可以犧牲自己；我們可以奮戰到最後一口氣。如果我們肯認康德學說的世界，所有的欺瞞都將消失。甚至戰爭也不可能會發生。

然而，在眞實世界裡，多數人會考慮對兇犯說謊，或偷盜富豪以濟助瀕臨餓死的小孩。功效論有許多實際的訴求。但也要考量其若干複雜性。如果殺一個人就可確保一千人（一百萬人，或十億人）往後二十年的幸福，我們可以這麼做嗎？大多數人會說不可以，或者，更深邃地思考，我們會認爲這個例子很愚蠢，因爲誰也不敢對結果提出保證。這類問題就衍生了功效論的修正。通常，我們會認爲生命的價值高於其他任何事物。沒有生命就沒有幸福。因此，我們不可以爲了「最大的幸福」而犧牲任何人的性命。

但是，如果生命與生命衝突時怎麼辦？在那差勁的問題上我們該怎麼做才好？若救生艇擠上了二十人，而它卻只能使十五個人存活，我們要怎麼做？在此也許會有很多人希望我們所有的伙伴都是康德學說的信徒。我們可以絕對肯定沒有人會被推下船；我們都將必須坐以待斃，且寧願在一場自然的謀殺下全部死亡。類此情節迫使功效論發展出功效階層，並引進更爲精細的修正來堵住那些明顯可被反對的結果。偉大的功效論哲學家希奇維克（Henry Sidgwick）認爲，功效論本身植基於基本的道德直覺，像前述那場謀殺就是錯誤的。⑬在救生艇的案例中，沒有比人命
146 更高的價值，功效論者以犧牲某些人的生命的方式，盡可能的拯救更多人的生命。但是誰該被推下船呢？無論如何最不可能存活的那些人嗎？對社會最沒價值的人嗎？最老的嗎？這些都是功效論可能會去考慮的。康德信徒遵從不可殺人的絕對禁令，將不會考慮這些問題。因此，雖然功效論經希奇維克等人一再修

正以更符合直覺，功效論者仍然要面對康德學派已逃避的嚴酷決定。當然，功效論者會控訴康德信徒接受可避免的悲劇，及因為不願打破法則而對「全死」的案例不盡義務。康德學派會回應，這種結果並非他們拒絕行動；而是其結果非道德當事人所可掌控。

想到功效論，就會想到社會政策深受功效論的影響。譬如，當我們明顯知道一週工作四十小時仍不能養家活口時，為什麼我們還不調高最低基本工資呢？通常的論證是，提高最低基本工資將使原先許多付得起服務費的人望而卻步，使得工人因此難以取得工作。有時會認為這樣的做法會減少工作機會，但這是循環論證。若擁有工作，就能遠離貧窮，提昇購買力，而結果就可能造就更多就業機會。一個溫情社會應該為失業者創造就業機會或提供補助金。允許像「工作中的窮人」現象存在最明顯的理由是其艱困符合格爾布雷（John Kenneth Galbraith）所謂的「滿足的文化」。⑭

若思考一下教育政策，你將可能會發現有許多決定的事例，以功效論的論證來詮釋最恰當。決定將投資高等教育準備的教育經費盡可能地提高，而非將錢分派到昂貴的職業教育計畫中，這就可以用功效論的理由來加以合理說明。相同的，決定要維持會被欣賞而非經常被破壞的建築物，也可以用功效論的理由來加以合理說明。亦可認為提供所有小孩上大學的機會可以達成最大多數人的最大利益之功效論前提。這樣的建議也可以用新康德主義的「公平」觀念來加以支持。將某一個特殊的政策決定只溯源到某一哲學立論上是很少的。

杜威的倫理學

如同功效論一般，杜威的實用主義倫理學也屬於結果論的；即依據行為所導致的結果來判定該行為是
147 倫理上可接受或不可接受。然而，在若干重要問題上，杜威是不同於功效論的。首先，他認為設定最高善是一種錯誤，縱使它是明顯且被期待的幸福。人欲求不同的善，任何時候，幸福不見得是當下找到的善。⑮何況，單一的幸福定義會抹煞其他人的幸福。其次，杜威反對功效論的計算。杜威認為不可能將功效分等級，並給予固定的價值。人類的事務與需求是動態的；事物變遷會帶來新的需求和興味。

第三，杜威比功效論更強調個人與機構的責任。對杜威而言，倫理行為的主要判準是接受全盤結果的意願。道德當事人正如任何地方的問題解決者，必須

探討全盤的可能性，並問自己是否願爲每一結果負責。在這點上，杜威的想法與存在主義思想家很接近。但杜威也堅持公衆的檢驗。結果必須是可接受的，至少比其他相關的選項好。不可只依願意接受可怕結果的意願來做道德判斷。要周詳考慮問題，不僅從他人的角度而已，只要有可能，也要依據包含解決問題過程中實際表達出來的興味。對公衆評價的堅持善很像功效論的原則，但卻不包括不變的法則、計算、或固定的價值等級劃分。

杜威倫理學的反對者批評杜威未區分事實與價值，或道德價值與非道德價值。所有的問題都粗略以相同的方式來處理。某些刺激—某些事務—讓睿智的思想家去設計假設、探索各種可能性、盡量充實相關資料、測試其假設、評估其後果。這些在許多情境下產生有力判斷的進程，也許對道德問題並不適合。

請思考下面的例子。一個十歲大的男孩抓到一隻美麗的飛蛾，並把它帶回家裝在一個罐子裏。他想留下飛蛾。他媽媽在讚美兒子抓到的蛾美麗之後，問了一些問題。可知道飛蛾的生活習性嗎？它依賴什麼存活？想殺了飛蛾，開始蒐集生物標本嗎？男孩回應媽媽的問題。他不會刻意殺害生靈。他養了魚、烏龜、青蛙、大頰鼠和一隻蛇；他已經學會關照它們。但 148

是，他不知道如何照顧一隻活的飛蛾，在養活這隻美麗的飛蛾上，他怕學得不夠快。他和媽媽召來家人，一齊舉行典禮將這隻蛾放生到微暗的天空中。

依杜威的標準，這男孩已遵道德義務的方式而行。但是要注意，他有可能殺了這隻飛蛾，而且只要他遵守解決問題的程序，並接受其後果的責任，他仍會被認爲已盡了道德義務。用杜威的體系來說，可能無法去辯護多數人在此故事中認爲是「道德的」之價值，即保存這隻飛蛾的生命。杜威的說法很類似存在主義者沙特（Sartre），將道德行爲和個人責任也連結起來。

當然，我們可能會堅持，上述案例一點都未涉及道德問題，因爲它落在人類互動論域之外。有些哲學家的確會說，雖然此中涉有價值事務，卻非道德事務。我們暫把上述指陳擱一旁。這其中確實涉有價值問題。這個男孩明顯地在衡量非人之生物的生命價值。什麼東西來維護這個價值呢？杜威不從基本原則來推導出不可無辜殺害生命的法則，也不從男孩眞實決定本身來合理化其行爲。再說，雖然有些功效論者也把運用在人身上的原則運用在動物身上，但是這類的攻擊卻與杜威的想法不同。杜威也可能會接受一個運作法則來反對施加不必要之痛苦與死亡。但是，這種把結果繫於先前之考查和省思的法則永遠會有更進一步的考查。再說，建構這類法則的想法將會是複雜且永遠沒有結果的。這樣的法則對人類社群有什麼影響呢？對個別道德當事人有什麼影響呢？還包含那些價值呢？

杜威的方法有相當程序上的效力。若我們確知在評價X，那麼我們便可著手蒐集資料，並測試獲得X的各種可能方法。當我們著手時，我們可以注意一下會被因爲要獲得X而採取的某些手段所威脅到的其他價值，如價值Y和Z。接著，我們必須要決定是否可以負責任地去選擇一個會導致犧牲Y和Z後果的手段。到頭來，杜威的方法無法告訴我們，爲什麼我們該評價X、Y、或Z，而不是另一個「如果」陳述：如果你評價X，那麼你也該合理的評價X_1、X_2、X_3等等。

對多數人來說，這不是一個另人遺憾的結果。正如我們在第六章所見，追求絕對起點—基本前提—看起來會是一個永遠找不到的原因。縱使如此，也有相當多人不滿於杜威的想法。維吉尼亞、赫德（Virginia Held）就提供一個女性主義者的關切：

> 沒有女性主義者會自認為是實用主義者，但我 149
> 們許多人對實用主義的支持遠超實用主義者之瞭

解。然而，我們必須將實用主義轉化為與女性主義相容。因為女性主義者所瞭解的經驗，不限於皮爾斯（*Charles Peirce*）之理論所賴以建構的所謂知覺經驗，也非如未來經驗預測者詹姆士（*William James*）的經驗，亦非杜威（*John Dewey*）所提倡之實驗式、解決問題的經驗，傾向社會主義式女性主義者的女性主義式實用主義者永遠不會太多。而是我們經常回溯的相同經驗。⑯

赫德區分了道德經驗和實驗經驗。赫德認爲「道德經驗」所涉不只可觀察事件。也包含感受。「道德經驗則是我們認爲是好的道德理由、眞確的道德直覺、或我們據以判斷道德感受之基礎等用來接受或拒絕道德立場的經驗。」⑰赫德接受多數哲學家的區分：道德和其他領域的的行爲不同，它牽涉到我們所該做的事不僅由於工具性的理由，更應該是源於信念的深沉感受。

我們無法在此處理所有的異議。杜威一定會回答說，每一個生活領域都有「應該」（ought）做什麼的問題，而每一個「應該」都可以用「若…，則應該」來合理解釋。但是，也許赫德是對的，杜威太少強調感受。或許最後正如希奇維克對功效論的觀察，實用主義倫理學也是植基在直覺上。實用主義者需要更詳細說明這個直覺如何與其描述的經驗相聯結。我們將在下一節和第十章裡進一步檢視女性主義倫理學。

道德教育

正如我們所討論過的許多議題，道德教育也是一個大題目，我們不可能全面的探討它。我們將從四個面向來討論哲學教育，以便和我們的倫理學討論相稱。在每一個討論裏，我們將嘗試做點哲學工作，即對前提、需要澄清者、明顯矛盾處等提出問題。

讓我們從品德教育開始談起。正如我們在第一章
及本章第一節所提到的，亞里斯多德偉大的遺產之一
是它在道德教育上持久影響，而他的影響力持久的原
因乃其具有相當的實際訴求。亞里斯多德融入當時的
社會。他描述了最好的人與他們認爲值得讚頌的行
爲，從這個描述的作品裏，他介紹了一門道德教育課 150
程。他說，小孩應該被教育成遵德而行。成爲最好公
民之美德應該在孩子適當年齡時便被培養出來。美德
是要表現出來的。美德養成後，人們就能安全地提出
問題，並對社會及其習俗從事批判性的分析。

亞里斯多德傳統的高度影響力不僅因爲它非常平

易，也因爲它與希伯來傳統中聖經諭示之「以其當爲之行來培育小孩」高度相容，及因爲它被天主教會所採用。因此，其份量經兩個以上有力傳統支持之後已大爲增加。

美國的品德教育在沉寂數十年之後，目前已逐漸復甦。⑱在第一章，我們提到品德教育聯盟（Character Education League）製作一套家庭和學校使用的課程。課程上說，其明顯的意圖是要培養三十一種美德，以達到第三十二種完整的美德、品德。⑲有指引告訴老師如何進行品德教育的重要工作，不同的年級有不同美德的教導。這種道德教育的進行方式衝擊著今日美國許多人，覺得很新奇，但是，這種方法仍在其他許多國家被採用。

目標爲培養特殊美德的品德教育相當依賴模範的認同與描述。品德教育聯盟發出的品德課程使用傳記式的說明當作其核心。孩子們被要求以他們自己的生活來描述模範，保持他們自己意圖的路向來滿足各種不同美德的要求，每一課都以行爲足以示範美德的眞實人物來開頭。

今日，修正先前品德教育方法已越來越受到重視。若干道德教育的書面計畫已經發展出來。然而，這些計畫大部份不是直接針對特殊美德的培養。而是將道德教育的特質與更具認知導向的方法結合。持平而論，今日的道德教育已較 1950 年代時更受到重視了。⑳

哲學家怎麼看待品德教育呢？首先，我們回到討論亞里斯多德學說時已提出的問題。當美德已被某一特定社會認同時，它們就不再遭受批判性的檢視。譬如，由於戰士的勇氣太受讚頌，以至於社會成員無人會想（或敢）去批判戰爭本身。誠實可能被視爲自我無上正直的表現，以至於忽略它對偶爾撒點小謊的人 151
所造成的傷害。亞里斯多德感覺有必要爲奴隸制度辯護，因爲它似乎是一個運作良好的社會所必要的；縱使同時代其他若干人已把奴隸制度視爲是一種罪惡且只是權宜之計，它他依然爲此辯護。

其次，雖然哲學家本身不從事經驗探討，當其面對觀察要求時，他們也會努力尋求經驗證明。面對此一哲學要求，我們會問，憑什麼證明以品德教育方法養育的小孩就會實際去踐行這些規定美德。目前仍缺乏有力的證明。若干研究已經顯示，這樣的教養方式，有時會使得他們的教養權威在場時表現得規規矩矩的小孩，當其權威不在場時就都變了樣。㉑更令人擔心的是，這種方法用到極端，小孩被迫表現出某些美德，禁止抗議，甚至不准表達出他們的痛苦，其結果是非常可怕的。愛麗絲、米勒（Alice Miller）曾描述若干納粹高級將領是如何被教養的，她認為他們之所以會有做出恐怖事情的這些人格傾向，都是在成長關鍵期以服從之名所教養出來的。㉒當然，若不認同這樣的看法，哲學家也會檢視米勒的作品，看她的證據是否足夠令人信服。

哲學家提出的第三個關切是，若品德教育依賴傳統與權威，那明顯隱含著已經有了一個規範井然的社會。在亞里斯多德所處的社會裏，多數人認同社會每一成員所扮演的角色與功能。也許會有一些次文化，但這些次文化都會遵從大社會的規則。假定了大家認同或幾乎認同傳承下來的種種價值觀。譬如，當我還是小孩的時候，每個上學日都要上「早課」：讀聖經（通常是聖詩或箴言）、背誦禱告詞、然後向國旗敬禮。我從沒想到班上少數猶太學生可能會因為要唸上帝禱告詞而為難。

今日社會裡許多人悲歎「傳統」價值的失落，但是至少我們知道次文化亦有其價值，或不同於主流群體，其價值卻是珍貴的。認同多元的價值觀讓我們覺得有點茫然，但是，這會讓我們知道需要對品德教育課程中所描述的種種美德做更詳盡的分析，及瞭解不同群體如何詮釋這些美德。今日的品德教育已融合其他方法的某些特質，特別是從下面我們要看的立論引出者。

認知發展論

雖然品德教育源於亞里斯多德和聖經傳統，郭耳堡（Lawrence Kohlberg）的認知發展理論卻植基於康德學說。它強調道德推理、單一原則的主要地位 152
（洛爾斯的正義原則）、認同「道德」正當性遠甚於道德上的善，這些都與康德學說相容。郭耳堡也引用蘇格拉底和柏拉圖的學說來說明他為什麼著重道德推理而非道德行為，他也引用杜威的學說來支持其推荐設立的「合理社區學校」。

郭耳堡對於其道德推理成長之理論的創見和說明是相當負責任的。他的理論建立在皮亞傑（Piaget）早期的道德成長觀念，與發展理論相當契合。理論中提及三個主要發展階段，每個階段又區分成兩個小段；這三個階段分別為前規約期（preconventional）、規約期（conventional）、後規約期（post-conventional）。㉓在前規約期（1和2），道德思想者從害怕被懲罰或期待獲得獎賞中戒慎其舉止；在規約期（3和4），他們體認到自己所處文化的規則與要求，並依此型塑其行為；在後規約期（5和6），他們超脫特定文化的繁文縟節，並建立正義的普遍原則。

一個引人注目得大爭議在規約期的小階段畫分上。有些研究似乎顯示，男性平均到達第 4 階段，而女性平均卻只到達第 3 階段。這項發現（具高度爭議性）㉔引起紀力根（Carol Gilligan）挑戰郭耳堡的理論。因爲郭耳堡在其原初的研究中只使用男性素材，紀力根抨擊這個階段分法是根據偏頗的資料所建構起來的。例如，難道不能把階段 3 當做邁入成熟道德導向的發動階段？這個階段的特質是與他人互動的敏銳性（好男、好女階段）；成熟的道德導向強調關懷、反應、和關係，而非正義。比階段 3 更高一級的階段 4 可以只是道德發展路向的選擇。紀力根稱其所言爲道德推理的「異音」(different voice)，而且因爲此聲音是從女性的訪談中發現，很快地得到女性的認同。㉕異音中的推理亦需注意感受及關切生活品質。郭耳堡立論中的道德推理很少注意到感受，也有人批評，他把美好生活中的事務擺在道德範圍之外。㉖

我們會在第十章花相當的時間來討論這個理論的爭辯。在此我們先看哲學家如何批評郭耳堡的理論。以討論第七章時所使用的綱目，我們可以從理論內部

(inside)、外部(periphery)、周邊「中立」的立場(a “neutral” outside position)、或從其他典範來批評郭耳堡的想法。

一、研究者可以從一個成熟典範的內部發展出超
越母理論優點的成果。除了分生工作，他們也可以修
正方法、小的次理論、及典範內經常被使用的概念定 153
義。正如我們先前所強調的，當典範內的成員花費越
來越多的時間為外來的攻擊辯護，而非專注於理論分
生上，我們擔心這樣的思想或典範就已經步入了衰退
期。㉗

郭耳堡已經面對若干重要的反對，且正賣力為其主張辯護。譬如，經驗證明是否支持這些階段的畫分都是不變的？在此我們回顧下，階段理論有如下幾個共同特點：(1)順著固有的階段順序發展；(2)發展是不變性的──主體需依序通過每一個階段，且不能回頭(除非主體躊躇於 n-1 和 n 階段間)；(3)所描述的階段是普遍的。因此，如果階段 4 的受試者出現階段 2 的反應，不變性的宣稱就遭受威脅。有些研究者就指出，反應所可能會有的情境敏感度的確超越郭耳堡的想像。當異例(anomalies)出現時，郭耳堡學派通常的回應是在既有的立論架構和細目間做點特別的調整，而不是把異例當做嚴重的威脅。㉘

郭耳堡也要面對階段畫分之普遍性的反對意見。如果我們注意到了性別或異文化的清楚區分，就可能會對普遍性構成挑戰。紀力根的作品中就指出普遍性失效的明顯事例。若相同文化中的男性與女性會達到不同的道德成熟階層，這理論就不能宣稱階段畫分的普遍性。郭耳堡學派必須在下述兩狀況中擇一回應：（1） 接受幾世紀前的老觀念，女性在道德上次於男性（以生理或教育的理由）。（2） 顯示早期郭耳堡學派的研究在方法和結論上出錯。無足爲奇，郭耳堡學派選擇了第二種回應方式。㉙（在第十章，我們會把接受第一種回應方式哲學家論述做點歷史回顧）

所以，內部批判會專注於發現或移除典範自身機制所偵測到的錯誤。它保護內部核心觀念、想法、與假設。

二、從理論的外部來看，我們或可發現對一個或若干個核心概念的挑戰，但卻不是全部。紀力根的反對就屬於這一種。她不挑戰發展理論本身，甚至不確定她是否挑戰階段理論，雖然也是有這樣的可能性。相反地，她提出另一種由異音所暗示著的發展軌跡供我們選擇。若紀力根的說法正確，郭耳堡發展論的特殊招牌就會嚴重受損，但是發展論、甚至階段理論都可以繼續維持。

另外一個來自外部的挑戰保存了發展論，卻抨擊 154
階段理論。從這個觀點來看，人類確實會有道德成長或發展，而且，特定關鍵能力或性質的成長或多或少循一定的軌跡漸進開展，但是這些關鍵能力和性質的成長卻不是群集在階段中。

另一個可能是我們常看到的階段差異只是認知發展的附屬品；例如，孩子越來越能夠適當處理和應用規則。這可以用它們已從前規約期進入規約期來加以說明。批評者卻只接受認知發展的階段理論，而不接受一個分離的道德發展階段理論。

三、誠如我們先前所見，可以合理質疑是否有任何理論或批評能夠眞正中立。但是，哲學家可以試著詳閱立論中的作品來評估其爲開創型的（productive）或護衛型的（defensive）。例如，寵斯基（Noam Chomsky）在衍生文法（generative grammar）及語言知識理論（competence theory in language）上的作品，使得心理語言學（psycholinguistics）領域變得生氣蓬勃。研究活動源源不絕地爆發出來。毫無疑問的，這個典範在相當的一段期間裏都是開創型的。皮亞傑的研究至少有二十年的期間也是如此的。郭耳堡學派的立論到底是開創型的或護衛型的？特別注意，要回答這個問題端視我們尋找開創型或護衛型研究的難度有多高。這再一次說明，中立的可能性是值得質疑的。

四、最後，我們從周邊來挑戰郭耳堡的理論。我們必須瞭解郭耳堡想實現什麼；我們也必須去瞭解他們的字彙、方法、和詮釋的項目。

例如，我們可以挑戰道德是發展性的之概念。明顯地，很少人能進入後規約期，如果有人做到了，大部份都是西方文化中受高度教育的白人男士。郭耳堡由此下結論說，道德推理的發展是緩慢的，或者在某些文化中由於缺乏適當的經驗而過早被切斷。但是，如果模型眞的是發展性的，只要有適當的刺激，它就應該會開展。如果需要特殊種類和程度的教育，就會引人質疑此一現象的發展性質。研究者就經常抱怨郭耳堡學派常將跨文化的、性別的、階級的差異詮釋爲受阻的發展，而不是把它當做理論的反例。然而，要特別注意，縱使我們堅信此一反對意見，也僅僅顯示郭耳堡的結構不是發展性的。我們並沒有就整個道德發展理論拋出強烈質疑。

155 要提出什麼才能有效拋出這樣的質疑呢？哈佛兒童精神病醫師 Robert Coles 就認爲道德發展理論是錯誤的，因爲小孩比大人還有道德感！如果這個說法得到了證實，那麼，發展論（至少在道德方面）就敗下陣來。

另一個有效的挑戰是認為道德問題的回應主要依賴其系絡，而非個人特質。如果可以顯示在控制情境下測試出為階段 4 的人，在眞實生活情境中因為壓力而出現更低層級的反應，那麼，發展理論將會嚴重地被動搖。

還有一個重要的挑戰來自那些想知道道德推理和道德行為是否有依存關係的人。郭耳堡贊同蘇格拉底，接受知善即行善的前提。從此觀點，惡是一種無知的形式。很多人反對這一點。舉納粹高級將領為例，他們可能是人類歷史上受過最好教育的一代；他們還是犯下暴行。他們甚至可能會在郭耳堡的兩難問題測試中表現出高階層的反應；假如他們被告知什麼是「高級的」，他們就一定能做得到。因此，道德教育學家對於使用過份強調認知的道德教育形式相當遲疑。

另外有一個不論從內部或外部皆可提出的問題。什麼樣的理由讓我們相信郭耳堡的正義原則（principle of justice）眞正代表我們開始從事道德教育的普遍最高層級？有些哲學家和觀察研究者提出其他的正義詮釋選項，女性主義者就建議正義需要由關懷來加以補足（甚至是被取代）。這也就是說，我們可以挑戰郭耳堡階段理論的內容（content）。在這樣的挑戰下，就可以進行內部修整，可以用某些東西來替換正義，或使用其他選項的正義觀念。

在另一種挑戰裏，就沒有東西可以替換。也許成熟的道德思想家不會把他們的思考集中在一個高高在上的原則上。相反地，也許他們會分出多元的精緻道德理論。㉚從道德史上觀察，看來也的確是基本的道德直覺（不可證明的）引導道德思想家在其思考成熟時步向更寬闊多樣的方向。這類的挑戰若出現就會對當前所描述的階段理論拋出質疑，甚至也許會質疑到發展論本身。

到目前爲止，我們已經介紹了亞里司多德的美德
和康德的義務論對當代的影響。爲求平衡，我們現在
156 應該要介紹功效論的道德教育。英國教育哲學家威爾
生（John Wilson）就是其中一個代表。㉛其理論是要教導學生各種原則及如何應用他們。其目的是要培養個別和自主的道德當事人能認同和應用這些最可能帶來最佳效果的各種原則。

因爲這個道德教育構想尙未在美國公立學校施行，我不在此詳述。㉜但是，我們粗略地發現許多學院都有類似的構想。威爾生的基本觀念是我們應該主動且清楚地教導道德。在學院層級，現在許多構想包

括必修倫理學課程，開設這些課程的動機是功效論式的，至少有這麼暗示著。我們之所以要教倫理學和道德哲學是因為這麼做可能會增加快樂超越痛苦的比例。相同的，如果我們檢視幼稚園到高中（K—12）層級的教育政策，我們也將發現其中有許多是由功效論思維所引導。㉝

有任何道德教育構想是建立在杜威的倫理理論上嗎？有一種主張就植基於杜威的思想。價值澄清的構想（Values Clarification program）就反映出若干杜威的想法：道德領域和其他領域的價值是沒有區別的；強調過程遠勝於價值內容；價值與行動是不可分的—亦即是說，如果在我們的生活上沒有扮演任何角色，沒什麼道理要去評估其價值。

1966 年的價值澄清觀點非常強調價值的自由選擇。稍後（1975）的觀點就明智地強調思考必須先於眞正選擇的自由。我想杜威對這兩個觀點都不會滿意。看一下表 8.1 。

顯然在思考的培養及堅持多選項的認同與評估上，後者的觀點比較接近杜威的想法。的確，若在課程計畫上詳加補充，就非常接近杜威的想法。但是，太形式化的教育方式反而使其接近杜威的可能性消失。當學生只是單純地表示她(或他)「眞的」評價了

1996 觀點	1975 觀點
1.選擇 (1)自由地 (2)多選項 (3)詳思每一選項後果 2.獎勵 (4)珍惜， 由選擇獲得快樂 3.行動 (5)做所選的某些事務 (6)重複地，在某些生活類型上	1.思考 (1)不同層級的思考 (2)批判思考 (3)高層次道德推理 (4)發散或創造思考 2.感受 (1) 獎勵珍惜，珍惜 (2)自覺美好 (3)瞭解自己的感受 3.選擇 (1) 多選項 (2) 考慮後果 (3)自由地 (4) 完成計畫 4.溝通 (1)發出清楚訊息的能力 (2)同理心—傾聽，參考別人的思考 (3)衝突解決 5.行動 (1) 重複地 (2)一致地 (3)純熟的舉止(能力)

表 8.1 價值澄清構想

來源：Barry Chazan,現代道德方法

(紐約：教師學院出版社， 1985) p.48

某些事務時，對話就中斷了。杜威本人堅持要有一個更複雜的程序。我們不能滿足於只是「澄清」了我們的價值—如果其所指的探查只是我們相信我們眞的掌握住它們了。再者，我們必須對可能的結果、達到可欲結果的能力、若發生不欲見之後果的責任擔負、及我們可應用之方法等等問題做精細的分析。進一步說，我們必須樂於從事嚴謹的資料蒐集計畫。對杜威而言，選擇不是隨意或任性的。而是博諮衆議後的選擇。自由並不是沒有限制或禁忌；它是達成目標的。再說，因爲我們人類是社會的動物，這個過程必須與他人充分對話，要照顧到他們的感受。這個過程不是 157
單純邏輯性的，也不是純個人主義式的。

因此，雖然價值澄清法有一點杜威學說的性質，其實用素材卻仍未達杜威的標準。也令人質疑是否有任何素材能達成其理想。個別的老師必須去瞭解，若個體在其思考中，能推動她多少，能建議她做什麼，能期待她會有什麼反應。

除了降低杜威的標準外，價值澄清法也符合若干 158
論者對杜威道德理論本身的批評：道德領域和其他領域沒有區別嗎？我們可以僅由過程來教導價值—完全不顧及內容及所要教導的特殊價值嗎？是否沒有穩定、普遍的原則來引導道德行爲？

道德教育書籍汗牛充棟，我們在此僅觸及其皮毛。但是，我們已經道德教育理論如何對應或反應著道德哲學理論，也經歷了道德教育理論的批判性分析。在第十章，我們會以女性主義的觀點來再度討論道德教育。

摘要問題：

1. 有其他倫理學方法讓亞里斯多德不去支持奴隸制度嗎？這與我們目前討論的亞里斯多德倫理學相關嗎？
2. 接受康德倫理學的得失爲何？
3. 若不完全責任不能從無上命令合理的導衍出來，（你認爲）爲什麼我們會這麼敏銳地感受到它？
4. 如果我們犧牲一個無罪卻沒有價值的人確定可以救一百個有價值的人，我們該怎麼做嗎？你如何來支持你的決定？
5. 當有些（重要的）小孩因注射（百日咳）疫苗而死，我們要不要繼續注射疫苗呢？
6. 我們要不要事實和價值做區分？
7. 我們要不要爲道德價值和非道德價值做區分？

8. 可能會有女性主義式的實用主義嗎？
9. 女性主義對實用主義的批評是什麼？
10. 若功效論和實用主義最終都依賴道德直覺，那會是什麼情況？
11. 我們可以信賴「以其當爲之行來培育小孩」之宗教諭示嗎？爲什麼或爲什麼不？
12. 郭耳堡將品德教育解消爲「一袋美德」，你可以爲他的方式辯護嗎？
13. 若以紀力根「異音」中的指導原則來建構，階段 4、5、和 6 會是什麼樣子？
14. 正義原則是開啓倫理論辯的最高原則嗎？
15. 你相信「知善即行善」這句話嗎？爲什麼？
16. 功效論的道德教育會是什麼樣子？
17. 思考下述兩陳述：(1)A 評價 x (2)A 應該評價 x。價値澄清法能區分這兩個陳述嗎？我們是否該做這個區分？
18. 價値澄清構想如何降低杜威的期待？它要如何達到其標準？

推薦書目

159

想要對倫理學的方法有個整體的掌握，可看彼得、辛革（Peter Singer）所編的《倫理學入門》（*A*

Companion to Ethics）。對於想一窺道德倫理學、功效論、以及康德學派的讀者來說，再也沒有比亞里斯多德的《尼高瑪各倫理學》（*Nicomachean Ethics*），彌勒（John Stuart Mill）的《功效論》（*Utilitarianism*），和康德（Immanuel Kant）的《道德形上學基礎》（*Grounding for the Metaphysics of Morals*）更好的入門書了。對杜威觀點的介紹可以在《人性與行爲》（*Human Nature and Conduct*）裡找到。道德教育的入門，請看郭耳堡（Lawrence Kohlberg）《道德發展的哲學》（*The Philosophy of Moral Development*）。若想綜觀道德教育的方法，請見嘉桑（Barry Chazan）的《今日道德教育之研究》（*Contemporary Approaches to Moral Education*）

第九章
社會與政治哲學

160 今天，許多的教育者與政府制定政策者對於社會和政治哲學都感到特別有興趣。從蘇格拉底那時候開始，哲學家們就一直關心正義概念及因不同正義概念而對如平等與公正等教育核心事務產生的不同看法。過去的兩個世紀以來，自由主義——尤其是個人的自由主義——主宰了整個西方的政治哲學界。這裡所談到的「自由主義」，是同時包含我們今日所指的自由派與保守派兩種哲學傳統。這兩派都強調自由與平等的概念，但自由派的人士比較著重在平等上面，而保守派則傾向於自由。相對於特重在個人（的自由與平等）上的自由主義傳統，另一派傳統則強調社群、個人如何在社群中獲得發展、以及個人對社群的義務等。雖然這項傳統至少可追溯到亞里斯多德，但是它以「社群論」（communitarianism）之名而展開的巨大復甦運動則遲至一九七〇年代末期才開始。自由主義與社群論之間的論戰，乃是今日哲學界中最如火如荼的大事之一。在簡短地介紹近來所引發的爭論之後，我們將深入了解有關教育的平等與正義問題。

近來的爭議

在上一章裡，我們看到在康德的影響之下，倫理學變得高度的個人化；也就是說，倫理學已經從教會、統治者及甚至是社群的權威中解放出來，轉而被視爲立基於個人的「善的意志」（good will）與邏輯之上。每一個道德的主體要決定自己應該作什麼樣 161
的行爲，都必須依照康德的無上命令：你應做的行爲即是邏輯上使你所作的會成爲普遍法則的行爲；也就是說，你應該做的行爲就是在邏輯上，所有人在相同的處境下都必定會做跟你同樣選擇的行爲。這條命令衍生出具有重大影響的普遍化原則。有相當多的哲學家則將這個普遍化的原則當成判斷行爲是否符合道德的一項重要指標；道德抉擇，相對於其他種類的抉擇行爲，「必須」是可普遍化的。這樣的觀念在近年來受到逐漸升高的挑戰。

就近程的目的而言，去了解康德的觀點爲何被稱作「個人主義的」（individualistic），以及爲什麼這樣的看法中存在著一些矛盾，是十分重要的。早在康德之前，笛卡兒就已經相當強調那藉由有系統的懷疑以追求可靠知識的個人。知識因而從權威中解放出來，並有了穩固的理性基礎。但須注意的是，他所描述的「個人」乃是一個普遍化的理性主體——而不是一個擁有情感、熱情、並具有社會關係的眞實、完整的個人。當然，笛卡兒也認識到人類眞正的本質，但知識的主張必須藉由普遍化的理性主體來加以檢驗。方能成爲統治一切的國王，而可重複性則成了規範整個知識王國的法則。因而就某個意義上而言，個人（普遍理性的）成爲知識產物的核心；但是從另一個意義上來說，個人消失了。

同樣的，在康德的倫理學中，雖然個人——作爲一種實際運用理性的機制——位居中心地位，但是個人———個眞實、具體的人——卻變得一點關係也沒有了。作爲那脈絡複雜的社會存有者的個人，到最後竟變成了一個理性的機器。因此這裡出現了矛盾：一方面強調自主性，但另一方面卻又規定自主之下的結果必須是一致的。

有趣的是，雖然康德所描述的個人看來根本很難成爲一個眞正的個人，但康德主義和功效論（假定一個公正無私、個別的計算者）卻都在實際與理論面上，對個人的權利有著逐漸升高的興趣。針對個人主義式的自由主義其中一項主要的批評就是它將個人的權利抬得太高了，如此一來，在今天要談論社群的權利或合理的要求都變得十分困難，因爲我們所有的注意力全都放在個人的權利之上。

當然，新康德主義與功效論之間還是存在著相當重要的差異，但兩者都強調個人而非社群，及強調以明確的程序來定義理性。將自己定位於康德的傳統，

並寫出具有巨大影響力的《正義論》（*Theory of*
Justice）的洛爾斯（John Rawls），在早期的文章 162
中把自己與功效論和社群論做了這樣的區分：

> 在正義的基礎上每一個人都具有一種不可侵犯性，就是連全體社會福祉也不能夠凌越。正由於這個理由，正義反對因其他人能享有較大好處而剝奪少數人的自由。無法允許為了讓多數人享有較大利益總值而犧牲少數人。因此，在一個正義的社會裡，平權公民的自由被視為理所當然，由正義所維護的權利決不從屬於政治協商或社會利益的考量。①

這篇文章很清楚的把洛爾斯與功效論區分開來，同時也由於文中堅持某些「權利」是不變的，不能屈服於任何政治協商，因此他與社群論之間的差異也是很明顯的。相對的，多數的社群論者則認爲，我們所謂的權利正是經由協商，以及在實際社群裡獲得共識的結果。而有些權利，由於我們長久以來持有並經歷無數的考驗卻依然不變，因此我們早已根深蒂固地視之爲不可侵犯，且甚至是「自然如此」的。

社群論者認爲權利同時具有描述和規範的性質。一方面它描述某些道德的產物——如規範、習俗、和程序等——是如何從社群的道德生活中產生出來的；

而另一方面，它也規範了我們在建構和批判道德社群的時候，應當如何思考和行動。社群論者相信，「權利」，並非先於社群建立之前，它乃是大家對於什麼是好的所獲致的共識。

自由的主張，特別是由洛爾斯所鋪陳的自由學說，十分強調程序的重要性。洛爾斯將他的正義理論建立在他所設計並稱爲「原初立場」（the original position）的假設上面。在原初立場裡，所有的參與者都是完全理性的個人，但是他們對自己在實際社會中的地位如何一無所知。他們必須創造出規範自己生活方式的法則。現在，如果你可能會成爲社會中最弱勢的人群之一的話，你會選擇什麼樣的原則來作爲你生活方式的依據？在原初立場裡的人們被「無知之幕」（veil of ignorance）所蒙蔽著，他們不知道自己的才智、情感、計劃、喜好、和弱點，也不知道自己具有什麼樣的人格或特質。那麼，他們會選擇什麼樣的規則呢？

洛爾斯提出第一個兩原則的公式，他說這是從原初立場的思考中會產生出來的，而後又添加了「優先原則」（priority rules）以補全他的概念。

這兩原則的第一個陳述如下：

第一：每一個人皆有相等的權利去擁有與他人類似自由相容的最大基本自由。

第二：社會與經濟上的不平等要被處理成為（*a*）可被合理預期其符合每個人的利益，以及（*b*）相關立場和任務對所有人開放。②

洛爾斯接著開始描述所謂的「基本自由」、「每 163
個人的利益」和「對所有人開放」是指什麼意思。關於第二和第三個措辭，我們將會在後面談到學校教育中的正義與平等時加以探討。洛爾斯在這個技巧上建立了一套全面性且迷人的正義理論。其基本的假設，依據洛克與盧梭的傳統，乃是個人先於社群而存在，以及當人們建立社會與團體時形成了所謂的「社會契約」。然而，注意一個人可以很有技巧地否定描述面的假設，而仍堅持在規範層面上此乃確立了建構正義理論的最佳方式。當然，若是我們接受了這樣的主張，我們馬上就必須面對一個難題，那就是要如何證明，這個完全建立在抽象的假設情況上的理論，能夠被應用在眞實社會的生活上。

以下的觀察是社群論者據以批判康德與洛爾斯自由主義的重點：在無知之幕後面進行思考的人並不是

眞正的人，而實際上可能得到的結果，不過是對眞人可能獲致的結論所做的假設罷了。③洛爾斯和康德太過依賴經由純粹的邏輯思辯所產生出來的理性和程序，然而相反的，眞實的人會受到各種事物的影響，並非完全地具有邏輯性。因此社群論堅持，「善」（good）的概念乃先於討論什麼是「對」（right）而存在。而事實上，自由主義與社群論之間的爭論就經常圍繞在善和正義這兩個概念的優先性上面：從一方的觀點看來，對於善所具有的共識，必須先於任何程序的討論；而從另一方的觀點，程序正義則必須先於對善的建構。

在洛爾斯的超級理性當中，我們再次看到了「個人主義者的矛盾」（individualist paradox）。個人是神聖不可侵犯的，他或她的權利是穩固的，然而我們卻無法看出他或她是一個個體。洛爾斯自己就說，在無知之幕背後思考，其實只需要一個人就好了，因爲所有理性的人都會同意他所做的決定！

雖然功效論式的思考與康德主義不同之處在於，功效論將善（通常是快樂）的優先性置於正義之上，它卻與康德主義在同樣的一點上遭受社群論批評：消除了人所具有的社會特徵，並將人化約到效益之上。一個人或一個團體凌越另一個體的唯一途徑就是去計算這中間所產生的效益。舉例來說，在功效論的政策之下，在促進某些價值上年輕人要比年老的人獲得更多的優勢，可能因為所帶來的快樂，除以痛苦所獲得的淨值，會因此升高而造成這種結果。同樣的，功效 164
論所鼓勵的思考方式也是超級理性的；它並非一般大多數人在道德情境下會做的思考。功效論者可能會承認一般人不會做這樣的思考，但可能仍舊堅持人們「應該」這樣思考。他們會藉由指出功效論的原則及其在現實裡的基礎來為他們的主張辯護；畢竟，人們的確偏好快樂多於痛苦。

杜威的主張在社會理論中是相當令人感到興趣的。很明顯地他並非功效論者，雖然他的確是一位結果論者；杜威否定功效論的原因是，他認為設定一個最高的價值是種錯誤的作法，同時他也反對手段與目的之間有著嚴格且清楚的界定。對於杜威而言，目的不是永遠都是明顯可見的，不是最後的定論；此外，手段也牽涉到某件事情的完成，所以不是那麼容易地與目的區分開來，而必須接受類似的道德分析。

有些學者將杜威歸類為「實證的自由主義者」，而其他的人（在後來）則將他定位為「民主式的社群論者」。在前一個說法上，學者們試圖傳達出杜威對程序正義的贊同——就像自由主義者所主張的——而非他堅持程序正義應放到社會中接受測試的理念。正義，對於杜威而言，是在結果中展現的，而不是發生在思考和反省之前的程序裡頭。杜威把自己與整個社會契約的傳統區分了開來，他（錯誤地）認爲那傳統已是瀕臨死亡的：「人們是基於自己的情感與習慣，並非基於理性的考量而行動這點，現今已是普遍接受的事實，以致我們再也難以將其他的概念視爲經濟與政治哲學的基礎。」④

而關於第二個說法：「民主式的社群論者」，當代的學者則試圖將杜威與鼓吹階級組織、菁英主義以及排外性的社群論區分開來。部分的社群論者錯誤地假設社群在某種程度上是固定的，他們十分強調普遍承認的價值與傳統。相反的，杜威則總是堅持著一種動態社群觀。在杜威的觀點中，社群永遠尚未建構完成，並必須接受民主的考驗：一個民主的社群不能只從內在來評價，我們還必須評估這個社群與其他社群之間聯繫的質與量。如同我們在較早的時候所看到的，對杜威來說，社群依賴在相互溝通的慾望及對問題的持續探索的承諾之上。而對其他許多主張某種社群論或亞里斯多德主義的哲學家和教育學者來說，社群乃先於溝通之前存在。相對於杜威，這些思想家認爲人們在能夠進行有效的溝通之前，必須先學習一個社群的價值與習俗。放到教育的領域裡，這樣的觀點就成了主張經由一般課程將價值傳達給學生的理念。

我們在上一章裡曾經簡短討論過，並將在往後談到女性主義理論時作更深入分析的關懷倫理，在許多方面與杜威的民主社群論觀點相當一致。杜威相信，眞正的民主需要某種程度面對面的聯繫，而同樣的，關懷倫理也是從基本的人際關係展開其理論的建構。 165
當思路逐漸進入社會的領域時，它仍然與眞人的實際處境及慾望有著十分緊密的聯繫，並會對這充滿陌生人的世界提出獨特而眞實的問題。舉例來說，關懷倫理可能會問：如果這是我自己的小孩會怎樣？ 像這樣的問題並不一定有普遍一致的答案。相反的，要找出問題的解答我們可能必須設想家中的成員，突然間增加了具有不同個性、傾向和興趣的小孩時，會是什麼樣的情況。⑤在這樣的思想實驗中，我們不須將這個想像中的小孩以及我們自己的個人和社會特質通通拋棄，而且我們也了解，我們所具有的想法與主張是基於我們處境和立場之下的產物。因此，雖然我們能夠爲在自己狹小圈子之外的人，創造出一套社會和教育的主張，但是一旦在我們的思想實驗中出現了新的聲音時，原先的主張可以隨時地接受擴張與修正。

杜威也提出了類似的問題：「什麼是最好與最有智慧的父母希望給他們的孩子的，那也必定正是社群希望給它所有孩子的。除此之外的其他教育主張都是狹隘及不美好的；若是按照那些主張來行動，則將摧毀我們的民主。」⑥以上的這一段話引發了有關「最好以及最富智慧的父母」的爭議，這樣的父母會希望的是什麼？更甚者，假設這對父母擁有許多不同的小孩，他或她是否會希望給不同的孩子不一樣的東西呢？在所有像這樣的思想實驗中，我們必須小心不要過分地抽象化，以致失去了眞實的人類特質；我們也不應做太多的普遍化，以致於將其他所有的人都「集體化」或化約到我們自己的框架裡；而此外我們也不希望掉到一個狹隘且自私的框框裡，只顧著述說我們自己的故事、滿足自己的利益、以及只承認我們自己的價值。

雖然我只對近代政治哲學中出現的重要學說，以及我嘗試使用在我的分析裡的一個主張，作了一點皮毛的描繪，但也許這樣就足以讓我們開始討論教育中的正義與平等。在我們進行討論的過程之中，可視需要加入更多背景的知識。

教育中的正義與平等

本章的這一部份乃圍繞著不平等的問題來進行討
論。從正義與關懷的角度來看，在現今美國國內學校
裡的不平等現象是可以被容許的嗎？首先，我們將探
討資源的不平等——設備、器材、地圖、書籍、以及
其他的教育用具。接下來，讓我們再來看看關係的不
平等：對於生活中缺乏具有知識能力和愛心的成人參
與並給予幫助的兒童，學校教育能夠或應該爲他們做
些什麼事？最後，我們要來了解所謂課程的不平等是 166
指什麼意思，所有的兒童都應該接受相同的教育嗎？
或者應該讓他們獲得完整的資訊以根據自己的興趣來
選擇學習的內容呢？

資源的不平等

一九九一年，柯若爾（Jonathan Kozol）再一次將我們的注意力移至（美國）國內許多都市區內兒童遭受嚴重忽視的情形之上。⑦當我們看到柯若爾所描述的都市區學校——窗戶被封住、設計錯誤的空調系統使得某些教室變得異常寒冷，而某些教室卻非常地炎熱、馬桶嚴重阻塞、污水逆流到廚房及餐廳裡、油漆從天花板和牆上不斷剝落下來、教室過於壅塞，以至於教師必須倚賴教室內出現高缺席率的情形時，才

能坐在缺席學生的椅子上——肯定這並不是我們希望我們的孩子所受到的對待。由於這些情形與經濟情況較佳的學校比起來實在有著天壤之別，因此柯若爾將之稱爲「野蠻的不平等」(savage inequalities)，而對許多人來說，這些情形就是一個明顯不正義的例子。

有誰可以從其他方面來論證的嗎？或許我們可以沿著以下這條思路來進行論證：在任何的社會裡，某些數量上的不平等對於促進整體的福祉是必須的。畢竟，在對於所有人而言都是悲慘的情形下，我們是很難尋求平等的；也就是說，如果追求平等的唯一途徑，是讓所有的人都（平等地）處於悲慘的處境之中，那麼大多數人想必是不會接受的。我們希望達到的平等，是能夠在與人們可能獲得的最大普遍福祉相容的前提之下，所儘可能達成的平等狀態。當然，人們的反應可能從漠不關心到致力於尋求各種改革的可能都有：有些人會爲了要達到平等，能容忍相當程度的苦難；也有人爲了促進普遍的福祉，對於強烈的不平等現象顯得毫不在乎。的確，當一個社群中的大多數人口皆滿足於現狀時，社會的改革是十分難以進行的。⑧

雖然功效論式的思想可能容許部分的人生活在相

對悲慘的處境裡，但是不會容許有龐大數量的人類遭受痛苦，其中最慈善的一種功效論甚至不會容許爲了多數人的快樂幸福，而讓少數人接受極端痛苦的折磨。譬如說，它會賦予生命非常高的價值，以至於甚至是一條生命的消失，其產生的負價值也高過於極多數人所擁有的零星快樂加起來的總值。正因如此，內部存在著許多柯若爾所描述之可怕現象的學校裡，通常可以看到保護安全的措施（警衛、大鎖、金屬探測器以及許多類似的東西）。同樣的，在即使是最貧窮的地區，也要設置至少一處以上的醫療設備，以依法救助在緊急情況中生命受到威脅的窮人。幾乎所有人都不能忍受有小孩在學校裡被殺害，或是有人因爲得不到醫療而死亡的類似事件發生。

但就像我所說的，功效論可以容許有柯若爾所描 167
述的不平等現象發生。假設我們就只有這麼多的錢可以花費在教育上，那麼要如何來分配這筆錢以達到最大的效益呢？如果 A 社群中的孩子不但打破學校玻璃，還亂塗牆壁、把雜物塞到馬桶裡、在樓梯間小便以及做出其他具破壞性的舉動，那麼爲什麼我們要把錢花在修繕的費用上呢？這些錢大可以更有效地用來爲不會輕易損壞物品的 B 社群的孩子，購買許多科學儀器和書籍。只要使用嚴格的經濟學論證，並以成就的結果作爲我們唯一考量的價值，那麼我們根本不需要去懷疑 A 社群內部的價值，換句話說，我們無須爭論 A 社群的成員是否個性上有缺陷，或他們根本就活該如此，我們所要做的就只是計算我們所付出的成本和可能的收益而已。

相反的，洛爾斯「正義即公平」（Justice as fairness）的概念可能不會支持這種不平等的情形。在無知之幕背後的公民，爲了預防萬一他們出了無知之幕後，可能會成爲社會上的最差階級，所以必定會制定保護自己的法律。當然，這只是理論上的說法；眞實的人若是進入了無知之幕後——這只是一種策略——可能會作出我們意料之外的舉動。譬如某人可以這樣說：「我當然希望我不是屬於社會上的最差階級，但如果我是，我也沒有權利去破壞別人擁有的東西，我只有必須更加努力地工作！」這種可能性更加突顯出洛爾斯學說架構中的抽象本質，他那理性、自主的思考者，根本就是一個抽象的實體。

但是洛爾斯在他的正義理論中有一項很重要的主張，或許可以防堵柯若爾所說的不平等情形發生。「這原初的構想，」洛爾斯寫道「乃在於社會秩序並非用來建立或維護較佳階級的有利遠景，除非這麼做是爲了促進較不利階級的優勢。」⑨這個想法，亦即屬於洛爾斯所提出的第二個原則中的一部份，就稱爲

「差異原則」(difference principle)。爲了支持我們剛才討論的不平等，主張洛爾斯理論的學者必須證明，在社經地位較高的孩子身上所投注的額外資金，會因某種原因而嘉惠到社會上的最差階級。

然而，在使用這個差異原則之前，支持洛爾斯主張的學者必須先能夠確定第一個原則——每個人都有平等的權利去擁有與他人自由相容的最大自由——的條件已經被滿足。⑩如果教育被解釋成是一種「基本的權利」(fundamental right)，那麼在現有的條件之下，聲稱第一個原則已經被滿足就是件相當不可能的事情，因爲教育必定會被包含在基本的自由裡面。

但是反對者可以爭論，而也已經這麼爭論說，經濟資源不決定著教育的品質、班級的大小也不會影響到教師的教學、以及在窮學校裡學生修習大學預備課程人數的低落，是由於這些貧苦學生的注意力和能力 168
不足，而非他們遭受忽視與被剝奪其基本自由的緣故。我們要如何有力地證明，生活在柯若爾所描述的學校中的孩子，實際上被剝奪了接受教育的這一項基本自由呢？

以上的這個問題指出了當我們試著將這精密而抽象的理論應用到眞實的社會問題時所會遭遇到的困

難。如果連聽到這些兒童的艱難處境都無法使人們動容，進而去關懷他們，那麼我很懷疑還有任何論點可以感動這些人。

但是讓我們在這個論點上繼續推進。假設我們有合理的證據相信洛爾斯的第一個原則已經被滿足，那麼接下來我們必須要問，在第二個原則底下是否可以允許可見的不平等現象發生。

假設 A 是社會上的優勢團體，而 L 是處境最劣勢的團體。如果 A 和 L 在基本自由上都是平等的，任何對 A 團體有利的事情也會嘉惠到 L 團體。這看起來似乎是不太可能的，但事實上有許多制定政策的人士都持這種主張。譬如他們主張，提撥大量的經費給所謂的燈塔區（lighthouse district），用意在讓我們投入可靠的教育實驗計劃，而從中學習到的東西則有利於所有的學校。又譬如在 A 團體所投注的大量人力物力，將會產生許多可幫助 L 團體改善其處境的專業人才、科學家以及政府的決策者，也就是說我們假設A團體中接受良好教育的成員，將促進 L 整體的福祉。

這些全部都相當具有爭議性，但最困難的部分是論證中的第一步。就教育而言，在什麼樣的情況下第一個原則會被滿足呢？教育與第一個原則有關嗎？而在差異原則底下，教育的因素會被考慮到嗎？洛爾斯在《正義論》裡對教育談得很少，但他確實寫道：

> 差異原則當然不是一個用來矯正和補強的原則。假設所有人都被期望必須在同一場比賽裡，站在公平的基礎上互相競爭，它也不會主張社會去試圖進行讓分比賽（譯註：這是一種為了平衡優劣差距而予優者以不利的條件，或賦予劣者有利條件的比賽）。但是差異原則會將，譬如說教育資源，以改善社會最差階級的長遠發展為目標，來作適當的分配。如果這樣的結果必須藉由對社經地位較高的階級投以更多的關注才能達成，那麼這份關注是可以允許的；否則的話就免談。⑪

如同我們所看到的，學者們或許可以主張——也已經這麼主張了——社經情況較佳的階級接受教育的確可能有助於最差階級長期的發展。但某些人則相當懷疑，其成效顯現所需要的時間是否「越來越長」。批判理論學者認爲這樣的發展只是使劣勢者繼續處於不利的情形之中，並正因爲他們的不利情形，使得社會上較佳階級中產生出來的工作與專業領域顯得異加重要。

但洛爾斯又繼續談到一些在接下來令我們相當感興趣的事情。關於社會應如何決定分配教育資源的方式，他這樣寫道：

> 在作這個決定時，教育的價值不應單從經濟的成效與社會的福利來評估。與這些同等重要的，乃在於教育可使一個人得以享受其社會的文化，參與其中的事務，並以相同的方式提供給每個人對於本身的價值感一種安全而穩固的感受。⑫

169 這段話中有兩個重點需要我們更進一步地來加以討論。第一，毫無疑問的，我們能夠同意洛爾斯所說的，教育的價值必須包括經濟成果與社會福祉之外的東西，這點稍後我們還會談到。但是關於第二點，我們需要問的是，所謂一個人能夠享受「其社會的文化」並因此獲得「對本身的價值一種安全而穩固的感受」，到底是什麼意思？談論「某種的」文化具有任何意義嗎？而有任何一個社會眞能提供每個人對自我價值的安全感？

讓我們先把這些重要的問題暫時放在一旁，來看看在洛爾斯理論中呈現的高度抽象性。嚴肅地來看，洛爾斯所提的理論會要求社會至少將柯若爾所描述的某些不平等現象加以消除，但這中間仍存在著許多爭議的空間。雖然洛爾斯本人堅持自我價值是教育中一項很重要的目標，但仍有相當多制定政策者將資源的分配與學習的成效作緊密的聯繫，他們想要確保花費越多的金錢，一定就能得到學生越高的測驗成績。因此最常用以減少不平等現象的主張，多著重在經濟效益與社會福利——畢業的學生必須爲擁有更好的工作、增進國家競爭力、以及經由更多的消費來促進經濟繁榮來作準備。

史揣克（Kenneth Strike）指出洛爾斯後期的著作比較不是那麼抽象，其乃專注於正義即公平的政治實證性之上。⑬但以下這份對洛爾斯近來發表之論文的評論，則又再一次地針對充斥於洛爾斯理論中的抽象性提出批評：

> 洛爾斯，在所有英美語系的哲學家中可能是最受尊崇的一位，提出了最冗長也是最抽象的論文。雖然他所使用的語言並不含糊，但他那以一層又一層的假設建構起的脆弱知識結構，似乎連這世界上最輕微的政治生態之動盪也無法承受。⑭

相對的，杜威的主張則可追溯到過去人們直接面對面（face-to-face）的社群生活。如果要說在他的主張裡存在著任何的問題，那應該就是如今人們已經不在這樣的社群中作出重要的政治決定了。杜威自己在一九二〇年代時就察覺到這個問題，因此在他寫道：「社群」希望給予它所有孩子的⑮，必須是最好與最有智慧的父母所希望給孩子的當時，他堅信面對面的溝通在社會的集體性裡是有可能做到的。在這樣的社群中，柯若爾所點出的情形不但會清楚地呈現在衆人面前，而且一切皆公諸輿論。今天，少數和貧窮的人們逐漸在自己所處的地理區域中受到孤立，而他們與決策者之間的溝通亦中斷。

170 如果杜威活過了一九六O年代，那麼幾乎可以確定他一定會百分百支持由金恩（Martin Luther King）博士所極力倡導的種種運動。從杜威的觀點出發，爭取公民權利的運動乃強力企圖向外建構社群、建立民主所需要的溝通管道、和推動面對面的會談。的確，相信任何人都難以面對東聖路易（East St. Louis）、泉登（Camden）、及南布隆克斯（South Bronx）【譯者案：這些地區應爲美國生活不利民衆聚集區】的父母與孩子，並開口說：「這些都是你們應得的。」

在處理不平等議題時，建立或重建社群是其中的一個方法。杜威會說：我們必須直接地與他人進行溝通，但同樣重要的是，在我們的互動中，我們必須使用有智慧的方式——而非權威與傳統的方式。我們不但必須問，對於現在正處於匱乏狀態中的孩子會產生什麼結果，也必須了解這對我們自己的孩子，以及如杜威所堅持的，對於民主本身，會產生什麼樣的影響。

又一次地，如同在功效論和洛爾斯理論應用到實際中所發生的情形一樣，我們會發現，如果我們能夠證明這些行動所產生的結果並不十分明顯的話，人們極有可能不再致力於消除那些不平等的現象。如果資產依然遭受破壞、如果學業成績依然未見提昇、如果青少年未婚懷孕沒有減少，我們要如何來證明投注更多的金錢下去是對的呢？也許有許多人會說「金錢不是最重要的！」而支持杜威的學者或許也會大聲疾呼「再給我們一次機會吧！」我們應該作的是提供適當的資源（我們希望能夠給予自己小孩的），並仔細觀察更長的時間以了解我們所希望的結果是否達成。當然，擁護杜威的學者則會主張，當我們評估成果時，應該要超越學生的測驗成績來加以觀察。

倡導關懷的學者則以不同的角度來探討這個問題：第一，金錢的花費之外，那些情況代表眞正的不平等。我們自問以下這個問題：「如果那些是我的小孩，我會允許這樣的情形存在嗎？」很明顯的，答案是「不會」，而這個「不會」是絕對的，沒有任何條件的。在我回應柯若爾《野蠻的不平等》的文章中，我談到所有的孩子都必須擁有適合並能引起他們興趣的教育設備及器材：

> 我們之所以這樣要求，並不是因為在惡劣的條件下兒童無法學習。而是因為允許孩子們生活在這

> 樣不安全、不健康、又一點兒也不美好的環境中，的的確確是非常野蠻的一件事。家長們為他們所有的孩子提供了好的環境——不論是刺激或沉悶、活力十足或懶散、好或壞，但可以確定的是社會必須為它所有的孩子，至少他們在學校學習的這段期間內，提供一個好的「生活」環境。⑯

而我再次強調「爲我們的孩子提供安全與美好的環境，是因爲我們愛他們並願負擔起照顧他們的責
171 任，而不僅是因爲如此他們才得以學習數學和閱讀能力。」⑰這種方式無助於改善悲慘的情況。這些情況必須加以改變。但還需要什麼呢？在修復學校的器材設備並適當地分配教育資源後，還有什麼是我們必須做的？

基本關係的不平等

在大多數人思考貧窮兒童的問題時，極少有人會提到關於這些兒童的家庭關係。雖然教育改革中有談到家庭對孩子的重要性，但是這些討論很少集中家庭關係的品質上，而這些關係的品質好壞，對於兒童心智、道德、與情意的健康發展來說，卻是相當重要的。這種嚴重忽略的情況，其原因來自兩個主要的心理習慣：第一，理論學者通常不願意對自己文化以外

的關係品質作判斷；今日的學者專家們已由早期傲慢的自我中心主義走出，轉變爲不再對他人的處境妄下評語。第二，傳統的理論學者多著重於生活的公衆面向，而忽視通常被認爲是「私人」的領域。在這個方面，女性主義理論學者曾試圖消融公私之間的界線，並以基本的親子關係作爲開展其道德理論的始點。然而除了女性主義之外，相當少的教育哲學家會思考到基本關係這一點。

在直覺的層面上，我們知道這些關係是非常重要的。我們都曾聽過這樣的故事並爲之感動：如今相當成功的人士過去曾經歷極大的困難，但在父／母親或某個成人的鼓勵下，不屈不撓地得到了教育的機會。在每一個這樣的故事裡，總是有那麼一個成人，十分關懷並花費許多的時間來照顧這個小孩，表達出他或她對這孩子的信心，並提供足以維持孩子成長和擁有自信的情感支持。

心理學家布隆奮布連諾（Urie Bronfenbrenner）是這樣子來解釋這種情形的：「爲了擁有健全的發展，兒童需要有一個或更多的成人以持續、不理性的方式，來關懷並參與他們的活動。」我個人則會把這種參與方式稱作「非理性」而非「不理性」的，但布隆奮布連諾（Bronfenbrenner）更進一步解釋：

「必得要有人瘋狂地愛著這個孩子。」⑱就算在孩子的成長期間中缺少了這種熱切的愛，孩子還是最少需要一些成人的關懷以求生存並成爲端正的人。

馬汀 布柏將關係當作教育的核心。在以下這段短文中，他寫到每個小孩都渴望經由心靈的溝通，使這個世界「呈現」（to become present to）到他或她的眼前：

> 孩子半閉半睜著眼地躺在床上，懷著一顆緊繃的心靈等待他的母親來跟他說話——意志內的神秘並非導向享受作為（或主宰著）一個人，也不是導向能自發諧和地作某事，而是當他面對窗外隱然到來的孤寂夜晚時，能夠體驗那心靈的溝通。⑲

172 布柏將教學和父母的養育視爲關係的一種形式，布柏寫道，「教育中的關係是一種純粹的對話。」⑳兒童需要知道有人會傾聽他們的話，並關心他們所發生的一切。讓我們回憶布柏在第四章裡所說過的：

> 信任，信任世界，因為人類存在——這是教育關係最內在、最直達內心的成就。因為人類存在，荒誕（*meaninglessness*），無論它如何強加於你，都不能成為真正的真理。因為人類存在於光明隱晦的黑暗中、在恐懼的救贖中、及面對人類同伴

無窮無盡大愛卻冷漠以對的世界之中。㉑

我之所以這樣多次引用布柏的話，是因爲今天我們實在很少在教育的課本裡看到這樣的說法，而我們也或多或少明白他所說的是對的。雖然這樣的聲音從政策中逐漸地消失了，但我們仍經常在老師說明他們的教育經驗時聽到。㉒我們深深知道，教師不只是教育知識的傳遞者、教室內活動的管理者、資源的分配者、演說者、或是訓誡者。

就我們曾經討論過的意義層面而言，在貧窮兒童生活中的關係並不必然比那些富有的兒童來得薄弱。但實際上，我們則必須了解，精神上的貧瘠經常伴隨著經濟上的貧窮。窮人家必須非常努力地工作以換得稀少的報酬；他們被冠以「需要幫助」的標籤；由於他們無法供應起他們所希望給孩子的東西而時常感到絕望。而在他們內心的深處，他們也可能懷疑他們的小孩在學校裡的努力是否眞有一天會得到回報。因此，即使他們與孩子之間的關係充滿了愛，他們也可能無法像較富裕的父母親一樣，「將這個世界呈現」給他們的小孩。在英雄式的情境裡，他們擁有像布柏所描述的影響力——足以驅逐荒誕、黑暗、恐懼和冷漠；但是在一般的情況當中，對小孩而言，貧窮父母親本身就可能是荒誕、無助的一個活生生的代表。

在一個像我們這樣注重在校成績的社會裡，孩子們不但需要來自成人持續的愛與溫暖的陪伴，他們也需要能夠有效地呈現這個世界的成人。因為有太多的父母，不論他們的愛有多大，無法提供孩子一個受過教育的成人模範，因此教師們必須在孩子的生命當中來扮演這項角色。他們必須在與學生的關係中呈現出一個完整的人，而不僅僅是一個教導者。學生們必須了解，在教育中所展現的那些看來似乎天生應當如此的事情，就是實際上他們未來可能走的路。這需要老師與學生的彼此同意，一同攜手度過數年的時光才可能做到。我們必須花費許多時間在建立彼此的信任
173 上，如此一來老師所給予學生的建議、關懷和教導，才能獲得學生眞正的了解與欣賞。

在較早的時候，我們曾將著重於知識論議題的教育分析，與其他較強調個人關係與日常生活所需技能的主張作過比較。在憲吉（Ntozake Shange）的小說裡，貝蒂從女傭柯莉的身上，學到了比從她老師身上所得到的還要多的東西，她所學習的，主要是集中在現實生活中許多重要的技能與態度上面。但女傭柯莉對於今天我們想讓所有孩童去學習的東西，就一點也幫不上忙了。我們對「關係」與其重要性所作的分析，應促使制定政策者投注更多的心力在教師跟學生的關係上——重要的是老師對學生所產生的意義，而

不是老師必須教給學生的知識。任何具可行性的補救教育都必須注意到貧窮兒童生活裡的不平等關係的問題。

雖然現今制定教育政策的官員們尙未明顯受到哲學上分析關係（relation）與關聯性（relatedness）的影響，但有些人已經逐漸接受日趨受到重視的社群主張。有越來越多的教育學者爲社群論的思想所吸引——雖然有時只是表面的。主張回歸社群的呼聲日漸升高，而許多的教育學者開始寫作有關社群的論文，並探討要如何來發展社群。㉓討論關懷與關聯性的哲學家和教育家們則時常與社群論者並肩爲伍，因爲這些人攻擊古典與現代自由主義中的某些特點。㉔

在這裡我們必須非常地小心。社群，決定於我們如何來爲它下定義，可能由於許多不同的理由而被創造出來，也可以用各種方式來加以維持。社群可能像人一樣自私、排外和苛求無度；或高壓統治或團體合作；或嚴刑峻法，絕無寬貸或愛護子民，法裡容情。當我們攻擊自由主義時——從社群論或其他的觀點——以下這段最近由大衛、賀羅維茲（David Horowitz）指出，而主要由史蒂芬、荷摩士（Stephen Holmes）所作的深入觀察，是應該要謹記在心的：

「在今天，任何一種稍具影響力的反自由主

張，」如芝加哥大學的史蒂芬．荷摩士所觀察到的，「都熱烈地在歐洲法西斯主義者的作品中展開。」譬如像是簡泰（*Giovanni Gentile*）和史密特（*Carl Schmitt*）等人，其中包括批判「其個體式的個人主義、其前社會的個人神話、其有機體之萎縮、其對社群之忽略…其信仰權利的首要地位、其踰越政治領域之範圍、其凌越實際的價值和承諾，而給予程序與規則種種優先性、及其虛偽地以所謂的司法中立作為基礎。」㉕

以上這些批判的意見是由法西斯主義者所提出
174 的。這些批評並不必然錯誤，因爲就算是法西斯主義者也可能說對了某些事情。但是法西斯主義者所關心的焦點，卻應該致使教育學者與哲學家們去仔細思考有關社群的基礎問題。一個只單單建立在共同信念和目標上的社群，可能不是好就是壞，不是聰明就是愚蠢的。而從法西斯主義的角度來看，建立在關聯性的概念基礎上，並以不斷的反省思考爲依歸，或許是比較安全的。然而關於後者的可能性，則需要我們以更謹慎的態度來研究關係與關聯性。

已有些相當深奧的哲學試圖說明關係的概念。㉖捨棄冗長的分析過程，讓我們簡明扼要地這麼說好了，以關係作爲社群的基礎，應可避免兩個通常伴隨著社群而來的缺點：第一，它應該能避免人們無法跳脫出既定的社群來回應外界的人；第二，同時它應該也能防止人們對於社群中某些不再信仰，或威脅要脫離這個社群的人，作出殘忍的傷害行爲。注意，我到現在都還沒證明——或甚至有任何的論證說——以關係作爲基礎的社群，就不會出現這些缺點。我只是把這個可能性提供給各位讀者，至於其他的，就留給您去深思了。㉗

課程的不平等

在第四章裡我提到阿德勒（Mortimer Adler）的《教育建言》這本書，以及書上主張所有的學生至少在十二年級以前，都應該接受相同的課程。就表面看起來，這樣的提議似乎是針對平等而發，而阿德勒也的確說過，讓所有人都接受相同的教育，是達到民主所必經的一條路。但眞的是這樣嗎？

假設我們現在是一個大家庭的家長，在這個家裡充滿了各種不同性格與才能的孩子，有些孩子對知識充滿興趣與好奇，連平凡的事物在他們眼中都是新奇的；有些對機械特別具有天份；有些擁有藝術家的氣息；有些渾身充滿運動細胞；而有些孩子則擁有「普通人」的特質。㉘試問他們應該接受完全相同的教育嗎？我稍早曾引用過杜威的話：「什麼是最好與最有智慧的父母希望給他們的孩子的，那也必定正是社群希望給它所有孩子的。除此之外的其他教育主張都是狹隘及不美好的；若是按照那些主張來行動，則將摧毀我們的民主。」㉙那麼，什麼是最好與最有智慧的父母希望給予他們性格、資賦各異的孩子的呢？

雖然阿德勒同時引用了賀金斯和杜威兩人的主張，論證杜威可能會支持他的說法，但是這似乎是不太可能的。在杜威所有的教育著作中，都一致堅持著學習的內容，不如解決問題的方法，以及追求解答過程中所牽涉到的思考層面來得重要。沒有任何學問在本質上天生就是「有益於心靈」（good for the mind）的；心靈是一種活動的狀態，而「才智」
175 （intelligence）應該是要應用到「做」（doing）的行動上，而非應用到某些既看不見又固定不動的能力之上。因此就大體而言，兒童應該可以去追求他們所眞正有興趣的對象和學問。假使這些興趣能夠被適當地加以應用，就會幫助一個人得到他自我完滿與成爲一位良好公民所需要的知識和態度。

能夠在適任的老師引導之下自由地追求個人興趣及目的，並不代表我們就不需要學習一般的知識。杜威相信，在他主張的學校共同生活中所發生的一般日常問題，必然會使學生們了解到一般知識的重要性，進而學習這些知識。在這些一般的課程當中，他特別提到地理這一科，他把地理視為對「人類的家」(man's home)——地球的研究，而不是死記地名和地形特徵的一門學問。杜威這種對地理的觀點，使研究這門學科的方法與視野大大地廣闊了起來，並使得背頌各種名稱與特徵成為一件相當不必要且毫無生產性的事，因為在孩子們追求答案和試圖解決問題的過程中間，他們自然會學到所需的事實與名稱。

雖然杜威強烈地反對盧梭去區分「自然人」與作為「公民」的人（在這一點上杜威與近代抨擊自由主義的意見一致），但他肯定盧梭對於教育有不同興趣傾向的兒童所持的立場。在以下的短文中，我們可以同時看到杜威與盧梭的主張：

我們普遍的目標就是去考慮孩童之間的個別差異。沒有任何一個人，在接受將孩子與生俱有的能力納入考量的原則之後，不被個體之間能力差異如此之大的事實所震撼。這些差異不單在強度上，甚至關係到品質與組合。如同盧梭所說的：每一個人天生具有不同的特質…我們不加區別地讓具有不同傾向的孩子進行相同的活動，他們的教育摧毀了他們的特殊傾向，並留下了單調呆板的一致性。因此

> 在我們浪費了無數精力在阻礙孩子自然天賦的發展之後，我們看到當已遭破壞的天賦能力再也無法恢復，取而代之的那短暫且虛幻的聰明才智也隨之消逝。㉚

所以，像阿德勒的主張是不太可能獲得杜威支持的。最好和最有智慧的父母並不會認爲平等的教育就是相同的教育。但如果每個孩子接受的教育都不同，那麼這些教育之中有沒有好壞之分？接受較好的教育的孩子是不是就會去爭取社會的資源呢？

這是批判理論者所遭遇到的兩難問題，如果社會與教育的設計就是讓所有人能夠自由地去追求自己的興趣，而不會受到任何處罰，那麼批判論者跟杜威就沒有什麼好吵的。但問題就在於我們的社會是將學校教育和課程按照階級的利益來安排，而不是按照個人
176 的興趣。正如耶波（Michael Apple）所指出的：「將某些團體的知識定義爲最正統的知識，亦即所謂的官方知識，而這時其他團體的知識卻難見天日，這情形說出了一些很重要的事，乃是關於誰在這個社會裡掌握了權力。」㉛

阿德勒希望讓所有的小孩都能獲得的知識，長久以來都是與特權階級有密切關係的。若是讓所有的兒童都有機會接受這種知識，這是否就是一種寬大無私

的表現？或者這麼做只是讓那些掌握權力的階級說：看吧，現在我們已經提供平等的機會了，可是還是有許多不夠聰明或野心不足的人，沒有辦法從這些機會中獲利！這麼樣一個讓所有兒童學習相同科目，而不論其本身興趣爲何的主張，似乎毫無疑問的有利於那些本身就對這些科目有興趣，或是因爲家裡的培養，使這些外在興趣的重要性，遠遠凌越原來天生的興趣的小孩。（還記得我們先前曾討論過，不平等是如何從基本關係中產生出來的。）

耶波在評論主張由國家來統一制定學校課程和國家標準的過程中，表達了同樣的關切之意：「我想說的是，在證成標準課程與國家考試的背後，存在著一種非常危險的意識型態。它所造成的影響將眞正地危害到這個社會上已經是失去最多的族群。」㉜

當然，有些人會說，耶波所提到的那些人，由於他們一開始擁有的東西是如此之少，所以實際上應該是失去最少的人，而且像這樣一個堅持將這些人包納進來的系統，是不可能使他們的處境更糟的。這就是批判理論者遇到的兩難的核心，因爲批判理論回應必須是：制定一個聲稱能夠改善社會現況的系統，比什麼都不做還要更糟糕——如果這個系統既無法改變那些情況，又沒有辦法爲現況找到合理的解釋。這就是耶波所害怕的：在促進國家競爭力的要求和特權階級的利益底下，窮人家的小孩將會受到比以往更嚴格的歸類，而更加難以擺脫低等的地位：

> 所謂「相同的對待」(*the same treatment*)，無論是按照性別、人種、民族、或者階級，都是完完全全不相同的。民主的課程和教育，必須從認知「教室裡各種不同的社會地位和文化背景，以及其間的權力關係」開始著手。因此，如果我們關切「真正平等的對待」，如同我認為我們應該要關心的，那麼課程的基礎就必須建立在對這些差異的認知之上，了解是哪些差異明顯地增強或削弱學生的權力。㉝

我要更進一步來說明，並且堅持教育的起點必須要像盧梭與杜威所洞見的，爲了個人的興趣而預備。從孩子們某些粗略的天賦與興趣開始，以一連串探索人類普遍共有的問題的行動來豐富其內容，如此般設計的教育課程，才是最有機會達到有意義的平等。㉞

177 然而，學校教育的功能卻是有限的。今天的學校教育只能以犧牲某些人爲代價，來幫助另一些人脫離貧窮。總是要有某些人來做現在由「勞工的窮人」(the working poor) 在做的工作。爲什麼這些人必須生活在貧窮當中呢？如果每個人都像阿德勒所說的接受良好教育，或符合假定的國家標準，這種工作還是需要有人來做呀！如果這種工作是有價值的，那麼付給的薪資應該要合理。這個問題不是學校教育所能夠解決的，但就如我們討論到現在所了解到的，以爲不平等的狀態可以藉由強迫所有人學習相同的課程來加以消除，是一項非常重大的錯誤。

今天學校所能做到的最好的事情（然而社會大衆卻似乎連這點都不願支持）就是，提供所有兒童適當的設備、有助於兒童智力發展的長時間關懷、以及非依照階級來設計的不同課程。但依照先前的分析，有許多的理由讓我們相信這些建議是不太可能被採用的。

問題討論

1. 爲什麼笛卡兒和康德式的個人概念中出現了矛盾？
2. 眞有所謂「權利」這種東西嗎？它的來源是什麼？
3. 我們應該把「原初立場」（the original position）想作是眞實的，抑或只是一種策略性的假設？

4. 批評自由主義將「正義」優先於「善」是什麼意思？
5. 推崇功效論強調結果的作法，但爲什麼他不是個功效論者？
6. 洛爾斯爲什麼被指控爲忽視政治面？
7. 人類所追求的價值只有一種——快樂嗎？快樂是可以被測量的嗎？
8. 法西斯主義者和功效論者在什麼事情上的意見一致？
9. 爲何有時杜威會被稱作「民主式的社群論者」(democratic communitarian)？
10. 杜威可能會把《學校與社會》這本書裡的哪些人，稱作是「最好和最有智慧的父母」？
11. 我們應如何定義學校教育中所出現的不平等？
12. 我們應該花較多的時間在劣勢族群的教育上面嗎？有什麼理由可以證成這種作法？
13. 功效論是否能夠避免以下的情形：道德上允許有百分之十五的人口生活在貧窮（並非極端的貧乏）之中，而這是爲了確保百分之八十五的人生活繁榮富裕？
14. 爲了達到學校教育的平等，我們是否應該規定所有的學生都接受相同的課程？
15. 社群永遠都是好的嗎？

16.為什麼孩子需要有一個能將他們視為成人般地照顧他們，並作為他們學習模仿的大人呢？

17.信任在教育中扮演了什麼樣的角色？

18.《教育建言》是民主式的，還是菁英主義式的？

19.我們應該支持國家統一制定課程嗎？這樣的課程有助於平等的實現嗎？

20.學校教育能為個體之間的差異提供些什麼樣的協助？

推薦書目 178

想要了解自由主義的觀點，請看洛爾斯（John Rawls）的《正義論》（*A Theory of Justice*）；想知道社群論是如何提出批判的，請看沈岱爾（Michael Sandel）《自由主義與正義的限制》（*Liberalism and the Limits of Justice*）；有關杜威加入自由主義和社群論之間爭論的精采過程，收錄在《公眾與其問題》（*The Public and Its Problems*）中；描述美國學校教育中的不平等現象，見柯若爾（Jonathan Kozol）的《野蠻的不平等》（*Savage Inequalities*）；以非傳統的方法探討學校教育及平等問題，見諾丁（Nel Noddings）的《挑戰教育中的關懷》（*The Challenge to Care in Schools*）；研究社群的建構問題，請看瑟吉文尼（Thomas Sergiovanni）的《在學校中建構起社群》（*Building Community in Schools*）。

第十章
女性主義、哲學、教育

179 本章爲滿足以下三個目標：一、回顧過去我們在某些章節中提出的問題；二、對以前曾談過的一些女性主義議題做更深入地探討；三、本章的討論延伸出一個特殊的女性主義觀點：關懷（care）的倫理學。我將利用這個觀點來檢驗某些基本的教育概念。

女性主義對哲學的批判

當代女性主義思想最大的貢獻之一，就是對傳統哲學的有力批判。在第一章裡我們討論過珍、馬汀（Jane Roland Martin）對柏拉圖教育主張的批評①，她強烈地批判了柏拉圖對傳統女性職責和價値的忽視。雖然在當時一場著名的辯論中，柏拉圖所採取的立場乃是女人並非不能擔任共和國的軍人（僅由於其性別），話雖如此，當在選拔軍人時，卻只有擁有符合男性將領的特質和能力的人才可能入選。柏拉圖雖然認爲有些聰慧的女性能夠發展出這些特質與能力，但是他卻對女性的特質嗤之以鼻，因此他認爲，女性必須捨棄自己的女性特質，變得像個男人，才能夠成爲保衛國家的軍人。很明顯地，即使在今天，也有某部分的女性主義者持類似的主張：高度評價公領域中的工作，而對於家庭及社區中的工作則給予以相當低的評價。

馬汀認爲如此一來則完全忽略了「再生產性」
(reproductive) 工作的重要：育嬰、照顧年老或生 180
病的家人、處理家務、以及回應家人心理和生理上的
需求等，這些全部都被柏拉圖一腳踢開。的確，柏拉
圖所主張的女性軍人們不需要再去做這些事情了，而
她們的後代也將由其他數量上相形更少的女性撫養。

相對於柏拉圖，馬汀會讓男孩和女孩同時接受「生產性」和「再生產性」的教育。與其他的女性主義者一樣，她希望女孩子能夠在數學和科學領域中擁有競爭的機會，同時她也希望能讓男孩學習如何照顧別人、表達感情和與他人建立關係。她希望賦予傳統的女性工作更高的價值，而不僅僅是使某些「最強的」女性從這些工作中解放出來。她的主張引發了相當重要的社會議題：如果所有的女強人都變成了傳統的男人，那麼由誰來養育小孩、照顧老人和病人、以及維持家庭的支持性功能呢？馬汀並不是要女人乖乖待在家裡，繼續她們被壓榨的命運，而是要我們了解這些傳統工作的重要性，並讓我們的小孩及早學習如何把這些事情做好。我建議學校的課程內容應該圍繞著「關懷」這個主題：譬如關心自己與親密的人、關懷陌生人與地球上的每一個人、關懷樹木、動物和大

自然、關心人文環境、並關心各種的想法。②

就算你與我和馬汀的主張不同，也不一定代表你得接受本質論的說法。所謂本質論就是主張男性與女性各有其天生的本質，這些不同的本質，使得男性擁有男子氣概和強壯等特質，而女性的特徵是陰柔和脆弱。但在另一方面，本質論也追求一種平衡：男性必須傾聽來自他們內心裡屬於女性那一面的聲音，而女性則須接受心中潛在男性特質的引導。③

許多的近代女性主義者相當厭惡本質論的主張，他們認爲就是因爲這種說法，把女性從公衆與專業的領域中剔除出去。甚至有部份人認爲它根本就是大錯特錯，生理上毫無證據，④但在另一方面，本質論卻也有相當的科學理論支持。無論如何，過去本質論的確受到政治上的利用，長久以來女性的權益受到相當大的忽視。

了解到行本質之名實質上所造成的傷害，大多數的女性主義者都揚棄了這個主張。但是須加以注意的是，幾世紀以來的壓迫，已經在女性思考的方式和所信奉的價值上烙下了深刻的印記，這些思想和價值不
181 可能一時之間全部丟棄，因此我們必須重新反省我們的價值，並調整教育的方式。相當多的女性主義者一聽到本質這個名詞就很不舒服，然而杜威則認爲大可

不必如此，只要它指涉的是一種常態性的特質或屬性，而非永遠固定不變的性質，都算可以接受。多數的女性主義者認爲這個字眼太具煽動性，但我認爲杜威的解釋算是恰當，直用無妨。

討論過本質論、以及由它所引起的爭議後，讓我們現在對盧梭的教育哲學做更深入的探討。之前我們曾經看到過，盧梭主張對男孩的教育內容，應該一方面在保持他們天性的善良和自由的同時，另一方面也培養他們成爲堅強、獨立的公民。而相對於女孩兒，盧梭則主張將她們教育成貞潔、溫順、與附屬於男性的女性，瞧這些是多麼符合本質論呀！如果女人果眞天生在智力上就比男性來得低等，而必須事事依靠男性，那麼女性的教育就的確應該依照這種特質來加以設計，尤其要把由女性那份柔弱氣質所散發出來的魅力發揮到極致。爲了過舒適的生活以及獲得別人的尊重，她們必須取悅男人，而這些都需要從小就開始教導。有一點非常重要：她們必須守貞，但另一方面她們也必須懂得如何去引誘自己的丈夫；她們說話必須機敏而富有同理心，但不可表現出過份聰明的樣子；她們必須花相當多的時間在外表上，以使自自己看起來更「自然」、更吸引人；但在同時，男孩則接受自由的教育。

> 女孩們應該從小就受到限制…為符合禮節，她們必須終其一生接受最嚴格及永久的限制。一開始就給予桎梏，這樣以後對她們來說才容易接受，同時也得以控制她們全部的思想，並使她們臣服於別人的意願底下…習慣於受限會令女人一生溫順，以服從男人或是服從男人對她們的評價，但溫順將使她們避免受到男人的評價。⑤

在看過杜威對於蘇菲應該接受什麼樣的教育，以及女性要如何留住丈夫的建議後，蘇珊、歐京(Susan Okin)對此下了一個註腳：「蘇菲同時既是姘妾，又是尼姑。」⑥

在這段簡短的討論中，或許你已經可以了解爲什麼有這麼多的女性主義者如此畏懼本質論的主張。身爲早期女性主義者之一的瑪莉、渥史東克雷夫特
182 (Mary Wollstonecraft）對此提出異議：女性並非天性（或本質上）柔順，胸無點墨、無知、膚淺、和比男性來得愚蠢。⑦她認爲是女性所接受的教育（正式或非正式）造成這種情形，她主張給女人機會，她們就會表現出自己在任何方面都跟男人一樣好。更進一步，她說，如果要使女性更有效率地處理家務，並把兒子教育得與女兒一樣好，那麼她們就需要接受和男性同樣的教育。

注意，你可以接受本質論基本的概念，同時主張女性所擁有的天賦遠超過她們的弱點。這是許多接受榮格心理論點人士的主張，甚而有相當多的女性主義者認爲，因於女性天生的特質，使女人在許多方面，尤其是在道德這方面，要較男性來得優越。⑧然而我認爲很明顯的，主張女性在某些方面比男性來得優越並不能提昇女性的地位，而這樣的主張也迴避了說明哪些是我們應該鼓勵的特質。現在讓我們繼續複習一些先前討論過的主題，來看女性主義對於哲學和教育到底產生了什麼樣的影響。

知識論

如我們之前所看到的，傳統知識論——主張所有的知識必須要有合理的基礎——已經受到從不同觀點而來的嚴厲攻擊。基礎論，若非瀕臨死亡，似乎也只能消極地處於防守的位置。實用主義、後現代主義、以及女性主義者都不認爲知識能夠堅實地立基於某一組預設的前提或條件之上。我們大多數人也不再相信眞理可以由自明的命題或基本的觀察語句推導出來，雖然這兩種主張都尚未被完全推翻。雖然數學是從一些基本的前提推導出來的，但是我們早已放棄證明這些前提是自明或必然爲眞的主張；而雖科學仍依賴於某些觀察語句（observation statements），但是我們也已將觀察（observation）實際上是理論承載（theory-laden）的說法當作是事實接受了。哲學家就算不主張女性主義也可以提出這些論點，並有些女性的哲學家認爲，由杜威或奎因所提出的「自然化的知識論」，也完全符合女性主義的目的。⑨從這樣的觀點出發，我們並不需要有特殊的女性主義哲學。

至於其他的女性主義哲學家則認爲，近代的自然主義知識論中仍留有相當多笛卡兒的陰影。譬如說還是過於強調合乎「理性」的證明及方法，而所要求的「理性」，又過分到將許多足以稱作知識的命題排除在外了。我們看到史基緬認爲在笛卡兒的模型中存在著某種精神分裂的傾向：一方面想抬高認知主體的地位，使主體脫離權威和教條的束縛；⑩而另一方面，這個有著慾望、眞誠、各種計劃、以及具體歷史背景
183 的認知主體，到最後卻被化約成爲一個「方法」。從笛卡兒式的眼光看到的並非是一個完整的主體在創造它週遭的一切知識，而是一個知識論上的主體，一具心靈的機器，在進行認知的工作。

有相當多的女性主義者，她們不認爲知識會因爲加入了認知主體個人的目的和興趣而有所破壞，這些

人通常被稱爲立場（standpoint）知識論者，他們主張受到壓迫的人應該享有某些特權。因此女性應該享有特權去了解有關性別的議題、窮人應更了解關於貧窮的問題、黑人和其他有色人種應更加清楚種族問題、而或許學生們也更應該擁有了解學校教育的特權。雖然許多的哲學家們認爲科學的知識，若受到來自不同觀點的影響，可能會產生差別；但是立場知識論者仍不相信我們人類可以去除掉所有的偏見而更接近「眞理」。相反地，他們認爲這種帶有特殊觀點的知識，比傳統上經由客觀檢證方法而產生出來的知識要更加正確。

女性主義的知識論與後現代主義有若干相符之處，並略有增減。兩者看法一致的地方例如：皆捨棄對於普適性、傳統的客觀性、眞理的存在、確定性、以及各種全稱的用法（譬如：「所有的」、「全部都是」、「沒有任何一個」等）。然而，後現代主義對於主體的否定則令許多女性主義者相當不安，雖然女性主義可能同意，由傳統笛卡兒所建構出來的主體是一種迷思（myth），但是許多人對於談論所謂「建構的主體」，或要他們一下子完全放棄主體的概念，感到十分措手不及。⑪對於這些女性主義者而言，在她們才剛開始要宣示自我主體性的同時，哲學界卻宣稱主體已死，這是多麼諷刺的一件事！當然，這樣的反對帶有一點政治味道，不完全是站在嚴格的知識論意義而言。但在同時，女性主義則又提出，知識論不可能完全脫離政治而建構。因此對我們許多人而言，部分建構的主體——有很大的部分是由其所處之時空背景所決定，但也有至少一部份是由自己的抉擇與行動而決定的，是比較容易接受的說法。

黑人女性主義則對知識論作出了另一項貢獻。取代以傳統的知識論標準——所謂「證成的眞信念」(justified true belief) 即知識——來判斷命題是否成爲知識，黑人女性主義提出一個問題：誰在主控發言？這是由立場知識論所發展出來的另一種主張，它強調說者／認知者 (speaker / knower) 的經驗，而較不注重說者（發言者）提出什麼樣的論證。因此，對於「你如何獲得知識？」這個問題，黑人女性主義所期待的是較偏重在個人經驗上的答案。而就算論證是必要的，其論證的強度也有部分是決定於說者所表達出來的熱情，以及他所做的保證上，而不僅僅決定於論證的內在邏輯。⑫

184 值得注意的一點是，以上的論點可能會導致一種看法：只有受到壓迫的人可以爲自己所處的立場發言。這句話可以解釋成：只有黑人能夠爲黑色人種說話，或唯有女性能爲女性所受到的壓迫出聲等。但是立場知識論並不一定會導出這樣的主張，此外在這種主張之內也存在著邏輯的矛盾，舉例來說，如果只有女性有立場爲女人的處境發言，那麼男性不是必須保持沉默，就是重複女人的話；但是如果我們主張：若要達到最佳的客觀性，則必須將所有牽涉到議題中利害關係的聲音都包括進來，那麼我們就必須獲得來自男性的意見。因此，不論是男人或女人，黑人或白人，施壓者或被壓迫者，從不同觀點發出的聲音，都在互動中，爲他們所討論的議題，提供了相當有價值的意見。

在知識論裡，女性主義觀點與教育的思想與活動有明顯的關聯。如果從嚴肅的角度來討論立場知識論，我們就會對關於老師與學生的教育現象有更深的了解。例如學生總是抱怨社會科是學校的課程裡最無聊的一科，而教育學者則是一再修正授課的方法，並汲汲於尋找對學生而言更有趣的學習模式，但是我們卻很少讓學生了解自己所在的處境對他們有什麼樣的意義，以及讓他們去發展自己的目標，反而老是想刺激學生們去學習一些爲了其他人的目的而由別人設計的東西。⑬

同樣地通過教育的研究⑭，我們也發現，老師們，其實也跟學生一樣，並非對教育無所不知，但不同的是他們手中掌握著某些知識，除此之外在他人的鼓勵之下，他們也一樣可以發展自己的目標和了解自我。他們不必成為學術研究者，相對的，他們應該被喻為擁有專業知識的教師，同時，與研究學者們進行良好的互動，以提昇彼此的品質。

社會科學的哲學

如同發生在知識論上的情形一樣，科學不再被認
為是規律且客觀的了，現在有越來越多的哲學家將科
學解釋為一種受到個人和團體偏見影響的社會活動。
在社會科學中，這種受到科學家個人及組織偏見影響
的情況更為嚴重，原因乃在於其研究的目標即反映了
他們個人的偏見。意識到社會科學研究中充滿互動的
多樣性，柯隆巴（Lee Cronbach）不久前對於女性主
185 義和後現代主義所謂的「局部眞理」(Local truth)，
提出進行限定研究的建議，也就是說教育學者和其他
的社會科學家們，應該在特定的條件下，針對特定的
族群，為了某些特定的目標來進行研究。⑮

女性主義的科學哲學家們已經顯示，在科學中所包含的男性意識偏見，刻意地突顯出人的主題，並予以自然界特殊的性別。科學用語稱自然界為「她」，

顯示出同時控制自然和女性的雙重慾望——脅迫自然展現出其中的規律，並主宰女人的自由。⑯伴隨著語言分析而來，對隱藏在科學中的男性意識的揭露，使得科學的方法和成果遭受到相當的抨擊；就方法而言，女性主義者對許多方面提出了他們的質疑，譬如：區別主體和客體（這種區別是絕對必要的，還是出於人的需要？）、以控制作爲原始的目的、認爲客觀性是研究者個人可努力達到的理想、將可重複性當作判別科學方法主要的標準、以及習於忽視不規則和偏離正常的現象等。就科學的成果而言，女性主義者則對於「只有女性進化」，和男性在智力上比女性更容易適應環境等觀念提出挑戰。⑰

女性主義者提出了不同的方法，和在知識論界一樣，來自不同領域的學者對他們的想法相當支持：社會學家歐尼爾（John O' Neil）即主張社會學研究的議題應以事實爲根據，而研究的過程應在相互信賴與合作的關係下進行⑱；另一方面女性主義社會學家桃樂絲、史密斯(Dorothy Smith)則呼籲社會學者應該「爲」女性（*for* women），而非「針對」女性（*on* women）來作研究。⑲

凱勒（Evelyn Fox Keller）在她爲諾貝爾得主馬可柯林托克（Barbara McClintock）所寫的傳記

中，充分地顯示出與研究對象的聯繫，可以更加豐富研究的內容。⑳因此同樣地，若是對於不規則或偏離的現象加以注意，亦可發現到一些有意義的性質和規則。研究員不一定須在主要的趨勢裡尋找普遍的規則，也並不一定看到複雜的現象就得遵守化約主義，化繁爲簡。不僅在自然科學中能夠接受一個以上理論解釋的多元論，在社會科學、倫理學、和神學領域中也有類似的情況。舉例來說，女性主義的神學，就爲多神論帶來了嶄新的思考面向。

科學、倫理學、知識論、和神學的女性主義哲學家們都同樣面臨到一個棘手的問題：若是這些領域中的男性意識傳統所主張的方法和結果都的確應遭受批判，我們憑什麼標準來批評他們是錯的？如果我們提出了其他的方法和主張，我們又憑什麼說自己才是正確的呢？㉑就拿女性主義的神學來說好了，他們批評男性神學家不當地以自己文化中的男性形象來創造出
186 上帝，這個批評看似言之成理，但接著卻有某些女性主義神學家，以女性的形象創造出另一個神來。試問這樣的舉動合理嗎？有什麼理由呢？前面批評的理由只能來自包容多元的神概念，同樣地，我們只能根據不同的脈絡來批判傳統的科學方法，而不是以不同的、單一的方法來加以取代。㉒這些想法並非近代女性主義才有，早在許多年前，威廉・詹姆士㉓就已經

提出多元社會的主張，而當代的數學家也曾經提出過相同的說法。㉔

社會科學的女性主義哲學能夠爲教育研究帶來什麼樣的貢獻？也許他們最大的貢獻就是提醒我們切莫以某種「正確的方法」取代另一種方法。研究的質並不比研究的量來得重要，而以敘述的方式說明也不一定就比舉例子來得好，研究的方式應取決於參與者（研究員和所研究的主題）的目的和這個方式本身的成效。現在讓我們停止討論什麼樣的研究才是適當的，開始進入到什麼是我們共有的目的，以及什麼樣的結果對我們來說是有用且能接受的。

倫理學

女性主義的倫理學，與女性主義的知識論及科學哲學一樣，有著多變的面貌，實際上並沒有哪一個主張可以統稱爲「女性主義的倫理學」。有些女性主義者強調自由主義的議事過程，以及其如何保障女性的權利和公平；有些則從社會學者的角度出發，將注意力集中在女性所受到的壓迫和如何從壓迫中解放出來的觀點上，他們所關注的對象不但包括了性別議題，還有種族主義及階級主義。㉕另外有些持分離主張的女性主義者，捨棄由男性所建構的社會秩序，相當積極地尋求發展出另一種完全屬於女性的文化；還有一些人，他們則致力於建立一套關懷倫理，這個等下我還會討論到。

我們曾經在第八章裡簡短地討論過紀力根（Carol Gilligan）的《來自不同的聲音》（*In a Different Voice*），這本書曾引起相當大的爭議㉖，雖然大部分的內容十分有意思且重要，但是卻都跟關懷倫理實際的發展一點兒關係也沒有。到底所有那些不同的聲音是否都和女性有絕對的關係（不論是否實際上這之間眞的有關聯），這是個有趣的問題，但也著實令我苦惱。思考的重點在於，關懷倫理是否眞的可以爲我們帶來更少暴力、更多彼此關懷的人生嗎？什麼是關懷倫理？爲什麼我們會認爲它如此具有發展的潛力？

首先，關懷倫理捨棄掉傳統對於「實然」和「應然」的區分，而認爲這是錯誤的做法。我們不需要建構一個精密的邏輯關係，來解釋爲什麼人們應該儘可能積極地對待他人。道德生活並不是與自然界分離開來的形式，由於我們人是生活在這個世界上，而不是
187 從外面觀看的觀察者，因此我們的道德感和直覺反應也同樣是這個世界的產物，這一點實用主義和關懷理

論相同。「應該」（比較好的說法是「我應該」）是從生活的經驗當中直接得來的，實際上我們應該說，「應然」是我們「實然」的一部份。任何已經脫離嬰兒時期的人都多多少少知道自己曾被別人照顧過，也許被照顧的印象不太深，不能令人清楚了解到什麼是眞正的照顧，因此只憑這些也通常不足以培養出一個充滿關懷心的成人，但是這是我們對別人自覺有份責任在的起源，至少有某部分是由於這份關懷的根源，在許多普通的情形下，我們自然而然地會對他人所處的困境有所反應。我稱這種自發的反應爲「自然的」（natural）關懷，也許其他還有更好的字眼，但我所指的是這種自發、無須刻意的想去關懷別人的衝動。㉗

相對的，「倫理的」（ethical）關懷就是有意引發的結果。當「我應該」的想法一起來時就遭遇到衝突，有一股來自內心的聲音說：「我應該如何如何，但是我不想要。」、「爲什麼我要這麼做？」或是「這人活該，爲何我要幫他？」在這些情況下，我們無須依賴道德規範，比較有效的方法是，儘可能去回想我們曾經照顧別人以及被別人照顧的情景，並在內心裡創造出一幅我們關懷別人的理想圖畫。我認爲康德在區分出自愛心所做的自發性行爲，和出於義務，或我個人比較傾向的說法是：出自於對自我理想形象的行爲，這個區別的做法是正確的。但我認爲他犯了一個嚴重的錯誤：即將我所謂倫理的關懷抬高到了自然的關懷之上。倫理關懷最大的貢獻在於長時間內指導人的行爲，日基月累下來對人們的自然關懷造成變化，使人們能夠以更成熟的態度來實踐道德的行爲。

關於道德規範在倫理學上的地位則引發了另一個相當有意思的爭議。沒有人會否認，在我們日常生活中許多基本的道德原則，通常都是相當可靠又好用的。我們都從經驗當中學習到，對於某些特定的情境要如何予以特定的回應，而在大多數時刻裡，當我們不知該如何做時，這些原則就成了解救我們心靈的救星。但是康德和規則的義務論者，則將道德規範當作是倫理學的中心。包括康德自己以及他的追隨者，都以他所主張的無上命令（categorical imperative）爲核心，衍生出其他的道德規範和原則——就像我們在數學裡從各種公理與假設導出其他規則一樣，因此道德的抉擇是根據邏輯—數學的理性推理來進行的。

關懷倫理則恰好與康德的主張相對，他們認爲當一個人在做道德的抉擇時，規範只佔次要的地位，重要的是這個決定做出來會影響到哪些人，抉擇者必須關心他們會有什麼樣的反應，從而做出決定。有可能當個人遭遇到非常複雜的情境時，連規範也是不管用的，因此取代以道德規範作爲行爲指導，我們必須以關懷的角度來重新檢視所下的決定：他或她需要的是什麼？他或她的需求會傷害到這中間的其他人嗎？我有能力來滿足這份需求嗎？這樣做我的犧牲會有多大？會超過我所能負擔的範圍嗎？這份需求是否眞是基於他或她最大的利益嗎？如果這個接受我關照的對象是個陌生人，那麼我又應該如何對待身邊更親近的人呢？

珍、格潤蕭（Jean Grimshaw）曾對這種關懷的 188
倫理提出一個很重要的問題㉘，她說：這難道不是從另一種不同的道德規範衍生出來的學說？她假想自己的母親會以這麼一條道德規範來教訓兒女：「想想你的行爲是否從關懷他人和維持彼此關係的角度出發？」㉙她的論點在於關懷倫理本身就是一種規範的倫理學說；而其基本的規範乃是：一切行爲須以建立、維持或增強彼此間充滿關懷的關係爲最終目的。

就某個層次而言，這點應是毫無異議的。從一個外頭觀察者的角度看來，由這條規範所描述的關懷者的行爲大致上的確是如此，但是它不應該被當作關懷者背後主要的動機來源，而且從這條規範我們也無法導出其他的原則或規範來。康德的道德主體能夠獨自解決道德的問題，但是我們的關懷者卻必須與接受他照顧的對象有所接觸。雖然在這裡出現了規範的問題，但即使所遵循的規範依情況不同而有所改變，但是關懷的原則依然不變。文化和個人的差異可能會導致關懷的方式不同，因此道德規範的描述不可能全盡——除非它概括到只反映了大多數人自然的傾向，例如：盡你所能不讓別人受到傷害。但是很明顯地，這條規範也不是絕對的。關懷理論唯一承認具有普適性的，是對於人類處境的描述：共通的出生、死亡、以及生理和心理的需求，除此之外還有受到別人照顧的渴望。最後一項，不論它被解釋爲對愛、生理需要、獲得別人尊重、或甚至認知需求的一種表現，都是關懷倫理基本的起始點。

或許關懷倫理最重要的貢獻在於強調出關懷者與被關懷者之間的關係，以及接受關懷者的角色。這些特徵遭受到許多傳統倫理學家的忽視，一點兒也不令人奇怪。關懷倫理主張關懷並非完全決定於關懷者一方的態度與目的，而必須考慮到這份關懷在被關懷者身上產生了什麼樣的效果。如果某甲說他給予某乙他的關懷，但是某乙不認爲某甲有關心到他，那麼甲乙兩人之間的關係就不算是一種關懷的關係。這並不是說某甲做錯了什麼（雖然也許他眞的有做錯），也不是說某乙的感覺出錯（或許他也有可能是錯的），但在這種情況裡的確出了些問題。

將被關懷者當作主動的角色納入關懷的體系中，使得我們無法為關懷這個行為套上固定的模式。誰都不可能以邏輯的方式推算出該怎麼做，以及可以用哪一條道德規範來證成自己的行為；而誰也無法依靠功效論的方式來計算什麼行為比較合理，或者只憑自己心中的道德感，做出為社會大眾所尊崇的行為。當然，每個人都有可能受到以上這些考量因素的影響，然而到最後我們還是必須回應那些要求我們給予關懷的人。而一旦我對某個人付出關懷，相對地我就不可能滿足另外一個人，因此我們並不是依照固定的道德規範來決定該做什麼，而是考慮到我們身邊每一個活生生的人們，以決定應該有的行為。

某些女性主義者懷疑提倡關懷倫理可能會使長久 189
以來對女性的剝削更為嚴重。芭芭拉、郝思頓（Barbara Houston）和莎拉、荷格蘭（Sarah Hoagland）認為長久地維持一份關懷的關係所帶來的壓力，可能讓付出關懷的人忽視自己的幸福，更糟地甚至會為了對方的缺點而自責。㉚這是個不容忽視的觀點，我們必須謹慎地回答她們所提的問題。

這份恐懼有其歷史的背景，事實上女性長久以來被期望要與他人維持良好的關係，就算這份關係遭到其他人的濫用，她們仍須盡力維持。連到現在若是丈夫與孩子有了過失，她們仍然被視為沒有做好份內該做的事。當然沒有任何主張關懷倫理的人會希望看到這種結果，那麼我們要問：關懷倫理是否一定會導出這種邏輯上的結論？我想答案是否定的。

第一，關懷者與被關懷者並非永遠是固定且清楚的兩群人，他們是在持續不斷的關係中一次又一次相遇的人們，除了在某些結構上原本就不平等的關係裡(如父母與小孩、老師與學生、醫生與病人），每個人都隨著情境而扮演不同的角色，時而必須照顧別人，時而接受他人的照顧。當然也有可能發生某個自私的人不斷地要求別人給他關懷等類似的情況，但是關懷倫理不僅容許扮演關懷者的人從中抽身而出，甚至要求他必須這樣做以保護自己這種關懷別人的能力。針對這一點，郝思頓認為關懷倫理並非無條件地關心關懷者，而只是在他們扮演關懷者角色時給予注意；相反地，被關懷者就可以享受到無條件的關懷與照顧。但理論上郝思頓的主張並不合理，因為關懷者同時也有可能成為被關懷者，而此外，接受關懷的一方也並沒有得到無條件的照顧。無論是關懷或被關懷的任何一方，都處於關懷倫理的體系裡而必須付出關懷。

第二，關懷倫理並不只是針對女性而已，將關懷倫理貼上女性倫理的標籤是極危險的一件事。㉛在我使用「女性」（feminine）這個字眼的時候，我有意指向女性幾世紀來的特殊經驗，以及長久以來與這份經驗密切結合的價值和工作。我深切相信關懷倫理的想法是從人與人互動的經驗裡提昇出來的，在這些經驗中包含了許多直接的、與相互傳遞的對人的責任感。關懷倫理之所以被認爲與女性相關，是因爲它呈現了女性經驗中相當重要的一面，但是它所衍生出來的經驗與道德思想，卻不如同受限於男性意識和經驗的傳統或康德學說那樣，僅限於女性而已。當前最緊急的問題是：我們必須擁有什麼樣的經驗，和發展哪一種道德思想可以改善人類目前的處境？

第三點，也是最後一點，關懷倫理爲了避免剝削 190
的情況發生，而相當強調道德的教育。如果所有的兒童，不論是男生或女生，都被教育爲有能力照顧別人的人，以及敏感細膩的被關懷者，那麼剝削的情況必定大爲減少。關懷倫理將關懷者與被關懷者以相互的責任關係緊密地聯繫在一起。相對於康德倫理學說中的個人主義——每個道德主體必須完全爲自己是否達到道德完滿負責——關懷倫理讓我們承認自己的脆弱，並努力帶給別人快樂。它令我們了解到每個人爲了達到道德的善（某部分也是爲了自身的幸福），都必須依靠別人：我可以過得多好至少有一部份取決於你是如何對待我。因此關懷倫理其中一個主要的目的即在於避免極端的分裂，而招致二元的結果：剝削者／被剝削者、壓迫者／被壓迫者、道德主體／客體，諸如此類等。

關懷和教育

由於前面已經提到過道德教育在關懷倫理所具有的中心地位，現在就讓我們以道德教育為主題開始本節的討論。從關懷的角度來看，道德教育乃由四個主要的部分組成：以身作則（modeling）、對話（dialogue）、實踐（practice）、和最後的肯定（confirmation）。

以身作則（modeling）對於大多數的道德教育來說是相當重要的，但是就關懷而言，就如同對於品德教育一樣，教師有否以本身作為學生的模範，相形之下則更為重要。相對於認知發展理論者，我們主要關切的並不是道德的推理（moral reasoning），當然，這也不是說我們不重視推論，只是我們最關心的是學生成為關懷者與被關懷者這中間的過程。我們必須以自身的行為讓學生了解什麼是關懷的意思，並非一味地要求他們去關懷別人，並塞給他們一大堆教科書，要他們來研究這個主題。我們必須通過自已與他們之間的關係，來闡明我們所了解的關懷。

除說明關懷的意義之外，我們必須讓學生參與有關「關懷」這個主題的對話（dialogue）。就某一個層次來說，因爲對話對於關懷是如此重要，所以如果我們不參與對話，就沒辦法了解什麼是關懷，更別說去做出關懷的行爲。另一方面，由於關懷的形式有太多種，因此藉由對話，來討論什麼是我們所理解的關懷，也是相當重要的。學生們在解釋成人的行爲舉止上通常需要別人的幫忙，譬如當他們碰上外表較爲嚴肅的老師時，他們會懷疑說像這樣的老師可能去關懷同學嗎？或者表現比較寬大的老師，才較有可能關懷人？而他們又應該依據什麼標準來判斷呢？

學生受到鼓勵後，漸漸可以分析行爲的種類，並針對不同的種類產生不一的反應。譬如說，老師依照公平的原則，對於所有的同學都一視同仁，那麼每個學生就都能感受到老師的關懷了嗎？公平的感覺可以跟被關懷的感受相比嗎？今天有許多學生把高壓的管教方式當成一種關懷，他們相信關心他們的老師會要求學生。這樣的想法使得持批判理論與關懷理論的學者相當擔心，如此可能導致對權威或領導的強烈依賴

性。因此，對話的其中一項功能就是幫助學生與老師們去反省和批判自己的做法。參與對話給了我們很好
191 的機會來問問為什麼自己要這麼做，以及這麼做會帶來什麼結果。

對話是從研究關懷的現象學中發現出來的。當我們關懷別人時，我們是以一種開放且誠懇的方式在接納他人，我稱這種接納是「全神貫注的」（engrossment），但是它並不代表一種失去理智、一心一意的狂熱態度，而是指一種許可他人與之建立關係的非選擇性（nonselective）關懷。當對話一旦展開，我們就開始進入彼此相互關係的建構過程中，這其中牽涉到人與人之間完全的接納、深刻地反省、審慎評估、不斷修正、以及深入的探索。

從關懷的角度來看，對話在道德教育中佔了極重要的地位，它可以用來評估我們所付出關懷的成效。經由對話我們可更深入地了解其他人，而藉著這份了解我們可以進一步學習做個更好的關懷者；當我們嘗試去關懷別人時，對方的回饋能幫助我們以更適當的方式來照顧他們。

最後一點，對話能夠幫助被關懷者成長。各式各樣的問題、資訊、觀點、和心態都在對話中自由地交流，而教師們可以試著邀請學生一同參與「終極的對

話」（immortal conversation）㉜。在這裡關懷理論的學者完全同意蘇格拉底的想法：眞正的教育應該要能幫助學生重新檢視自己的人生，並探索那些人類自始至終不斷在問的問題。但有一點必須注意的是：關懷理論學者並不主張「強迫」學生一定要試著去解決那些所謂的終極問題，他們只是盡可能邀請學生來參與這樣的對話，並允許學生主導對話的進行。他們並不會像蘇格拉底一樣宣稱未經檢驗的人生是不值得活的，但是他們卻會提出問題，譬如：從未經過檢驗的人生眞的值得活嗎？我們應該幫別人決定他的人生嗎？我們又如何看待自己的人生呢？

實踐（practice）在道德教育中的地位也同樣舉足輕重。由教育活動所帶來的經驗，會改變我們對事物的看法，或稱「心態」（mentality）。雖然社會上許多對於心態的探討大多都是陳腔濫調，但其中也有不少是眞的，而且十分有用。通常那些教導出企業總裁、軍事領導人、以及律師等的老師們，都相信自己所教的東西要遠超過課本裡面的教材，他們乃是依照某種特殊的人生觀來教育學生的心靈。因此如果我們希望培養出能夠關懷別人的成人，那麼就應該多讓學生參與學習及反省如何關懷他人的實踐。

有時候學習關懷他人的實踐被解釋爲人們必須服

務其社群的特殊需要。雖然這樣的實踐經驗也許可以培養一個人照顧別人的能力，但是如果沒有實實在在去做，則可能表面上滿足了這種需要，卻不一定保證他這個人在關懷別人的能力上有所成長。兒童需要有成人來示範如何關懷別人、與他們討論關懷所帶來的困難和回報、並向他們證明關懷到底實際上有多重要。

192 近來學者對學校課程所提出的建言，相當強調合作的學習方式，認爲這樣的學習方式可以促進關懷他人的能力。但就如我們先前討論過的一樣，這種合作學習的方式可依不同的目的來用做各種的用途，每種用法也都有不同的解釋。如果要使用這種團體合作的學習方法，那麼教師必須明確地告訴他的學生說，團隊工作的主要目的就是要彼此互相幫忙——相互地了解、分享、和支持。這個目的並不同於一般學習的目的。

第四個組成分子：肯定（confirmation），使關懷在道德教育中和其他的方法有極大的不同。馬汀·布柏將肯定這個行爲描述爲一種對他人的確認和鼓勵，當我們肯定他人時，我們就是在確認別人擁有一份更好的本質，並鼓勵這個本質繼續發展㉝。爲了做到這樣，我們必須對別人有相當的了解，否則我們就看不出對方事實上努力達到的目標，以及他所希望實現的理想是什麼。標語和口號對於肯定他人是毫無用處的，我們不能用單一的標準來要求每一個人，然後宣稱對所有人都抱著很高的期望；我們應該先試著了解什麼是值得我們推崇，或至少是可以接受的優點，然後努力從別人身上發掘長處。這些目標和特點，必須同時被我們及希望達成的人所認爲是有價值的，否則我們很難去肯定自己都認爲不對的人。

要肯定別人，我們需要推測對方最有可能的動機是什麼。當某人做出可惡的行為時，我們會自問是什麼樣的動機會產生這種行為。通常，找出一連串的動機並不是件困難的事，這些動機從最污穢不堪到可接受，甚至崇高的理由都有可能。我們是如何找到這些動機的呢？這一些並非憑空想像，而是經由對那人的了解，以及仔細傾聽他或她所說的話。所推測的動機必須具有很大的真實性與可能性，如此一來我們才可以像這樣展開對話：「我知道你原本是想幫助我的朋友」或「我了解你想要做什麼…」很明顯地，我們並不贊同這樣的行為，但是另一方面，對對方而言，我們肯定了他的本質並不像他所做的行為那樣可恨，而通常對方會因為看到我們這樣而做出鬆了一口氣的反應。在這裡的對方是這樣一個敏感的人，因此他也從我行為所表達出的意義中，肯定我有一個更加美好的本質，並推測我的動機乃出於善的意志。相互的肯定能使我們朝自己理想的形象不斷提昇、邁進。㉞

肯定需要信賴與持恆。持恆的需要是為了要瞭解他人，而此外我們還必須信賴對我們付出關懷的人，相信他一定能夠持續尋找可能的動機。由於需要相當的信賴與持恆，因此我主張老師和學生應該要（經由彼此同意）長時間地相處。以關懷倫理為指導原則的道德生活，必須建立在彼此關懷的關係上，而這份關係需要不斷地建構、維持、並豐富其內容。

193 我們可以將道德教育的討論延伸到對多元文化主義的思考上面去。取代以往鼓勵次級團體去對學校課程內容進行抗爭及爭取政治分離活動空間的做法，現在我們要求展開眞正的對話和面對面的接觸。安・迪勒（Ann Diller）從關懷倫理的角度來討論教育中的多元論㉟：她呼籲人們應努力瞭解對方、並享受相互探索的樂趣。這些都反映了我們對於對話的強調，對話中的雙方必須能夠完全瞭解另一方所說的話，如果其中一方聽不懂，或對話中的意思斷章取義，那麼就不可能達到互相瞭解。同樣地，相互探索（coexplore）不僅需要對話，還包括活動。來自不同文化的學生需要有共同合作的機會，在合作的過程中，除了討論問題和爭議外，他們還需要有共同的目標來進行活動。相互的探索能使彼此發現共通的價值與興趣，而這些活動本身就能夠產生樂趣。

對多元文化教育不感興趣的人士通常會把這個當作是對民族學的研究，而有部分的學者則對於民族學研究抱持相當保守的態度，原因是由於他們相信世上存在著比各個民族所信奉的原則更高的價值。這樣的學者們主張有「超越的」(transcendent)、「更高的」(higher)和「普遍的」(universal)價值，並認爲人們應超越狹隘的民族認同，塑造出一個完整的人的形象。大部分他們所追求的目標都令人肅然起敬，他們希望每個人都能不分種族地受到禮遇和尊重，他們想要的，似乎是一種新的人性論。

關懷理論者以及一些後現代主義者，懷疑這樣的超越性是否有必要和需要。大部分的文化不都主張基本的禮貌、善待陌生人、要誠實相待等等嗎？有必要超越個人的民族認同，以實踐這樣的理想嗎？認爲我們需要超越種族以追求普遍的價值，這其中隱藏了以單一民族所信奉的價值爲標準，並假某種抽象的人性論之名，以達到同化每一個人的危險。每個民族獨特形式的關懷、勇氣、及熱情，都將消失在全稱的冠詞底下。由迪勒所主張的相互探索，也許會使我們發現，我們所尊崇的某些美德可能也存在於別種的生活方式中，而我們不希望見到的惡事，同樣會在別人的世界中發生。互相探索的結果是彼此開始產生改變。

我認爲關懷倫理和由德里達（Jacques Derrida）和勒維納（Emmanuel Levinas）所主張的他者倫理（ethics of alterity ／ otherness）有某些共通之處。㊱這兩者都主張將別人當作「他者」來尊重。以下是伯恩斯坦（Richard Bernstein）對德里達的看法：

> 194 很少有學者會以這種方式來描寫痛苦、悲傷的「他人」。在德里達其中一篇最好也最令人喜愛的文章：《向勒維納致敬》裡（德里達從他那裡獲得了許多的想法），他寫道：「…對別人的尊敬應依照別人原本的身分：他人。若無這樣的認知（注意這並非知識），或讓我們説，若不把別人當作在我之外存在的某種本身性的東西，那麼就不可能有倫理學。㊲

關懷倫理對於他者的主張也有相似之處。新生的小孩並不僅僅是「我的血肉」，而是一個眞正的他者。他的外表可能像也可能不像我，他的興趣也許很不同，而他的命運或許緊緊地與除了我以外的某個人相連在一起。當我看著他的臉，我看到的並不是我的反射，而是一個獨一無二的人，同樣地回看著我。關懷倫理的核心在於容許他人以一個完整的個體進入到我的意識裡面來——而不只是我蒐集到的一堆資訊。我們相遇的結果並不一定是愛，我們也並不帶著必須彼此相愛的戒律而出發——譬如預設了「我們都是神的兒女，所以要彼此相愛」等。在與別人相遇時，我們已準備好接受一切可能發生的人類情感。但是當瞭解到我們對別人而言都是他人的時候，我們捨棄以暴力相向。我們選擇與他人同在，並避免任何可能發生的衝突。㊳

德里達所主張的「讓他者成其為他者」(letting the other be)，以及關懷倫理的「肯定」(confirmation)經常受到誤解。「讓他者成其為他者」並不只是指共同存在(coexistence)而已，它的意思也不是忽略別人或避免受到他人的干擾和企圖說服。同樣地，肯定他者也並非為別人找藉口或假裝把一件惡意的行為當作是出自善的意志所做的事情。相反的，這兩個主張都是植基於尊重他人理想的一份瞭解之上。當我們試圖介入和說服別人時，我們是把別人當作他人來幫助他做得更好；相同地，當我們在別人身上看到不好的事情時，我們必須保留直接對他下判斷，直到我們確定這份不好是在於他人，而不是來自我們內心邪惡的反射，因此在關懷時所做的感應不只是向外，還包括向內的反省。

向內的反省則對於批判思考（critical thinking）提出了一個新的面向，還記得理查、保羅(Richard Paul)曾主張自知（self-understanding）是幫助精確思考的一個重要步驟吧？但就如同大亞培根(Barbara Thayer-Bacon)所指出的，保羅的重點只在幫助思考者從自己的偏見跳脫出來㊴，而大亞培根要的是能更令人接受的主觀看法，以及它所能爲精確思考帶來的豐富內容。

批判思考在這一方面的延伸，或許可以達到兩個目的：第一，如同大亞培根和珍、馬汀(Jane Roland Martin)(見第五章）所力陳的：精確的思考可能由原本消極的角色轉變爲更加地豐富與積極；第二，積極形式的精確思考應可促進人際間的相互理解
195 (Interpersonal reasoning)。意即當我們更了解自己的時候，我們會有更大的慾望想要去了解他人；反過來說，當我們更深入人與人之間這種關懷的、相互理解的關係時，我們又對自己有了更進一步的瞭解。因此，這兩個目的應該是相輔相成的。

我們應該依照自己的感情和反應方式來進行積極形式的精確思考，而不只是根據我們的信念和論證。舉例來說，納粹時期的德國年輕人或許都瞭解軍歌及

整齊的制服會帶給他們什麼樣的影響，然而今天看運動新聞、聽著流行音樂、或觀賞暴力電影的青少年們則可能很難瞭解那個時候年輕人的感受。當我們對人類以及我們自己的行為越深入瞭解，我們就越會發現這些行為背後的理由極少是出於信念，更多的時刻我們是依照感覺來行事。然而傳統的嚴密思考，都在試圖克服人類這種依感覺行動的傾向，其結果就是，根據馬汀所指出的，高度理性化的冷酷以及嚴厲地對待別人。相對地，以關懷角度出發的精確思考，則鼓勵我們接觸自己眞實的感覺並接受本身的條件。但接受並不代表我們認可任何情緒化的反應，相反地我們希望能夠發現並接受自己的情感，是幫助我們將這些情緒放在一旁（而不是去克服它們），並使自己瞭解到我們也同樣會犯錯，接下來以更正面的態度去面對所遭遇的情境。

當我們了解到自己行為背後的情緒根源後，這時應該學習的是如何捨棄傳統精確思考的觀點，並開始進入人與人之間的相互瞭解。有太多時候論證對於談判是毫無幫助的，甚至有時論證的使用會使對方產生厭惡。就像伯恩斯坦（Richard Bernstein）所說的，我們很難屈服於「更有力的論證」之下。

人際間的互相理解（Interpersonal reasoning）

主要關切的是對話中參與者的關係㊵，它的特徵是關懷的態度，而它的目的並不是要去攻擊別人，或者逼著人家一定要老實回答問題。要達到這種相互的理解還需要在關懷現象學裡所描述的一種專注和關切的態度，我們所要做的就是直接或間接地詢問他人：你遭遇到了什麼樣的事情？㊶

由於這種人際間的互相理解，其主要的目的在於維持或使關係朝向更積極的方向發展，因此是相當具有彈性的。有時我們可能需要一些沒有邏輯性的談話，這些談話的目的在於緩和緊張與憤怒、使對方覺得心情愉快、以幽默解除壓力、使彼此有鬆一口氣的機會等等。有時我們可以從這種言不及義的談話中瞭解到對方的感覺、心情、或者看是什麼話題——可能是一些在以往必須用傳統的論證形式來探討的論點。人際間的相互理解通常牽涉到所謂尋求適當的回應。在一般的精確思考中，人們倚賴論證來做適當的回
196
應，也就是說，我們經常根據邏輯來決定要給予什麼樣的回應，甚至連在強的（strong）精確思考中，人們也是依照論證的邏輯性，以及是否挑戰對方的前提來決定要如何回應。但是在相互理解的人際關係中，我們回應的對象是一個活生生的「他人」，而非死板的論證。

你看，我們曾經討論過的許多話題，如果以關懷的角度重新來看待它們，其內容就又更加豐富了。舉例來說，雖然我曾經以論證來反駁根據國家的目標來制定學校課程的做法，但若是再加上關懷的觀點，我們又可以爲這份論證加入更多的力量：眞正的教育應該包含受教育者的目標和活力，要確保學生的參與，老師們必須與他們建立起一種關懷和信賴的關係，並經由這樣的關係，學生與老師共同合作爲教育設定目標。

當然，任何一項領域都必須確立標準。我們應該鼓勵學生們在自己所選擇的學習領域中達到最好的成績，但是這裡的關鍵就在於對領域的選擇。在他人倫理和關懷倫理中，我們旨在追求提昇他人的成長，但是以不妨害別人的「他者性」（Otherness）爲原則，同時也避免爲別人決定他應該做的事情。若我們不希望教育像盧梭所主張的那樣呆板和統一，那麼我們應該做的就是盡量鼓勵發展多元的教育主張。關懷倫理一方面點出了被關懷者對關懷關係所做的貢獻，同時另一方面，它也讓我們了解到學生在教育關係中的重要作用。認爲國家目標的設立可以使教師的教學更努力也更有效率，繼而使學生的學習更努力更有效率的這種怪異的觀念，事實上是來自一個傳統的主張：假設主體可以理性地計劃自己所有的行動，並憑個人的能力加以實踐，不論是否有他人牽涉其中。這樣的主體，就像史基緬對於笛卡兒的認認知者的描述一樣，有些精神分裂傾向，在強烈要求自我的自主性之同時，卻也忽略了他們的對象（他者）亦是有自主性的。

關懷倫理否定了一個完全自主的道德主體的觀念，轉而接受相互依賴的道德事實。我們的善（goodness）和成長與別人的緊緊相連。作爲老師，我們依賴學生就如同學生對我們的依賴一樣需要。

問題討論

1. 客觀性是有可能達到的嗎？應如何定義客觀性？
2. 支持本質論的論證有哪些？而反對的論證又是如何呢？
3. 盧梭對於教育蘇菲的主張是合理的嗎？
4. 笛卡兒主張的知識論是理性的典範，或是如史基緬所說的，是一種精神分裂？
5. 只有女人有權爲女性的處境說話嗎？而同樣地，唯有黑人有權爲黑人的情況抗議嗎？
6. 爲什麼某些哲學家反對全稱（grand

narrative）的講法？

7. 什麼是「局部眞理」（local truth）？

8. 以發言人是誰來攻擊一個論證，是合理的或根本毫無關聯的呢？

9. 「爲了」（*for* women）而非「針對」（*on* women）女性做研究應該是指怎麼做？

10. 研究者應該與他所研究的對象保持距離嗎？

11. 女性主義者會如何駁斥上帝所具有的男性形象，又會如何爲其女性形象辯護呢？

12. 一份重質與另一份重量的的研究報告可以用相同的標準來評量嗎？

13. 我們爲什麼會（以及要如何）反駁道德自主性的概念？

14. 倫理學需要有道德原則嗎？爲什麼？

15. 接受關懷的一方在進行關懷的關係中有什麼貢獻？

16. 如果女性接受了關懷倫理，她們應如何避免受到剝削？

17. 關懷的道德教育和其他的道德教育有何不 30. 同之處？

18. 人際間相互的理解與邏輯分析式的理解有何不同？

19. 老師應如何「肯定」學生？

20.「讓他者成其爲他者」(letting the other be)的意思是什麼?

推薦書目

197 關於女性主義的知識論方面，見哈定(Sandra Harding)的《女性主義中的科學問題》(*The Science Question in Feminism*)和由安東尼(Louise Antony)與威特(Charlotte Witt)共同編著的《自己的心靈》(*A Mind of One's Own*);在女性主義的科學哲學方面，見布萊爾(Ruth Bleier)編的《從女性主義看科學》(*Feminist Approaches to Science*)和凱勒(Evelyn Fox Keller)的《對性別與科學的反思》(*Reflections on Gender and Science*);在女性主義倫理學方面，見諾丁(Nel Noddings)的《關懷:從女性主義看倫理學和道德教育》(*Caring:A Femine Approach to Ethics and Moral Education*)和珍、格潤蕭(Jean Grimshaw)《哲學與女性主義思想》(*Philosophy and Feminist Thinkin*);關於教育的關懷理論，見諾丁(Nel Nodding)的《挑戰學校教育中的關懷》(*The Challenge to Care in Schools*)

註解

Chapter 1

1. A contemporary philosopher of education who recommends a modified use of the Socratic method is Sophie Haroutunian-Gordon. See her *Turning the Soul: Teaching Through Conversation in the High School* (Chicago: University of Chicago Press, 1991).

2. The account of Socrates' trial, imprisonment, and death is given in the dialogues "Apology," "Crito," and "Phaedo." They are available in many collections. See, for example, *Plato: The Great Dialogues*, trans. and ed. B. Jowett (Roslyn, N.Y.: Walter J. Black, 1942). Most of *Republic* also appears in this collection.

3. *Republic*, books II, III, V, and VII.

4. See Jane Roland Martin, *Reclaiming a Conversation* (New Haven: Yale University Press, 1985).

5. See, for example, Nel Noddings, *The Challenge to Care in Schools* (New York: Teachers College Press, 1992).

6. See Aristotle, *Nicomachean Ethics*, trans. Terence Irwin (Indianapolis, Ind.: Hackett, 1985).

7. See Alasdair MacIntyre, *After Virtue* (Notre Dame, Ind.: University of Notre Dame Press, 1984).

8. See book 10 of *Nicomachean Ethics*.

9. Lawrence Kohlberg, *The Philosophy of Moral Development* (San Francisco: Harper & Row, 1981).

10. James Terry White, *Character Lessons in American Biography for Public Schools and Home Instruction* (New York: The Character Development League, 1909).

11. For a defense of character education, see Betty A. Sichel, *Moral Education* (Philadelphia: Temple University Press, 1988).

12. See Martha C. Nussbaum, *The Fragility of Goodness* (Cambridge: Cambridge University Press, 1986).

13. See Martin, *Reclaiming a Conversation;* also Susan Moller Okin, *Women in Western Political Thought* (Princeton: Princeton University Press, 1979).

14. Jean-Jacques Rousseau, *Émile*, trans. Allan Bloom (New York: Basic Books, 1974).

15. See Charles E. Silberman, *Crisis in the Classroom: The Remaking of American Education* (New York: Random House, 1970).

16. A. S. Neill, *Summerhill* (New York: Hart, 1960).

17. See Jean Piaget, *Genetic Epistemology* (New York: Columbia University Press, 1970); also L. S. Vygotsky, *Mind in Society: The Development of Higher Psychological Processes* (Cambridge: Harvard University Press, 1978).

18. See Maria Montessori, *The Secret of Childhood,* trans. M. Joseph Costelloe (New York: Ballantine Books, 1966).

19. From *Émile,* quoted in Okin, *Women in Western Thought,* p. 136.

20. For an account of Pestalozzi's approach and its relation to the ideas of Locke, see John Cleverly and D. C. Phillips, *Visions of Childhood* (New York: Teachers College Press, 1986).

21. See Jonathan Kozol, *Savage Inequalities* (New York: Crown Books, 1991).

22. See Lewis Pyenson, *The Young Einstein* (Bristol and Boston: Adam Hilger, Ltd., 1985).

23. John Dewey, *Democracy and Education* (New York: Macmillan, Free Press, 1916), p. 71.

24. Ibid., pp. 71–72.

25. Ibid., p. 58.

Chapter 2

1. See Milton Halsey Thomas, *John Dewey: A Centennial Bibliography* (Chicago: University of Chicago Press, 1962).

2. See the account in Max Eastman, *Heroes I Have Known* (New York: Simon and Schuster, 1942). See also Richard Hofstadter, *Anti-Intellectualism in American Life* (New York: Alfred A. Knopf, 1963); Albert Lynd, *Quackery in the Public Schools* (New York: Grosset and Dunlap, 1953). The suggestion that Dewey might have had a worse influence than Hitler was made by Mortimer Adler in an interview in *Time:* "Fusilier," *Time* 59 (March 17, 1953), p. 77.

3. Quoted in Manley Thompson, *The Pragmatic Philosophy of C. S. Peirce* (Chicago: University of Chicago Press, 1963), p. 80.

4. See S. Morris Eames, *Pragmatic Naturalism* (Carbondale: Southern Illinois University Press, 1977).

5. For more on growth, see Eamonn Callan, "Dewey's Conception of Education as Growth," *Educational Theory* 32, no. 1 (Winter 1982):19–27; also Sidney Hook, "John Dewey: Philosopher of Growth," in Sidney Morgenbesser, ed., *Dewey and His Critics* (New York: Journal of Philosophy, 1977), pp. 9–17.

6. See John Dewey, *Experience and Education* (New York: Macmillan, 1963), p. 36.

7. R. S. Peters, "Aims of Education: A Conceptual Inquiry," in R. S. Peters, ed., *The Philosophy of Education* (Oxford: Oxford University Press, 1973), p. 13.

8. Dewey, *Experience and Education,* p. 67.

9. John Dewey, "The Reflex Arc Concept in Psychology," *Psychological Review* 3 (July 1896):357–370.

10. Dewey, *The School and Society* (Chicago: University of Chicago Press, 1900).

11. For a fuller discussion on warranted assertions, see John Dewey, *Logic: The Theory of Inquiry* (New York: Henry Holt, 1938).

12. Dewey, *Democracy and Education* (New York: Macmillan, Free Press, 1916).

13. For a contemporary argument along these lines, see Seymour Sarason, *The Predictable Failure of Educational Reform* (San Francisco: Jossey-Bass, 1990).

14. Dewey, *Democracy and Education*, p. 83.

15. See Arthur M. Schlesinger, Jr., *The Disuniting of America: Reflections on a Multicultural Society* (New York: W. W. Norton, 1992).

16. Dewey, *Democracy and Education*, p. 180.

17. I have argued this point myself. See Nel Noddings, *The Challenge to Care in Schools* (New York: Teachers College Press, 1992).

18. Dewey, *Democracy and Education*, p. 211.

19. Ibid., p. 213.

20. See, for example, George S. Counts, *Dare the School Build a New Social Order?* (New York: Arno Press, 1969).

Chapter 3

1. Ludwig Wittgenstein was a philosopher who first worked in the analytic mode of Russell and later created the field of ordinary language analysis. For the former, see his *Tractatus Logico-Philosophicus*, trans. D. F. Pears and B. F. McGuinness (London: Routledge and Kegan Paul, 1971); for the latter, see *Philosophical Investigations*, ed. G.E.M. Anscombe, Rush Rhees, and G. H. von Wright, trans. G.E.M. Anscombe (Oxford: Oxford University Press, 1953).

2. Jonas F. Soltis, *An Introduction to the Analysis of Educational Concepts* (Reading, Mass.: Addison-Wesley, 1968).

3. Many fine examples of analytical essays exist, among them B. Paul Komisar and C.J.B. Macmillan, eds., *Analytical Concepts in Education* (Chicago: Rand McNally, 1967); C.J.B. Macmillan and Thomas Nelson, eds., *Concepts of Teaching* (Chicago: Rand McNally, 1968); James E. McClellan, *Philosophy of Education* (Englewood Cliffs, N.J.: Prentice-Hall, 1976); R. S. Peters, ed., *The Philosophy of Education* (Oxford: Oxford University Press, 1973); B. Othanel Smith and Robert H. Ennis, eds., *Language and Concepts in Education* (Chicago: Rand McNally, 1961).

4. See the essays in Lee S. Shulman and Evan R. Keislar, eds., *Learning by Discovery* (Chicago: Rand McNally, 1966).

5. See, for example, George F. Kneller, ed., *Foundations of Education* (New York: John Wiley and Sons, 1963).

6. See William F. Frankena, "Is the Philosophy of Education Intellectually Respectable?" in *Proceedings of the Seventeenth Annual Meeting of the Philosophy of Education Society*, ed. Robert E. Mason, 1961, pp. 36–45.

7. See Robert Mason's response to Frankena, ibid., pp. 46–48.

8. The prototype work is Wittgenstein's *Philosophical Investigations*.

9. For the distinction between teaching as occupation and act, see B. Paul Komisar, "Teaching: Act and Enterprise," in Macmillan and Nelson, *Concepts*, pp. 63–88.

10. John Dewey, *How We Think* (Chicago: Henry Regnery, 1933), pp. 35–36.

11. Israel Scheffler, *The Language of Education* (Springfield, Ill.: Charles C. Thomas, 1960).

12. Israel Scheffler, "The Concept of Teaching," in Macmillan and Nelson, *Concepts*, p. 27.

13. Komisar, "Teaching: Act and Enterprise," p. 79.

14. Ibid., p. 76.

15. Dewey, *How We Think*, p. 36.

16. See D. C. Phillips and Jonas F. Soltis, *Perspectives on Learning* (New York: Teachers College Press, 1985).

17. Nel Noddings, "'Reasonableness' as a Requirement of Teaching," in Kenneth A. Strike, ed., *Philosophy of Education* (Urbana, Ill.: Educational Theory, 1976), pp. 181–188.

18. B. Othanel Smith, "A Concept of Teaching," in Smith and Ennis, *Language and Concepts in Education*, p. 93.

19. Gilbert Ryle, *The Concept of Mind* (London: Hutchinson, 1952).

20. B. Othanel Smith, "A Concept of Teaching," in Macmillan and Nelson, *Concepts*, p. 16.

21. Scheffler, "The Concept of Teaching," p. 27.

22. Thomas F. Green, "A Topology of the Teaching Concept," in Macmillan and Nelson, *Concepts*, pp. 28–62.

23. See, for example, I. A. Snook, "The Concept of Indoctrination," *Studies in Philosophy and Education* 7, no. 2 (1970):65–108.

24. C.J.B. Macmillan and James W. Garrison, "An Erotetic Concept of Teaching," *Educational Theory* 33, no. 3–4 (Summer/Fall 1983):157.

25. See Jaakko Hintikka, "Semantics of Questions and the Questions of Semantics," *Acta Philosophica Fennica* 28, no. 4 (1976); also Jaakko Hintikka and Merrill Hintikka, "Sherlock Holmes Confronts Modern Logic: Towards a Theory of Information-seeking Through Questioning," in E. J. Barth and J. Martens, eds., *Theory of Argumentation*, (Amsterdam: Benjamins, 1982).

26. Susan Laird, "The Concept of Teaching: *Betsey Brown* vs. Philosophy of Education?" in *Philosophy of Education: 1988*, ed. James Giarelli (Normal, Ill.: Philosophy of Education Society, 1989), pp. 32–45.

27. Ntozake Shange, *Betsey Brown* (New York: St. Martin's Press, 1985); quoted in ibid., p. 33.

28. Laird, "Concept of Teaching," p. 37.

29. Lynda Stone, "Philosophy, Meaning Constructs, and Teacher Theorizing," in E. Wayne Ross, Jeffrey W. Cornett, and Gail McCutcheon, eds., *Teacher Personal Theorizing*, (Albany: State University of New York Press, 1992), p. 20.

Chapter 4

1. See the entry "Existentialism" by Alasdair MacIntyre in the *Encyclopedia of Philosophy*, ed. Paul Edwards (New York: Macmillan, 1967), vol. 3, p. 147.

2. For an introduction to the themes of existentialism, see Maurice Friedman, ed., *The Worlds of Existentialism* (Chicago: University of Chicago Press, 1964). See also Jean-Paul Sartre, *Essays in Existentialism*, ed. Wade Baskin (Secaucus, N.J.: Citadel Press, 1977).

3. See Søren Kierkegaard, *Either/Or*, vol. 1, trans. David F. Swenson and Lillian M. Swenson (Princeton: Princeton University Press, 1959).

4. See Martin Buber, *I and Thou*, trans. Ronald Gregor Smith (New York: Scribner's, 1958).

5. See Paul Tillich, *The Courage to Be* (New Haven: Yale University Press, 1952).

6. For an introduction to Buber's educational thought, see the essays in his *Between Man and Man* (New York: Macmillan, 1965).

7. The reference is to Jean-Paul Sartre, *Being and Nothingness*, trans. Hazel E. Barnes (New York: Washington Square Press, 1956).

8. Sartre, *Essays in Existentialism*, p. 36.

9. Ibid.

10. Ibid., p. 45.

11. Ibid., p. 51.

12. See Maxine Greene, *Teacher as Stranger* (Belmont, Calif.: Wadsworth, 1973); *Landscapes of Learning* (New York: Teachers College Press, 1978); and *The Dialectic of Freedom* (New York: Teachers College Press, 1988).

13. Greene, *Dialectic of Freedom*, p. 51.

14. See C. A. Bowers, "An Open Letter to Maxine Greene on 'The Problem of Freedom' in an Era of Ecological Interdependence," *Educational Theory* 41, no. 3 (Summer 1981):325–330.

15. Buber, *Between Man and Man*, p. xi.

16. Ibid., p. 98.

17. Ibid.

18. Ibid.

19. See Nel Noddings, *Caring: A Feminine Approach to Ethics and Moral Education* (Berkeley: University of California Press, 1984); also Noddings, *The Challenge to Care in Schools* (New York: Teachers College Press, 1992).

20. See Nicholas Burbules, *Dialogue in Teaching* (New York: Teachers College Press, 1993); also Sophie Haroutunian-Gordon, *Turning the Soul: Teaching Through Conversation in the High School* (Chicago: University of Chicago Press, 1991).

21. For examples of this work, see D. Jean Clandinin, Annie Davies, Pat Hogan, and Barbara Kennard, eds., *Learning to Teach, Teaching to Learn* (New York: Teachers College Press, 1993); also Carol Witherell and Nel Noddings, eds., *Stories Lives Tell* (New York: Teachers College Press, 1991).

22. Philip W. Jackson, *Untaught Lessons* (New York: Teachers College Press, 1992).

23. See Edmund Husserl, *Ideas*, trans. W. R. Boyce Gibson (New York: Collier/Macmillan, 1962).

24. See Sartre, *Essays in Existentialism*, especially the Introduction by Jean Wahl.

25. Husserl, *Ideas*, p. 6.

26. Noddings, *Caring*.

27. See Iris Murdoch, *The Sovereignty of Good* (London: Routledge and Kegan Paul, 1970); Simone Weil, *Simone Weil Reader*, ed. George A. Panichas (Mt. Kisco, N.Y.: Moyer Bell Limited, 1977).

28. Weil, *Simone Weil Reader*, p. 51.

29. Nancy Fraser, *Unruly Practices: Power, Discourse, and Gender in Contemporary Social Theory* (Minneapolis: University of Minnesota Press, 1989), p. 113.

30. Ibid.

31. Patricia Jagentowicz Mills, *Woman, Nature, and Psyche* (New Haven: Yale University Press, 1987), p. xii.

32. See Paulo Freire, *Pedagogy of the Oppressed,* trans. Myra Bergman Ramos (New York: Herder & Herder, 1970).

33. See Henry A. Giroux, *Schooling and the Struggle for Public Life* (Minneapolis: University of Minnesota Press, 1988).

34. Mary Daly, *Beyond God the Father* (Boston: Beacon Press, 1974), p. 8.

35. See, for example, Samuel Bowles and Herbert Gintis, *Schooling in Capitalist America* (New York: Basic Books, 1976); also Martin Carnoy and Henry Levin, *Schooling and Work in the Democratic State* (Stanford: Stanford University Press, 1985).

36. See Paul Willis, *Learning to Labour* (Farnborough, England: Saxon House, 1977).

37. See Mortimer J. Adler, *The Paideia Proposal* (New York: Macmillan, 1982).

38. For a discussion of school knowledge and privilege, see Michael W. Apple and Lois Weis, eds., *Ideology and Practice in Schooling* (Philadelphia: Temple University Press, 1983).

39. See Noddings, *The Challenge to Care in Schools.*

40. Ibid.; see also Jane Roland Martin, *Schoolhome* (Cambridge: Harvard University Press, 1992); and John White, *Education and the Good Life* (New York: Teachers College Press, 1991).

41. Richard Rorty, *Philosophy and the Mirror of Nature* (Princeton: Princeton University Press, 1979), p. 318.

42. Ibid., p. 319.

43. Dewey quoted in Richard J. Bernstein, *The New Constellation* (Cambridge, Mass.: MIT Press, 1992), p. 50. The Dewey quote is from "From Absolution to Existentialism," in Richard J. Bernstein, ed., *John Dewey: On Experience, Nature, and Freedom* (New York: Library of Liberal Arts, 1960), p. 13.

44. See, for example, Ernst von Glasersfeld, "An Introduction to Radical Constructivism," in P. Watzlawick, ed., *The Invented Reality* (New York: Norton, 1984), pp. 17–40; Robert Davis, Carolyn Maher, and Nel Noddings, eds., *Constructivist Views on the Teaching and Learning of Mathematics,* JRME Monograph #4 (Reston, Va.: National Council of Teachers of Mathematics, 1990).

45. See Sandra Harding, *The Science Question in Feminism* (Ithaca: Cornell University Press, 1986).

46. Bernstein, *The New Constellation,* pp. 220–221.

47. See the chapters on Derrida in ibid.

48. See the discussion in Susan J. Hekman, *Gender and Knowledge* (Boston: Northeastern University Press, 1990).

Chapter 5

1. See Noam Chomsky, *Language and Mind* (New York: Harcourt Brace Jovanovich, 1968); Jean Piaget, *Genetic Epistemology* (New York: Columbia University Press, 1970); for a discussion of competence theories in education, see Nel Noddings, "Competence Theories and the Science of Education," *Educational Theory 24,* no. 4 (1974):356–364.

2. Patrick Suppes, *Introduction to Logic* (New York: Van Nostrand Reinhold, 1957), p. xv.

3. Ibid., p. xvi.

4. See Michael Scriven, *Reasoning* (New York: McGraw-Hill, 1976). See also the discussion in John E. McPeck, *Critical Thinking and Education* (Oxford: Martin Robertson, 1981).

5. See Gila Hanna, *Rigorous Proof in Mathematics Education* (Toronto: OISE Press, 1983).

6. Martin Gardner, *The Annotated Alice* (New York: World Publishing, 1963).

7. Ibid., p. 76.

8. Ibid., p. 95.

9. See I. A. Richards, *The Meaning of Meaning* (New York: Harcourt, Brace, 1956).

10. Robert H. Ennis, "A Concept of Critical Thinking," *Harvard Educational Review* 32, no. 1 (1962):83–111.

11. Robert H. Ennis, "A Conception of Rational Thinking," in Jerrold R. Coombs, ed., *Philosophy of Education*, (Normal, Ill.: Philosophy of Education Society, 1974), pp. 3–30.

12. Ibid., p. 10.

13. See McPeck, *Critical Thinking*.

14. See Richard Paul, *Critical Thinking: What Every Person Needs to Survive in a Rapidly Changing World* (Rohnert Park, Calif.: Center for Critical Thinking and Moral Critique, 1990).

15. See Robert Gagné, "Psychological Issues in Science: A Process Approach," in Gagné, ed., *The Psychological Bases of Science: A Process Approach* (Washington, D.C.: American Association for the Advancement of Science, 1965).

16. Harvey Siegel, *Educating Reason* (New York: Routledge, 1988), pp. 12–13.

17. Siegel elaborates on Paul's view on this in note 26, pp. 143–144, ibid.

18. Mark Weinstein, "Critical Thinking: The Great Debate," *Educational Theory* 43, no. 1 (1993):99–117.

19. Ibid., p. 117.

20. Ibid., p. 117 and note 29.

21. See Siegel, *Educating Reason*.

22. McPeck argues for this claim in *Critical Thinking* and in "Thoughts on Subject Specificity," in Stephen P. Norris, ed., *The Generalizability of Critical Thinking* (New York: Teachers College Press, 1992), pp. 198–205.

23. Refer to the discussion in Chapter 4.

24. See, for example, Sandra Harding, *The Science Question in Feminism* (Ithaca: Cornell University Press, 1986); also Naomi Scheman, "Though This Be Method, Yet There Is Madness in It: Paranoia and Liberal Epistemology," in Louise M. Antony and Charlotte Witt, eds., *A Mind of One's Own* (Boulder: Westview Press, 1993), pp. 145–170.

25. McPeck, "Thoughts on Subject Specificity," p. 201.

26. For a discussion of five prominent definitions, see Ralph H. Johnson, "The Problem of Defining Critical Thinking," in Norris, *Generalizability*, pp. 38–53.

27. Robert H. Ennis, "The Degree to Which Critical Thinking Is Subject Specific: Clarification and Needed Research," in Norris, *Generalizability*, pp. 21–37.

28. Siegel, *Educating Reason*, p. 21.

29. Jane Roland Martin, "Critical Thinking for a Humane World, " in Norris, *Generalizability*, pp. 163–180.

30. Ibid., p. 164.

31. See the discussion of African-American women's ways of presenting their arguments in Patricia Hill Collins, "The Social Construction of Black Feminist Thought," *Signs* 14, no. 41 (1989):745–773.

32. McPeck, "Thoughts on Subject Specificity," p. 201.

33. See, for example, Michael Oakeshott, *Rationalism in Politics and Other Essays* (London: Methuen, 1962); also Mortimer J. Adler, *The Paideia Proposal* (New York: Macmillan, 1982).

34. See Donald Vandenberg, *Human Rights in Education* (New York: Philosophical Library, 1983).

Chapter 6

1. *Theaetetus* is in any of several collections; see, for example, *The Works of Plato*, Jowett translation, ed. Irwin Edman (New York: Modern Library, 1956).

2. For a readable account of the two basic ideas on foundations, see W.V.O. Quine and Robert Ullian, *The Web of Belief* (New York: Random House, 1970).

3. See Keith Lehrer, *Theory of Knowledge* (Boulder: Westview Press, 1990). This is also a good reference for coherence theories.

4. See Karl Popper, *Objective Knowledge* (Oxford: Clarendon Press, 1972).

5. See W.V.O. Quine, "Epistemology Naturalized," in Quine, *Ontological Relativity and Other Essays* (New York: Columbia University Press, 1969).

6. See the account in Lehrer, *Theory of Knowledge*.

7. See John Dewey, *The Quest for Certainty* (New York: G. P. Putnam's Sons, 1929); see also sect. 3, "The Experience of Knowing," in John J. McDermott, ed., *The Philosophy of John Dewey* (New York: G. P. Putnam's Sons, 1973).

8. The notion of cognitive structure aroused considerable debate in educational philosophy and theory; see for example, D. C. Phillips, "On Describing a Student's Cognitive Structure," *Educational Psychologist*, 18, no. 2 (1983):59–74.

9. See Jean Piaget, *Genetic Epistemology* (New York: Columbia University Press, 1970); also Piaget, *Biology and Knowledge* (Chicago: University of Chicago Press, 1971).

10. Jean Piaget, *Insights and Illusions of Philosophy* (New York: World, 1971), pp. 57–58.

11. Possibly the most influential contemporary work on power is that of Michel Foucault, *Discipline and Punish: The Birth of the Prison*, trans. Alan Sheridan (New York: Vintage, 1979); also Foucault, *The Archaeology of Knowledge*, trans. A. M. Sheridan Smith (New York: Pantheon, 1972).

12. See, for example, Sandra S. Harding, *The Science Question in Feminism* (Ithaca: Cornell University Press, 1986); also Nancy Hartsock, "The Feminist Standpoint: Developing the Grounds for a Specifically Feminist Historical Materialism," in Sandra Harding and Merrill B. Hintikka, eds., *Discovering Reality: Feminist Perspectives on Epistemology, Metaphysics, Methodology, and Philosophy of Science*, (Dordrecht, Holland: D. Reidel, 1983).

13. Naomi Scheman, "Though This Be Method, Yet There Is Madness in It," in Louise M. Antony and Charlotte Witt, eds., *A Mind of One's Own* (Boulder: Westview Press, 1993), p. 148.

14. See, for example, Louise M. Antony, "Quine as Feminist: The Radical Import of Naturalized Epistemology," in Antony and Witt, *A Mind of One's Own* pp. 185–226.

15. See John O'Neil, "On the Portland Plan: A Conversation with Matthew Prophet," *Educational Leadership* 49, no. 4 (1991–1992):24–27.

16. See J. J. White, "Searching for Substantial Knowledge in Social Studies," *Theory and Research in Social Education,* 16 (1988):115–140.

17. See Stephen J. Thornton, "The Social Studies Near Century's End: Reconsidering Patterns of Curriculum and Instruction," in Linda Darling-Hammond, ed., *Review of Research in Education,* 20 (Washington, D.C.: American Educational Research Association, 1994), pp. 223–254.

18. An impressive amount of philosophical work was devoted to the structure of the disciplines and the organization of curriculum. See, for example, Paul Hirst, *Knowledge and the Curriculum* (London: Routledge, 1974); D. C. Phillips, *Philosophy, Science, and Social Inquiry* (Oxford: Pergamon, 1987); Joseph J. Schwab, *Science, Curriculum, and Liberal Education* (selected essays) (Chicago: University of Chicago Press, 1978).

19. See Nel Noddings, "Theoretical and Practical Concerns About Small Groups in Mathematics," *Elementary School Journal,* 89, no. 5 (1989):607–623; see also Thomas L. Good, Catherine Mulryan, and Mary McCaslin, "Grouping for Instruction in Mathematics: A Call for Pragmatic Research on Small-Group Processes," in Douglas A. Grouws, ed., *Handbook of Research on Mathematics Teaching and Learning* (New York: Macmillan, 1992), pp. 165–196.

20. See the discussions in Michael W. Apple, *Ideology and Curriculum* (Boston: Routledge and Kegan Paul, 1979); Apple, *Education and Power* (Boston: Routledge and Kegan Paul, 1982); Henry Giroux, *Schooling and the Struggle for Public Life* (Minneapolis: University of Minnesota Press, 1988).

21. See Nel Noddings, "Does Everybody Count?" *Journal of Mathematical Behavior* 13, no. 1 (1994):89–104.

22. See Nel Noddings, *The Challenge to Care in Schools* (New York: Teachers College Press, 1992).

23. See Robert B. Davis, Carolyn Maher, and Nel Noddings, eds., *Constructivist Views on the Teaching and Learning of Mathematics,* Journal for Research in Mathematics Education Monograph Series, no. 4 (Reston, Va.: National Council of Teachers of Mathematics, 1990); also Paul Ernest, "Constructivism, the Psychology of Learning, and the Nature of Mathematics: Some Critical Issues," *Science and Education* 2, no. 1 (1993):87–94.

24. See the accounts of classroom practice in Davis, Maher, and Noddings, *Constructivist Views.*

25. See Paul Cobb, Terry Wood, and Erna Yackel, "Classrooms as Learning Environments for Teachers and Researchers," in ibid., pp. 125–146.

26. Gerald Goldin, "Epistemology, Constructivism, and Discovery," in Davis, Maher, and Noddings, *Constructivist Views,* p. 39.

27. Besides Goldin, see also Paul Ernest, "Constructivism, Psychology of Learning, and Nature of Mathematics"; Nel Noddings, "Constructivism in Mathematics Education," in Davis, Maher, and Noddings, *Constructivist Views*, pp. 7–18; W. A. Suchting, "Constructivism Deconstructed," *Science and Education* 1, no. 3 (1992):223–254.

28. Michael R. Matthews, "A Problem with Constructivist Epistemology," in H. A. Alexander, ed., *Philosophy of Education* (Urbana: University of Illinois, 1993), p. 305.

29. Ernst von Glasersfeld, "An Exposition of Constructivism: Why Some Like It Radical," in Davis, Maher, and Noddings, *Constructivist Views*, p. 23.

30. Ibid., p. 24.

31. See Ludwig Wittgenstein, *Tractatus Logico-Philosophicus*, trans. D. F. Pears and B. F. McGuinness (London: Routledge and Kegan Paul, 1971).

32. W. A. Suchting, "Constructivism Deconstructed," p. 229.

Chapter 7

1. See D. C. Phillips, *Philosophy, Science, and Social Inquiry* (Oxford: Pergamon, 1987).

2. Thomas S. Kuhn, *The Structure of Scientific Revolutions* (Chicago: University of Chicago Press, 1962).

3. Ibid., p. 10.

4. Ibid., p. 102.

5. Ibid., pp. 108–109.

6. See William A. Firestone, "Alternative Arguments for Generalizing from Data as Applied to Qualitative Research," *Educational Researcher* 22, no. 4 (1993): 16–23; also Alan Peshkin, "The Goodness of Qualitative Research," *Educational Researcher* 22, no. 2 (1993):24–30.

7. Peter Winch, *The Idea of a Social Science* (London: Routledge, 1967).

8. See Elliot Eisner, *The Enlightened Eye: Qualitative Inquiry and the Enhancement of Educational Practice* (New York: Macmillan, 1991).

9. See Lee J. Cronbach, *Designing Evaluations of Educational and Social Programs* (San Francisco: Jossey-Bass, 1982).

10. See D. C. Phillips, "Telling It Straight," *Educational Psychologist* 29, no. 1 (1994):13–21.

11. See Nel Noddings, *Educating for Intelligent Belief or Unbelief* (New York: Teachers College Press, 1993).

12. See the exchange between von Glasersfeld and Suchting in *Science and Education* 1, no. 3–4, and 2, no. 1 (1993).

13. See Nel Noddings, "Theoretical and Practical Concerns About Small Groups in Mathematics," *Elementary School Journal* 89, no. 5 (1989):620–621.

Chapter 8

1. See Aristotle, *Nicomachean Ethics*, trans. Terence Irwin (Indianapolis: Hackett, 1985).

2. See Martha Nussbaum, "Non-relative Virtues: An Aristotelian Approach," *Midwest Studies in Philosophy* 13 (1988):32–53.

3. Alasdair MacIntyre, *Whose Justice? Which Rationality?* (Notre Dame, Ind.: University of Notre Dame Press, 1988), p. 403.

4. See Alasdair MacIntyre, *After Virtue*, 2d ed. (Notre Dame, Ind.: University of Notre Dame Press, 1984).

5. See, for example, David Rasmussen, ed., *Universalism vs. Communitarianism* (Cambridge: MIT Press, 1990); Michael Sandel, *Liberalism and the Limits of Justice* (Cambridge: Cambridge University Press, 1982); Charles Taylor, *Philosophy and the Human Sciences*, Philosophical Papers 2 (Cambridge: Cambridge University Press, 1985); Michael Walzer, *Spheres of Justice: A Defense of Pluralism and Equality* (New York: Basic Books, 1983).

6. See, for example, Crane Brinton, *A History of Western Morals* (New York: Harcourt, Brace, 1959).

7. See Nel Noddings, *Educating for Intelligent Belief or Unbelief* (New York: Teachers College Press, 1993).

8. See Brinton, *History of Western Morals*.

9. See Alasdair MacIntyre, *Whose Justice? Which Rationality?*

10. An eminently readable version of the classic work on utilitarianism is John Stuart Mill, *Utilitarianism*, ed. George Sher (Indianapolis: Hackett, 1979, 1861).

11. Some of Anne Perry's Victorian mysteries are *Highgate Rise, The Face of a Stranger, A Dangerous Mourning*, and *Defend and Betray*.

12. See Mill, *Utilitarianism*.

13. See Henry Sidgwick, *The Methods of Ethics* (Indianapolis: Hackett, 1981, 1874).

14. John Kenneth Galbraith, *The Culture of Contentment* (Boston: Houghton Mifflin, 1992).

15. See John Dewey, *Human Nature and Conduct* (New York: Modern Library, 1930).

16. Virginia Held, *Feminist Morality* (Chicago: University of Chicago Press, 1993), p. 25.

17. Ibid., p. 24.

18. See Larry P. Nucci, ed., *Moral Development and Character Education* (Berkeley: McCutchan, 1989); Betty A. Sichel, *Moral Education* (Philadelphia: Temple University Press, 1988).

19. James Terry White, *Character Lessons in American Biography* (New York: The Character Development League, 1909).

20. A widely popular work is Thomas Lickona, *Educating for Character* (New York: Bantam Books, 1991).

21. The classic studies are Hugh Hartshorne and Mark A. May, *Studies in the Nature of Character;* see vol. 1, *Studies in Deceit* (New York: Macmillan, 1928), and vol. 2, *Studies in Self-Control* (New York: Macmillan, 1929).

22. Alice Miller, *For Your Own Good*, trans. Hildegarde Hannun and Hunter Hannun (New York: Farrar, Straus & Giroux, 1983).

23. See Lawrence Kohlberg, *The Philosophy of Moral Development* (San Francisco: Harper & Row, 1981).

24. See the exchange between Lawrence Walker and Diana Baumrind in Mary Jeanne Larrabee, ed., *An Ethic of Care* (New York and London: Routledge, 1993).

25. Carol J. Gilligan, *In a Different Voice* (Cambridge: Harvard University Press, 1982).

26. Some, of course, affirm this Kantian position. See, for example, Gertrud Nunner-Winkler, "Two Moralities: A Critical Discussion of an Ethic of Care and Responsibility Versus an Ethic of Rights and Justice," in Larrabee, *Ethic of Care*, pp. 143–156.

27. See D. C. Phillips, *Philosophy, Science, and Social Inquiry* (Oxford: Pergamon Press, 1987).

28. See ibid., ch. 14.

29. See Lawrence Walker, "Sex Differences in the Development of Moral Reasoning: A Critical Review," in Larrabee, *Ethic of Care*, pp. 157–176.

30. See Robert E. Carter, *Dimensions of Moral Education* (Toronto: University of Toronto Press, 1984).

31. See the analysis in Barry Chazan, *Contemporary Approaches to Moral Education* (New York: Teachers College Press, 1985).

32. But see ibid.

33. For many examples, see Joseph Kahne, *Neglecting Alternatives: An Assessment of the Status and Implications of Varied Social Theories in Educational Policy* (unpublished doctoral dissertation, Stanford University, 1993).

Chapter 9

1. John Rawls, *A Theory of Justice* (Cambridge: Harvard University Press, 1971), p. 4.

2. Ibid., p. 60.

3. For an important and readable critique, see Michael Sandel, *Liberalism and the Limits of Justice* (Cambridge: Cambridge University Press, 1982).

4. John Dewey, *The Public and Its Problems* (New York: Henry Holt, 1927), p. 158.

5. See Nel Noddings, *The Challenge to Care in Schools* (New York: Teachers College Press, 1992).

6. John Dewey, *The School and Society* (Chicago: University of Chicago Press, 1902), p. 3.

7. Jonathan Kozol, *Savage Inequalities* (New York: Crown, 1991).

8. See John Kenneth Galbraith, *The Culture of Contentment* (Boston: Houghton Mifflin, 1992).

9. Rawls, *Theory of Justice*, p. 75.

10. Ibid., p. 60.

11. Ibid., p. 101.

12. Ibid.

13. See Kenneth A. Strike, "Liberal Discourse and Ethical Pluralism: An Educational Agenda," in H. A. Alexander, ed., *Philosophy of Education 1992* (Champaign, Ill.: Philosophy of Education Society, 1993), pp. 226–236.

14. Kenneth Baker's review of Stephen Shute and Susan Hurley, eds., *On Human Rights: The Oxford Amnesty Lectures* (New York: Basic Books, 1993), *San Francisco Chronicle*, Sunday, January 16, 1994, p. 8.

15. See the chapter "The Eclipse of the Public" in Dewey, *The Public and Its Problems*.

16. Nel Noddings, "For All Its Children," *Educational Theory* 43, no. 1 (1993):17.

17. Ibid., p. 16.

18. Urie Bronfenbrenner, "Who Needs Parent Education?" *Teachers College Record* 74 (1978):774.

19. Martin Buber, *Between Man and Man* (New York: Macmillan, 1965), p. 88.

20. Ibid., p. 98.

21. Ibid.

22. See, for example, James G. Henderson, *Reflective Teaching* (New York: Macmillan, 1992); Carol Witherell and Nel Noddings, eds., *Stories Lives Tell* (New York: Teachers College Press, 1991); for a good review of such work, see Suzanne Rice, "Teaching and Learning Through Story and Dialogue," *Educational Theory* 43, no. 1 (1993):85–97.

23. See Thomas J. Sergiovanni, *Building Community in Schools* (San Francisco: Jossey-Bass, 1994); see also Mary Anne Raywid, "Community and Schools: A Prolegomenon," in James Giarelli, ed., *Philosophy of Education 1988* (Normal, Ill.: Philosophy of Education Society, 1989), pp. 2–17.

24. See the discussion in David Rasmussen, ed., *Universalism vs. Communitarianism: Contemporary Debates in Ethics* (Cambridge, Mass.: MIT Press, 1990).

25. David Horowitz, "The Decline of Academic Discourse: The MLA Fiasco," *Heterodoxy* 2, no. 5 (1994):13.

26. Besides Buber, see the work of Emmanuel Levinas, *The Levinas Reader,* ed. Sean Hand (Oxford: Blackwell, 1989).

27. But see Nel Noddings, *Caring: A Feminine Approach to Ethics and Moral Education* (Berkeley: University of California Press, 1984).

28. Howard Gardner refers to these talents as "intelligences." See Gardner, *Frames of Mind* (New York: Basic Books, 1983).

29. Dewey, *School and Society*, p. 3.

30. Dewey, *Democracy and Education* (New York: Macmillan, 1916), p. 116.

31. Michael W. Apple, "The Politics of Official Knowledge: Does a National Curriculum Make Sense?" *Discourse* 14, no. 1 (1993):1.

32. Ibid., p. 2.

33. Ibid., p. 8. The embedded quotation is from Richard Johnson, "A New Road to Serfdom?"

34. See Noddings, *The Challenge to Care in Schools.*

Chapter 10

1. Jane Roland Martin, *Reclaiming a Conversation* (New Haven: Yale University Press, 1985).

2. Nel Noddings, *The Challenge to Care in Schools* (New York: Teachers College Press, 1992).

3. See, for example, M. Esther Harding, *Woman's Mysteries* (New York: Harper Colophon Books, 1976).

4. Foremost here is Ruth Hubbard. See Ruth Hubbard, Mary Sue Henifin, and Barbara Fried, eds., *Biological Woman: The Convenient Myth* (Cambridge, Mass.: Schenkman, 1982); Hubbard, *The Politics of Women's Biology* (New Brunswick, N.J.: Rutgers University Press, 1990).

5. Rousseau quoted in Susan Moller Okin, *Women in Western Political Thought* (Princeton: Princeton University Press, 1979), pp. 163–164.

6. Ibid., p. 164.

7. Mary Wollstonecraft, *A Vindication of the Rights of Woman*, ed. Carol H. Poston (New York: W. W. Norton, 1975).

8. Sara Blaffer Hrdy, for example, extols the craftiness evolution has conferred on women. Similarly, many nineteenth-century feminists called on women, thought to be morally superior to men, to save both men and themselves.

9. On Quine, see, for example, Louise Antony, "Quine as Feminist: The Radical Import of Naturalized Epistemology," in Louise Antony and Charlotte Witt, eds., *A Mind of One's Own* (Boulder: Westview Press, 1993), pp. 185–226.

10. Naomi Scheman, "Though This Be Method, Yet There Is Madness in It," in ibid., pp. 145–170.

11. See the discussion in Susan Hekman, *Gender and Knowledge* (Boston: Northeastern University Press, 1990).

12. See Patricia Hill Collins, *Black Feminist Thought* (Boston: Unwin Hyman, 1990).

13. For a discussion of the generation of themes in education, see Paulo Freire, *Pedagogy of the Oppressed*, trans. Myra Bergman Ramos (New York: Herder & Herder, 1970).

14. See D. Jean Clandinin, Annie Davies, Pat Hogan, and Barbara Kennard, eds., *Learning to Teach, Teaching to Learn* (New York: Teachers College Press, 1993).

15. See Lee J. Cronbach, "The Logic of Experiments on Discovery," in Lee S. Shulman and Evan R. Keislar, eds., *Learning by Discovery*, (Chicago: Rand McNally, 1966), pp. 77–92.

16. See, for example, Ruth Bleier, ed., *Feminist Approaches to Science* (New York: Pergamon Press, 1988); Ruth Hubbard, M. S. Henifin, and B. Fried, eds., *Women Look at Biology Looking at Women* (Cambridge, Mass.: Schenkman, 1979); Evelyn Fox Keller, *A Feeling for the Organism: The Life and Work of Barbara McClintock* (New York: Freeman, 1983); also Keller, *Reflections on Gender and Science* (New Haven: Yale University Press, 1985).

17. On evolution, see Ruth Hubbard, "Have Only Men Evolved?" in Hubbard, Henifin, and Fried, *Women Look at Biology*, pp. 17–46; on variability, see Nel Noddings, "Variability: A Pernicious Hypothesis," *Review of Educational Research* 62, no. 1 (1992):85–88.

18. John O'Neill, *Making Sense Together: An Introduction to Wild Sociology* (London: Heinemann, 1975).

19. Dorothy Smith, *The Everyday World as Problematic: A Feminist Sociology* (Boston: Northeastern University Press, 1987).

20. See Keller, *A Feeling for the Organism*.

21. See Sheila Greeve Davaney, "Problems with Feminist Theory: Historicity and the Search for Sure Foundations," in Paula M. Cooey, Sharon A. Farmer, and Mary Ellen Ross, eds., *Embodied Love: Sexuality and Relationship as Feminist Values* (San Francisco: Harper & Row, 1987), pp. 79–96.

22. On this, see Helen Longino, "Essential Tensions—Phase Two: Feminist, Philosophical, and Social Studies of Science," in Antony and Witt, *A Mind of One's Own*, pp. 257–272.

23. William James, *The Varieties of Religious Experience* (New York: Mentor, 1958, 1902).

24. See Rudy Rucker, *Infinity and the Mind* (Boston: Birkhäuser, 1982).

25. For a description of these views, see Alison M. Jaggar, *Feminist Politics and Human Nature* (Totowa, N.J.: Rowman & Allanheld, 1983).

26. See Carol Gilligan, *In a Different Voice* (Cambridge: Harvard University Press, 1982); also Mary Jeanne Larrabee, ed., *An Ethic of Care* (New York and London: Routledge, 1993).

27. See Nel Noddings, *Caring: A Feminine Approach to Ethics and Moral Education* (Berkeley: University of California Press, 1984).

28. Jean Grimshaw, *Philosophy and Feminist Thinking* (Minneapolis: University of Minnesota Press, 1988).

29. Ibid., p. 209.

30. See the symposium on *Caring* in *Hypatia* 5, no. 1 (Spring 1990):101–126.

31. See Joan Tronto, "Beyond Gender Difference to a Theory of Care," *Signs* 12, no. 4 (1987):644–663.

32. See Nel Noddings, "Conversation as Moral Education," *Journal of Moral Education* 23, no. 2 (1994):107–118.

33. Martin Buber, "Education," in Buber, *Between Man and Man* (New York: Macmillan, 1965).

34. Noddings, *The Challenge to Care in Schools*, p. 25.

35. See Ann Diller, "Pluralisms for Education: An Ethics of Care Perspective," in H. A. Alexander, ed. *Philosophy of Education* (Champaign, Ill.: Philosophy of Education Society, 1993), pp. 22–29.

36. For a lucid account of Derrida's ethical position, see Richard J. Bernstein, *The New Constellation* (Cambridge, Mass.: MIT Press, 1992); for an introduction to Levinas, see *The Levinas Reader*, ed. Sean Hand (Oxford: Blackwell, 1989).

37. Bernstein, *The New Constellation*, pp. 184–185; the embedded Derrida quotation is from "Violence and Metaphysics," p. 138.

38. For a discussion of staying with and holding, see Sara Ruddick, *Maternal Thinking: Towards a Politics of Peace* (Boston: Beacon Press, 1989).

39. Barbara J. Thayer-Bacon, "A Feminine Reconceptualization of Critical Thinking Theory," *Journal of Thought* 27, no. 3–4 (1992):4–17.

40. See Nel Noddings, "Stories in Dialogue: Caring and Interpersonal Reasoning," in Carol Witherell and Nel Noddings, eds., *Stories Lives Tell* (New York: Teachers College Press, 1991), pp. 157–170.

41. See Simone Weil, "Reflections on the Right Use of School Studies with a View to the Love of God," in *Simone Weil Reader*, ed. George A. Panichas (Mt. Kisco, N.Y.: Moyer Bell Limited, 1977), pp. 44–52.

Epilogue

1. John Dewey, *Democracy and Education* (New York: Macmillan, 1916), p. 328.

參考書目

Adler, Mortimer J. *The Paideia Proposal.* New York: Macmillan, 1982.

Antony, Louise M., and Charlotte Witt, eds. *A Mind of One's Own.* Boulder: Westview Press, 1993.

Apple, Michael W. *Ideology and Curriculum.* Boston: Routledge & Kegan Paul, 1979.

———. *Education and Power.* Boston: Routledge & Kegan Paul, 1982.

Apple, Michael W., and Lois Weis, eds. *Ideology and Practice in Schooling.* Philadelphia: Temple University Press, 1983.

Aristotle. *Nicomachean Ethics.* Translated by Terence Irwin. Indianapolis: Hackett, 1985.

Atkinson, Carroll, and Eugene Maleska. *The Story of Education.* New York: Bantam Books, 1961.

Baron, J. B., and Robert J. Sternberg, eds. *Teaching Thinking Skills: Theory and Practice.* New York: Freeman, 1987.

Bernstein, Richard J. *The New Constellation.* Cambridge: MIT Press, 1992.

———, ed. *John Dewey: On Experience, Nature, and Freedom.* New York: Library of Liberal Arts, 1960.

Bleier, Ruth, ed. *Feminist Approaches to Science.* New York: Pergamon Press, 1988.

Bowles, Samuel, and Herbert Gintis. *Schooling in Capitalist America.* New York: Basic Books, 1976.

Buber, Martin. *I and Thou.* Translated by Ronald Gregor Smith. New York: Scribner's, 1958.

———. *Between Man and Man.* New York: Macmillan, 1965.

Burbules, Nicholas. *Dialogue in Teaching.* New York: Teachers College Press, 1993.

Carter, Robert E. *Dimensions of Moral Education.* Toronto: University of Toronto Press, 1984.

Chazan, Barry. *Contemporary Approaches to Moral Education.* New York: Teachers College Press, 1985.

Chisholm, Roderick M. *Theory of Knowledge.* 3d ed. Englewood Cliffs, N.J.: Prentice-Hall, 1989.

Clandinin, D. Jean, Annie Davies, Pat Hogan, and Barbara Kennard, eds. *Learning to Teach, Teaching to Learn*. New York: Teachers College Press, 1993.

Cleverly, John, and D. C. Phillips. *Visions of Childhood*. New York: Teachers College Press, 1986.

Collins, Patricia Hill. *Black Feminist Thought*. Boston: Unwin Hyman, 1990.

Counts, George S. *Dare the School Build a New Social Order?* New York: Arno Press, 1969.

Daly, Mary. *Beyond God the Father*. Boston: Beacon Press, 1974.

Davis, Philip J., and Reuben Hersh. *The Mathematical Experience*. Boston: Birkhäuser, 1981.

Davis, R. B., C. A. Maher, and N. Noddings, eds. *Constructivist Views on the Teaching and Learning of Mathematics*. JRME Monograph Series. Reston, Va.: National Council of Teachers of Mathematics, 1990.

Dewey, John. *The School and Society*. Chicago: University of Chicago Press, 1900.

———. *The Child and the Curriculum*. Chicago: University of Chicago Press, 1902.

———. *Democracy and Education*. New York: Macmillan, 1916.

———. *The Public and Its Problems*. New York: Henry Holt, 1927.

———. *The Quest for Certainty*. New York: G. P. Putnam's Sons, 1929.

———. *Human Nature and Conduct*. New York: Modern Library, 1930.

———. *How We Think*. Chicago: Henry Regnery, 1933.

———. *Experience and Education*. New York: Collier Books, 1963. (Originally printed in 1938.)

———. *Reconstruction in Philosophy and Essays 1920*. Edited by Jo Ann Boydston. Carbondale: Southern Illinois University Press, 1988.

Diller, Ann. "Pluralisms for Education: An Ethics of Care Perspective." Pp. 22–29 in *Philosophy of Education*, edited by H. A. Alexander. Champaign, Ill.: Philosophy of Education Society, 1993.

Ennis, Robert. "A Concept of Critical Thinking." *Harvard Educational Review* 32, no. 1 (1962):83–111.

———. "Critical Thinking and Subject Specificity: Verification and Needed Research." *Educational Researcher* 18, no. 3 (1989):4–10.

Foucault, Michel. *Discipline and Punish: The Birth of the Prison*. Translated by Alan Sheridan. New York: Vintage, 1979.

Fraser, Nancy. *Unruly Practices: Power, Discourse, and Gender in Contemporary Social Theory*. Minneapolis: University of Minnesota Press, 1989.

Freire, Paulo. *Pedagogy of the Oppressed*. Translated by Myra Bergman Ramos. New York: Herder & Herder, 1970.

Galbraith, John Kenneth. *The Culture of Contentment*. Boston: Houghton Mifflin, 1992.

Gardner, Howard. *Frames of Mind*. New York: Basic Books, 1983.

Gardner, Martin. *The Annotated Alice*. (Lewis Carroll) New York: World Publishing, 1963.

Gilligan, Carol J. *In a Different Voice*. Cambridge: Harvard University Press, 1982.

Giroux, Henry A. *Schooling and the Struggle for Public Life*. Minneapolis: University of Minnesota Press, 1988.

Green, Thomas. "A Topology of the Teaching Concept." Pp. 28–62 in *Concepts of Teaching,* edited by C.J.B. Macmillan and Thomas Nelson. Chicago: Rand McNally, 1968.

Greene, Maxine. *Teacher as Stranger.* Belmont, Calif.: Wadsworth, 1973.

———. *Landscapes of Learning.* New York: Teachers College Press, 1978.

———. *The Dialectic of Freedom.* New York: Teachers College Press, 1988.

Grimshaw, Jean. *Philosophy and Feminist Thinking.* Minneapolis: University of Minnesota Press, 1986.

Hanna, Gila. *Rigorous Proof in Mathematics Education.* Toronto: OISE Press, 1983.

Harding, Sandra S. *The Science Question in Feminism.* Ithaca: Cornell University Press, 1986.

Harding, Sandra, and Merrill Hintikka, eds. *Discovering Reality: Feminist Perspectives on Epistemology, Metaphysics, Methodology, and Philosophy of Science.* Dordrecht: Reidel, 1983.

Haroutunian-Gordon, Sophie. *Turning the Soul: Teaching Through Conversation in the High School.* Chicago: University of Chicago Press, 1991.

Hekman, Susan J. *Gender and Knowledge.* Boston: Northeastern University Press, 1990.

Held, Virginia. *Feminist Morality.* Chicago: University of Chicago Press, 1993.

Hubbard, Ruth. "Have Only Men Evolved?" Pp. 17–46 in *Women Look at Biology Looking at Women,* edited by M. S. Henefin and B. Fried. Cambridge, Mass.: Schenkman, 1979.

———. *The Politics of Women's Biology.* New Brunswick, N.J.: Rutgers University Press, 1990.

Jackson, Philip W. *Untaught Lessons.* New York: Teachers College Press, 1992.

Jaggar, A. M. *Feminist Politics and Human Nature.* Totowa, N.J.: Rowman & Allanheld, 1983.

Kant, Immanuel. *Grounding for the Metaphysics of Morals.* Translated by James W. Ellington. Indianapolis: Hackett, 1981.

Keller, Evelyn Fox. *A Feeling for the Organism: The Life and Work of Barbara McClintock.* New York: Freeman & Co., 1983.

———. *Reflections on Gender and Science.* New Haven: Yale University Press, 1985.

Kierkegaard, Søren. *Either/Or.* Vol. 1. Translated by David F. Swenson and Lillian M. Swenson. Princeton: Princeton University Press, 1959.

Kneller, George F., ed. *Foundations of Education.* New York: John Wiley & Sons, 1963.

Kohlberg, Lawrence. *The Philosophy of Moral Development.* San Francisco: Harper & Row, 1981.

Komisar, B. Paul, and C.J.B. Macmillan, eds. *Analytical Concepts in Education.* Chicago: Rand McNally, 1967.

Kozol, Jonathan. *Savage Inequalities.* New York: Crown, 1991.

Kuhn, Thomas. *The Structure of Scientific Revolutions.* Chicago: University of Chicago Press, 1962.

Laird, Susan. "The Concept of Teaching: *Betsey Brown* vs. Philosophy of Education?" Pp. 32–45 in *Philosophy of Education: 1988,* edited by James Giarelli. Normal, Ill.: Philosophy of Education Society, 1989.

Larrabee, Mary Jeanne, ed. *An Ethic of Care.* New York and London: Routledge, 1993.

Lehrer, Keith. *Theory of Knowledge*. Boulder: Westview Press, 1990.

Lickona, Thomas. *Educating for Character: How Our Schools Can Teach Respect and Responsibility*. New York: Bantam Books, 1991.

MacIntyre, Alasdair. *After Virtue*. 2d ed. Notre Dame, Ind.: University of Notre Dame Press, 1984.

———. *Whose Justice? Which Rationality?* Notre Dame, Ind.: University of Notre Dame Press, 1988.

Macmillan, C.J.B., and James W. Garrison. "An Erotetic Concept of Teaching." *Educational Theory* 33, no. 3–4 (1983):157–166.

Macmillan, C.J.B., and Thomas Nelson, eds. *Concepts of Teaching*. Chicago: Rand McNally, 1968.

Martin, Jane Roland. *Reclaiming a Conversation*. New Haven: Yale University Press, 1985.

———. *The Schoolhome: Rethinking Schools for Changing Families*. Cambridge: Harvard University Press, 1992.

McClellan, James E. *Philosophy of Education*. Englewood Cliffs, N.J.: Prentice-Hall, 1976.

McPeck, John E. *Critical Thinking and Education*. Oxford: Martin Robertson, 1981.

Mill, John Stuart. *Utilitarianism*. Edited by George Sher. Indianapolis: Hackett, 1979, 1861.

Miller, Alice. *For Your Own Good*. Translated by Hildegarde Hannun and Hunter Hannun. New York: Farrar, Straus & Giroux, 1983.

Montessori, Maria. *The Secret of Childhood*. Translated by M. Joseph Costelloe. New York: Ballantine Books, 1966.

Morgenbesser, Sidney, ed. *Dewey and His Critics*. New York: Journal of Philosophy, 1977.

Neill, A. S. *Summerhill*. New York: Hart Publishing Co., 1960.

Noddings, Nel. *Caring: A Feminine Approach to Ethics and Moral Education*. Berkeley: University of California Press, 1984.

———. *The Challenge to Care in Schools*. New York: Teachers College Press, 1992.

———. "Does Everybody Count?" *Journal of Mathematical Behavior* 13, no. 1 (1994):89–104.

Norris, Stephen R. *The Generalizability of Critical Thinking*. New York: Teachers College Press, 1992.

Nucci, Larry P., ed. *Moral Development and Character Education*. Berkeley: McCutchan, 1989.

Nussbaum, Martha C. *The Fragility of Goodness*. Cambridge: Cambridge University Press, 1986.

Oakeshott, Michael. *Rationalism in Politics and Other Essays*. London: Methuen, 1962.

Okin, Susan M. *Women in Western Political Thought*. Princeton: Princeton University Press, 1979.

O'Neill, John. *Making Sense Together: An Introduction to Wild Sociology*. London: Heinemann, 1975.

Paul, Richard. "Teaching Critical Thinking in the Strong Sense: A Focus on Self-Deception, World Views, and a Dialectical Mode of Analysis." *Informal Logic Newsletter* 4, no. 2 (1982):2–7.

———. *Critical Thinking: What Every Person Needs to Survive in a Rapidly Changing World.* Rohnert Park, Calif.: Center for Critical Thinking and Moral Critique, 1990.

Peters, Richard S., ed. *The Philosophy of Education.* Oxford: Oxford University Press, 1973.

Phillips, D. C. "On Describing a Student's Cognitive Structure." *Educational Psychologist* 18, no. 2 (1983):59–74.

———. *Philosophy, Science, and Social Inquiry*. Oxford: Pergamon, 1987.

Phillips, Denis, and Jonas Soltis. *Perspectives on Learning.* New York: Teachers College Press, 1985.

Piaget, Jean. *Genetic Epistemology.* New York: Columbia University Press, 1970.

———. *Biology and Knowledge*. Chicago: University of Chicago Press, 1971.

———. *Insights and Illusions of Philosophy.* New York: World, 1971.

Plato. *The Great Dialogues*. Translated and edited by B. Jowett. Roslyn, N.Y.: Walter J. Black, 1942.

Plato. *The Republic of Plato.* Translated with notes and an "Interpretive Essay" by Allan Bloom. New York: Basic Books, 1968.

Quine, W.V.O., and Robert Ullian. *The Web of Belief.* New York: Random House, 1970.

Rasmussen, David, ed. *Universalism vs. Communitarianism: Contemporary Debates in Ethics.* Cambridge: MIT Press, 1990.

Rawls, John. *A Theory of Justice.* Cambridge: Harvard University Press, 1971.

Richards, I. A. *The Meaning of Meaning*. New York: Harcourt, Brace, 1956.

Rorty, R. *Philosophy and the Mirror of Nature*. Princeton: Princeton University Press, 1979.

Rousseau, Jean-Jacques. *Émile.* Translated by Allan Bloom. New York: Basic Books, 1974.

Ruddick, Sara. *Maternal Thinking: Towards a Politics of Peace.* Boston: Beacon Press, 1989.

Ryle, Gilbert. *The Concept of Mind.* London: Hutchinson, 1952.

Sandel, Michael. *Liberalism and the Limits of Justice.* Cambridge: Cambridge University Press, 1982.

Sarason, Seymour B. *The Predictable Failure of Educational Reform*. San Francisco: Jossey-Bass, 1990.

Sartre, Jean-Paul. *Being and Nothingness*. Translated by Hazel E. Barnes. New York: Washington Square Press, 1956.

———. *Essays in Existentialism.* Edited by Wade Baskin. Secaucus, N.J.: Citadel Press, 1977.

Scheffler, Israel. *The Language of Education.* Springfield, Ill.: Charles C. Thomas, 1960.

Scheman, Naomi. "Though This Be Method, Yet There Is Madness in It: Paranoia and Liberal Epistemology." Pp. 145–170 in *A Mind of One's Own,* edited by Louise M. Antony and Charlotte Witt. Boulder: Westview Press, 1993.

Schlesinger, Arthur M., Jr. *The Disuniting of America: Reflections on a Multicultural Society.* New York: W. W. Norton, 1992.

Schwab, Joseph J. *Science, Curriculum, and Liberal Education.* Selected essays. Chicago: University of Chicago Press, 1978.

Scriven, Michael. *Reasoning*. New York: McGraw-Hill, 1976.

Sergiovanni, Thomas J. *Building Community in Schools*. San Francisco: Jossey-Bass, 1994.

Sichel, Betty A. *Moral Education*. Philadelphia: Temple University Press, 1988.

Sidgwick, Henry. *The Methods of Ethics*. Indianapolis: Hackett, 1981, 1874.

Siegel, Harvey. *Educating Reason: Rationality, Critical Thinking and Education*. New York: Routledge, 1988.

Silberman, Charles E. *Crisis in the Classroom: The Remaking of American Education*. New York: Random House, 1970.

Singer, Peter, ed. *A Companion to Ethics*. Oxford: Basil Blackwell, 1991.

Smith, B. Othanel, and Robert H. Ennis, eds. *Language and Concepts in Education*. Chicago: Rand McNally, 1961.

Smith, Dorothy E. *The Everyday World as Problematic: A Feminist Sociology*. Boston: Northeastern University Press, 1987.

Snook, I. A. "The Concept of Indoctrination." *Studies in Philosophy and Education* 7, no. 2 (1970):65–108.

Soltis, Jonas. An Introduction to the Analysis of Educational Concepts. Reading, Mass.: Addison-Wesley, 1968.

Suppes, Patrick. *Introduction to Logic*. New York: Van Nostrand Reinhold, 1957.

Taylor, Charles. *Philosophy and the Human Sciences*. Philosophical Papers 2. Cambridge: Cambridge University Press, 1985.

Thayer-Bacon, Barbara J. "A Feminine Reconceptualization of Critical Thinking Theory." *Journal of Thought* 27, no. 3–4 (1992):4–17.

Tillich, Paul. *The Courage to Be*. New Haven: Yale University Press, 1952.

Tronto, Joan. "Beyond Gender Difference to a Theory of Care." *Signs* 12, no. 4 (1987):644–663.

———. *Moral Boundaries: A Political Argument for an Ethic of Care*. New York: Routledge, 1993.

Vandenberg, Donald. *Human Rights in Education*. New York: Philosophical Library, 1983.

Vygotsky, L. *Mind in Society*. Cambridge: Harvard University Press, 1978.

Walzer, Michael. *Spheres of Justice: A Defense of Pluralism and Equality*. New York: Basic Books, 1983.

Weil, Simone. *Simone Weil Reader*. Edited by George A. Panichas. Mt. Kisco, N.Y.: Moyer Bell Limited, 1977.

Weinstein, Mark. "Critical Thinking: The Great Debate." *Educational Theory* 43, no. 1 (1993):99–117.

Westbrook, Robert. *John Dewey and American Democracy*. Ithaca: Cornell University Press, 1991.

White, John. *Education and the Good Life*. New York: Teachers College Press, 1991.

Willis, Paul. *Learning to Labour*. Farnborough, England: Saxon House, 1977.

Winch, Peter. *The Idea of a Social Science*. London: Routledge, 1967.

Witherell, Carol, and Nel Noddings, eds. *Stories Lives Tell: Narrative and Dialogue in Education*. New York: Teachers College Press, 1991.

索引（此爲原文書頁碼，並標示在內文中）

跋

我們已經討論過數個哲學主題，探索某些教育議題的歷史根源，以及分析了許多在教育政策中引發激烈討論的爭議。顯然，仍舊有一些議題是我們未曾深入探討，或是根本沒有接觸過的。由於考慮到本書深度的限制，我做了許多選擇和困難的決定。

在這裡，我爲這本書忽略了藝術方面的探討特別的感到遺憾。第四章裡曾經簡短地提及Maxine Greene的存在主義哲學，但其實像Greene、Donald Arnstine、以及一些其他的教育哲學家，在藝術的領域中也多有著墨。對於藝術和美學教育有興趣的讀者，不妨去看看這些教育哲學家的著作。

除了對美學本身有興趣之外，今天有部分的教育哲學家對藝術在道德教育中扮演了什麼樣的角色，也同樣感到興致盎然。美學和道德之間的關聯有著一段悠久而迷人的歷史，時至今日，這之間的關聯漸漸地鬆脫了，但我們仍可在Lord Shaftesbury和休謨(David Hume)的著作中尋得一些蛛絲馬跡。這兩人都曾提到過，對藝術的偏好乃是屬於「教養」(politenss)的一部份，而對藝術的欣賞，則會使人變得更「易於溝通」(agreeable)。

近來，道德教育學者們試著使人們對道德教育裡文學作品的使用重新又感到興趣，許多以文學爲基礎的道德教育課程出現了，而它們的出現使得學界對品德教育(character education)的爭議更加如火如荼。對這方面特別有興趣的讀者，可以讀讀柏拉圖《理想國》中討論到詩與戲劇在道德與政治方面所可能帶來的危險那些篇章。從柏拉圖的時代到今天，教育學者與家長們始終關心著這個問題：文學與藝術可能會對學生們造成什麼樣的影響。三○和四○年代中的法西斯黨員曾因焚燒書籍，與使用軍隊力量去控制藝術的發展而惡名昭彰；今天，我們大多數人都認知到，爲學童選擇適合的讀物是件相當重要的責任，但是很少人會願意去擔任審查的工作，我們希望有人主動推薦好書，然而卻很不希望對某些書籍施以禁止出版的處分。所以現在我們的問題是：審查制度是否合適？

另一個值得深入探討的主題是多元文化論，哲學家與教育學家們對於類似以下這些問題抱持著極高昂的興趣：多元文化論的意義爲何？爲什麼不同的社群對於多元文化論的解釋有所出入？在今天的美國社會中談「這文化」(“the culture”)有用嗎？或者我們一定得同時討論多種文化呢？多元文化論對於教育而言，其意義爲何？過去我們曾經討論教育中有關平等的問題，但經由對以上這些問題的解答，我們或許可以重新檢視平等的概念。

在某些相關的領域裡，教育學者已經開始將焦點集中在社群(community)這個概念上。我們曾經快速地檢視過這個主題，並注意到社群有其黑暗的另一面。社群同時暗示了包含(inclusion)和排外(exclusion)兩個概念，社群要求其成員必須服從的壓力可能來自於善意，但也可能是殘酷的。舉例來說，貴格教會(十七世紀英國人George Fox創始的基督教之一派，亦稱教友派 the society of Friends ，遵守絕對和平主義)勸誡其成員不可將他人當作敵人般對待，然而法西斯黨黨員則透過對其共同仇敵的憎恨，來組織他們的社群。許多社群的特色都是，對內是團結合作與相互友愛，對外則是激烈的競爭 --- 甚至是暴力。其要求成員必須服從的壓力，不論未來會演變成為好或不好的規範，很有可能會取代具批判性的思考和道德自主權，然而這正是許多教育學者所追求的目標。目前這個主題相當適合從教育哲學的觀點來進行分析。

在這裡我要提到的最後一個主題是有關宗教和精神。教育學者早已認知到，人類除了認知和情感面之外，還有精神這一層面，這引發了許多不同的主張與爭議，例如：公立學校如何在不違反憲法的前提之下，促進學生在心靈與精神面的成長？有哪些合法的途徑可以讓人們討論存在與宗教的問題？學校方面應該參與這樣的討論嗎？當這樣的事情被完全忽略時，它帶給學生什麼樣的訊息？

類似這些困難又耐人尋味的問題，其中只有相當少數是教育哲學家曾經研究過的，也就是說，還有太多太多是我們未曾深入探索的問題。由於哲學是從「社會生活裡的衝突與困難」中發掘問題，因此杜威就曾說「哲學甚至可定義爲教育的普遍理論。」哲學的目的乃是將問題轉化成知性的探索與活動。他的話很適合作爲這一段的結語：

> 哲學問題乃由於社會實際經驗中的困難而出現，這樣的事實之所以被隱蔽，是因為哲學家變成了一種特殊階級，使用著不同於一般自然語言的技術語言。但是當一個系統逐漸變得有影響力時，其與要求社會進行變革之間的關係終究是會被人發現的，此時，哲學與教育的密切關係就顯現出來了。事實上，教育提供了一個優勢，從這樣的優勢出發——有別於哲學討論的技術性和意義---教育更可直指人心……教育的觀點可使人去思考哲學問題是從哪裡誕生和發展的、以及在實際情況裡問題的認同或否定會造成什麼樣的差異。

教育哲學 Philosophy of Education

原　　著／Nel Noddings
譯　　者／曾漢塘・林季薇
校閱者／湯　堯
出版者／弘智文化事業有限公司
登記證／局版台業字第 6263 號
地　　址／台北市大同區民權西路 118 巷 15 弄 3 號 7 樓
電　　話／（02）2557-5685・0932321711・0921121621
傳　　真／（02）2557-5383
發行人／邱一文
書店經銷／旭昇圖書有限公司
地　　址／台北縣中和市中山路 2 段 352 號 2 樓
電　　話／（02）22451480
傳　　真／（02）22451479
製　　版／信利印製有限公司
版　　次／2000 年 9 月初版一刷
定　　價／新台幣 400 元
弘智文化出版品進一步資訊歡迎至網站瀏覽：
http://www.honz-book.com.tw

ISBN 957-0453-15-X

國家圖書館出版品預行編目資料

教育哲學 /Nel Noddings 作 ；曾漢塘,林季薇 譯.
-- 初版. -- 臺北市 ：弘智文化, 2000[民 89] .
面； 公分
譯自：Philosophy of Education
ISBN 957-0453-15-X 平裝)

1.教育- 哲學,原理

520.11 89014266

弘智文化價目表

弘智文化出版品進一步資訊歡迎至網站瀏覽：honz-book.com.tw

書　名	定 價		書　名	定 價
社會心理學（第三版）	700		生涯規劃：掙脫人生的三大桎梏	250
教學心理學	600		心靈塑身	200
生涯諮商理論與實務	658		享受退休	150
健康心理學	500		婚姻的轉捩點	150
金錢心理學	500		協助過動兒	150
平衡演出	500		經營第二春	120
追求未來與過去	550		積極人生十撇步	120
夢想的殿堂	400		賭徒的救生圈	150
心理學：適應環境的心靈	700			
兒童發展	出版中		生產與作業管理（精簡版）	600
為孩子做正確的決定	300		生產與作業管理(上)	500
認知心理學	出版中		生產與作業管理(下)	600
照護心理學	390		管理概論：全面品質管理取向	650
老化與心理健康	390		組織行為管理學	800
身體意象	250		國際財務管理	650
人際關係	250		新金融工具	出版中
照護年老的雙親	200		新白領階級	350
諮商概論	600		如何創造影響力	350
兒童遊戲治療法	500		財務管理	出版中
認知治療法概論	500		財務資產評價的數量方法一百問	290
家族治療法概論	出版中		策略管理	390
婚姻治療法	350		策略管理個案集	390
教師的諮商技巧	200		服務管理	400
醫師的諮商技巧	出版中		全球化與企業實務	900
社工實務的諮商技巧	200		國際管理	700
安寧照護的諮商技巧	200		策略性人力資源管理	出版中
			人力資源策略	390

書　名	定價	書　名	定價
管理品質與人力資源	290	社會學：全球性的觀點	650
行動學習法	350	紀登斯的社會學	出版中
全球的金融市場	500	全球化	300
公司治理	350	五種身體	250
人因工程的應用	出版中	認識迪士尼	320
策略性行銷（行銷策略）	400	社會的麥當勞化	350
行銷管理全球觀	600	網際網路與社會	320
服務業的行銷與管理	650	立法者與詮釋者	290
餐旅服務業與觀光行銷	690	國際企業與社會	250
餐飲服務	590	恐怖主義文化	300
旅遊與觀光概論	600	文化人類學	650
休閒與遊憩概論	600	文化基因論	出版中
不確定情況下的決策	390	社會人類學	390
資料分析、迴歸、與預測	350	血拼經驗	350
確定情況下的下決策	390	消費文化與現代性	350
風險管理	400	肥皂劇	350
專案管理師	350	全球化與反全球化	250
顧客調查的觀念與技術	450	身體權力學	320
品質的最新思潮	450		
全球化物流管理	出版中	教育哲學	400
製造策略	出版中	特殊兒童教學法	300
國際通用的行銷量表	出版中	如何拿博士學位	220
組織行為管理學	800	如何寫評論文章	250
許長田著「行銷超限戰」	300	實務社群	出版中
許長田著「企業應變力」	300	現實主義與國際關係	300
許長田著「不做總統，就做廣告企劃」	300	人權與國際關係	300
許長田著「全民拼經濟」	450	國家與國際關係	300
許長田著「國際行銷」	580		
許長田著「策略行銷管理」	680	統計學	400

書　名	定價		書　名	定價
類別與受限依變項的迴歸統計模式	400		政策研究方法論	200
機率的樂趣	300		焦點團體	250
			個案研究	300
策略的賽局	550		醫療保健研究法	250
計量經濟學	出版中		解釋性互動論	250
經濟學的伊索寓言	出版中		事件史分析	250
			次級資料研究法	220
電路學（上）	400		企業研究法	出版中
新興的資訊科技	450		抽樣實務	出版中
電路學（下）	350		十年健保回顧	250
電腦網路與網際網路	290			
應用性社會研究的倫理與價值	220		書僮文化價目表	
社會研究的後設分析程序	250			
量表的發展	200		台灣五十年來的五十本好書	220
改進調查問題：設計與評估	300		２００２年好書推薦	250
標準化的調查訪問	220		書海拾貝	220
研究文獻之回顧與整合	250		替你讀經典：社會人文篇	250
參與觀察法	200		替你讀經典：讀書心得與寫作範例篇	230
調查研究方法	250			
電話調查方法	320		生命魔法書	220
郵寄問卷調查	250		賽加的魔幻世界	250
生產力之衡量	200			
民族誌學	250